本书为2008年全国教育科学规划项目国家级一般课题“中文阅读中时间信息动态加工特点与心理表征模型的建构”（项目批准号：BBA080162）、2010年教育部新世纪优秀人才支持计划项目“中文阅读中时间信息加工机制研究”（项目批准号：NECT－10－0089），以及2010年国家自然科学基金项目“文本阅读中时间信息加工特点及二阶段模型的建构”（项目批准号：31070907）的研究成果总结

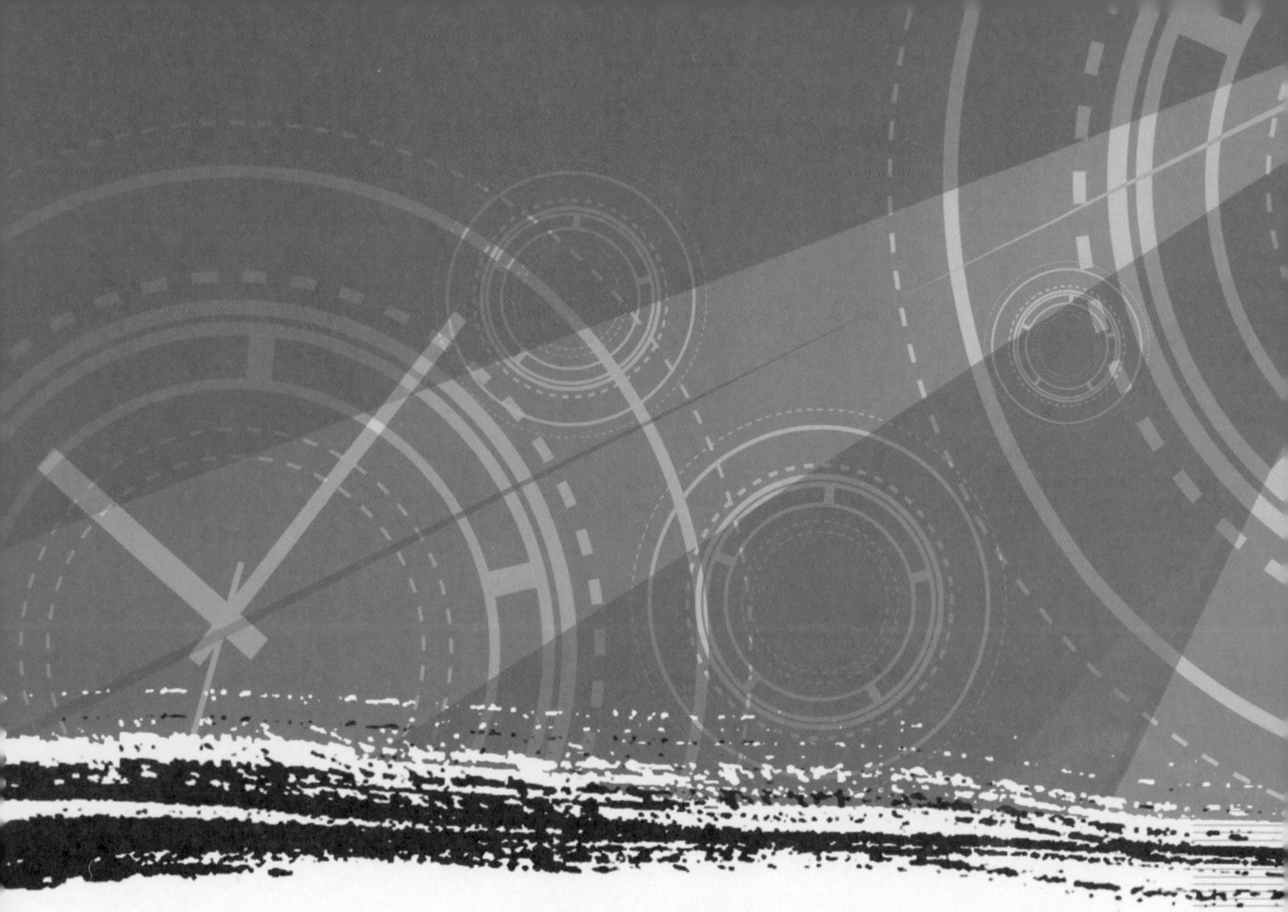

洞察时间

语篇加工视角

DONGCHA SHIJIAN

YUPIAN JIAGONG SHIJIAO

何先友◎著

中国·广州

图书在版编目（CIP）数据

洞察时间：语篇加工视角/何先友著．—广州：暨南大学出版社，2014.8
ISBN 978－7－5668－1061－8

Ⅰ.①洞…　Ⅱ.①何…　Ⅲ.①语言学—研究　Ⅳ.①H0

中国版本图书馆CIP数据核字（2014）第141755号

出版发行：暨南大学出版社

地　址：中国广州暨南大学
电　话：总编室（8620）85221601
　　　　营销部（8620）85225284　85228291　85228292（邮购）
传　真：（8620）85221583（办公室）　85223774（营销部）
邮　编：510630
网　址：http：//www.jnupress.com　http：//press.jnu.edu.cn

排　版：广州市天河星辰文化发展部照排中心
印　刷：广州市新怡印刷有限公司

开　本：787mm×1092mm　1/16
印　张：14.875
字　数：365千
版　次：2014年8月第1版
印　次：2014年8月第1次

定　价：29.80元

前 言

时间，是世间万物存在的基本形式，更是人类生存与交流最基本的特征。早在系统语言形成之前，我们的先祖已经开始借助各种自然现象、使用各种符号来感知与传递时间信息。太阳的东升西落、月亮的阴晴圆缺、季节的周期变化等，都成为人类觉知与判断时间的客观依据。随着语言系统的发展与完善、计时工具的出现与普及，人类逐渐能更精确地计量时间、知觉时间与表达时间。

虽然我们在日常生活中经常接触时间信息并能对其熟练运用，如我们常说“光阴荏苒，日月如梭”、“时间就像海绵里的水，挤一挤还是有的”、“少壮不努力，老大徒伤悲”等，但要对时间进行一个准确的定义却并不容易。哲学、物理学、生物学和心理学等领域都曾基于不同的层面与角度，对时间进行了各自不同的阐述，这些概念之间是相互联系的，但它们并不能完全整合为同一个概念。正如 St. Augustine 在其著作《忏悔录》一书中所描述的：“如果有人问我什么是时间，我是知道的，但是如果要向他解释什么是时间这个问题，我就不知道了。”

许多智者先贤曾对时间进行了深刻的哲学思辨：Kant 认为，时间与空间是人类认知的两种特性与分类。对于时间，人们无法对其进行真实的觉知，更多的是基于直觉的一种内部加工过程。Heidegger 则认为，时间并不是世界上已知的客观存在，也不是人类认识世界的主观构想，而是那些对个体具有意义和价值的事件边界。McTaggart 对时间表征的类型进行了划分，认为时间具有两种事件顺序：“先一后”顺序和“过去一现在一将来”顺序。其中，“先一后”顺序表征的是具有时间连续性的事件、状态和过程，而“过去一现在一将来”顺序则需要以“现在”这一特定的时间角度作为参照，才能对时间表征进行区分。Heraclitus 的一句名言“人不能两次踏入同一条河流”，则从辩证法的角度论述了时间如同世界上的其他事物一般，处于不断的变化与发展之中。以上四种关于时间的哲学观点看似相互独立或排斥，这可能是因为这些智者先贤们探讨时间概念的立足点各有不同，但同时也反映出时间概念的多元性与多样性。

时间概念的多元性同样表现在其跨学科定义的明显差异上。物理学家也曾对时间的定义进行探讨：Newton 在其经典力学中提及了时间的概念，认为时间是平稳流动的，没有任何一种事物能影响其稳定性；时间也不区分先与后，不连接过去、现在与将来，时间更多的是一种与持续相关的概念。Einstein 等在“狭义相对论”中也论述了关于时间稳定性的观点，并进一步将关于时间的研究导向至相对时间，认为时间具有一种特殊且矛盾的属性：时间既可以无限收缩，又可以无限延伸。Hawking 在其著作《时间简史》中曾基于时间箭头对时间进行了论述，认为时间箭头的存在区分了过去与将来，并出现了具有方向的时间。其中，从热力学的角度来看，时间的方向就是有序事物向无序事物的转变与过渡，表现为无序度或熵的增加；从心理学的角度来看，时间的方向就是我们所觉知到的时间流逝方向，即我们只能记忆过去而不能记忆将来；从宇宙学的角度来看，时间的方向就是宇宙的膨胀而非收缩。

如果说以上物理学关于时间的论述是基于无机物质的特性，那么生物学的时间观点则关注了生命体的时间概念，并提出了三种与时间相关的概念：①生物的寿命。生物的寿命与时间的最大共同点在于，两者从过程上看都是不可逆的，同时，生物的寿命也存在着一个明确的持续时间或时间区间。②生物进化。18 世纪 Darwin 的进化论认为，生物系统变得越来越复杂，生命体的进化程度越来越高，其中决定性的因素就是时间的导向作用与其呈现规律化的变化进程。因而，时间的变化也能表征生物的进化。③生物节律。从本质上看，生物节律本身就反映出时间对有机体发展过程的调节，这种调节一般与外部环境发生交互作用，并通过影响有机体内部化学过程的变化，为有机体带来关于时间的真实体验。

在基于物理学与生物学角度对时间的概念进行探讨的同时，还存在着一个关于时间本质的重要问题需要解答：在客观现实中，究竟只有一个时间还是具有多个时间？其中一个主流的观点是，客观存在的时间只有一个，但人们可以根据不同的标准、要求将其划分为多个甚至是无数个小的时间单元，并将这些小的时间单元称为时间跨度或时间区间。这个观点的提出意味着：首先，时间应该具有持续性并且依次由各种时间跨度和区间组成，否则我们将无法对时间进行精细的划分；其次，时间跨度并非相互独立，先后发生的事件所表征的时间跨度是紧密相连的，它们之间可以相互重叠、同时发生；再次，时间跨度与区间概念的提出也说明了时间应该是可以被测量的。那么，最短的时间是多少？我们又能否测量出时间所具有的最小跨度与单位？遗憾的是，目前关于自然属性时间这一客观存在的研究并不能回答这个问题。

于是，心理学领域从个体对时间的主观感知角度出发，对时间的持续性进行研究。这方面的研究源于人类感知觉的实验，研究者尝试以此找出人类时间知觉的最小单元。具体而言，就是通过考察个体的各种感受器所能知觉到的最短的时间间隔，从而发现最小的时间跨度和探讨人们对“此时此刻”这一时间属性的体验。其中，Poeppel（1988）通过一系列实验发现，人们在知觉体验上所觉知到的最短时间范围在 30 ~40 毫秒。也有研究者进一步对不同的感觉通道进行了划分，发现人们在听觉上所能觉知到的最短时间约为 10 毫秒，在触觉上约为 25 毫秒，而在视觉上为 100 ~200 毫秒。

然而，个体对持续时间的主观判断常常与客观事件的持续时间存在着鲜明的差异对比，这是因为个体对持续时间的主观判断容易受到一些因素的影响。比如：①刺激的物理性质。个体对较弱的、熟悉的、简单的刺激的时间觉知会更短，反之则更长。②事件的内容与性质。一段时间内发生的事件数量越多，所进行的事件越有趣，个体对其的时间觉知与估计将会越短。③个体的情绪状态。在高兴、愉悦的情绪状态下，对时间的觉知与估计会越短，相反则会越长。

另外，在时间概念的结构上同样存在着群体间的差异，其中一个最为明显的影响因素就是社会文化。一般而言，在世界上所有的人类文化中，都存在着关于祖先或先辈的概念，并以此作为现在与过去的联系，但由此产生的时间概念在不同的社会文化之间显得并不相同。比如，在中国、日本和埃及，人们都会以世代相传的链式线性结构来连接现在与过去，这种文化背景下的人们也由此产生线性的时间概念；但在希腊、印度文化中则没有这种明显的链式线性时间概念。可见，如果只从人类对时间的主观感知角度探讨时间，可能未必完全正确。

因而，也有心理学研究者从语言角度出发，探讨语言或文本阅读过程中的时间编码问题，原因是：首先，不管社会文化背景如何，社会环境中的人们都会通过语言来理解与表达时间，在此过程中也以语言的形式表征了时间的持续性。其次，几乎所有人类的语言都发展出多种关于时间的语言成分，比如英语通过动词的形态（过去时、现在时、将来时或完成时）来表达时间，汉语则通过使用时间状语来表达时间。同时，人们也常常通过运用一些时间词汇或语法对事件发生的时间性质（过去、现在或将来）、事件发生的持续时间（短时、中时或长时）和事件发生的频率（经常、偶尔或从不）进行表达，并通过这些信息或明显或隐含地传递事件发生的先后顺序信息。

当前关于时间信息加工与编码的心理语言学、阅读心理学研究主要从时间信息如何影响文本阅读与理解、时间信息在情境模型的建构中所起的作用两方面进行探讨，重点解决时间信息表征的性质、情境模型中的时间维度的特点、时间信息提取与时间情境模型更新实质等问题，但对这些问题的探讨仍存在较多争议，未能达成较为一致的结论，主要表现为 Anderson 等（1983）的场景理论（scenarios account）与 Zwaan（1996）的强印象假设（strong iconicity assumption）之间的矛盾与冲突。

本书以这两种理论解释作为研究的基本框架，通过理论假设的论证和实证研究的分析，对已有理论解释进行修正与整合，提出读者在加工文本时间信息时需经历早期低水平的认知加工和后期深层次的整合加工两个阶段的认知模型，并以此为基础，对时间信息加工与提取实质、时间情境模型建构与更新机制进行探讨，试图从文本理解的角度揭示人们如何洞察时间、理解时间。

全书共分六章：第一章是对时间信息加工的理论探析，其中包括对时间信息在文本阅读与理解以及在读者的情境模型建构中的作用进行分析；梳理了文本阅读中时间信息加工的理论解释，如场景理论、印象假设和强印象假设；重点探讨了场景理论与强印象假设这两种理论的矛盾及其各自的合理性，并在此基础上提出对于文本理解中时间信息加工内部机制的观点与看法，也就是时间信息加工的二阶段模型。第二至五章主要介绍了近年来我们在时间信息加工方面的一些实证研究，包括：①以文本阅读中的边界效应、时间顺序与距离作为切入点，探讨时间信息对文本理解的影响；②尝试基于文本阅读中的时间转换机制、时间表征的动态性与静态性、记叙文倒叙事件的时间表征特点以及对二阶段模型的验证等，以求探明时间信息的加工机制；③在时间维度的基础上结合空间维度，探讨两者在情境模型建构中的作用，以及时空维度情境模型更新与提取的机制；④从时间隐喻的角度探讨时间表征的实质，并考察时空信息对分组学习的影响。第六章主要从行为科学研究和认知神经科学研究两个方面对已有的文本阅读时间信息加工研究进行总结，并从理论设想的综合性、不同时间表达方式间的差异、情境模型的多维度结合、时间信息的书面语与口语理解、时间语言信息的理解与生成、研究方法的发展、具身认知在时间信息加工中的作用、时间信息的跨文化比较、影响时间信息加工的主客观因素探析和时间信息加工的发展特征十个方面对未来关于时间信息加工的研究进行了展望。

对时间的感知、理解与表达是人类重要的生活经验，也是引发各个学科研究兴趣的核心课题。对这一问题的探究需要从多学科的角度进行分析，对这个问题的解答更是一个博观而约取、厚积而薄发的过程。同时，本书中关于时间信息加工的理解与观点更多是基于这一问题的初步构想与探讨，其中的一些成果与发现也只是关于认识人类的时间觉察这一问题的管窥之见。要全面认识人类对时间信息的理解，揭示人类觉知时间的认知加工机制，需要心理学、语言学、认知神经科学等跨学科合作以及专业知识与技术的统合，并需要为之付出长期而大量的努力。正如自然时间所具有的不断向前流动的特性一样，对人类洞察时间、理解时间的探讨也应随着时间的推移、科学知识与技术的革新而永不停息地发展与进步。

我的博士研究生张维、陈广耀，硕士研究生李伟兰、晏赛君、刘地秀、李英迪、汪小伟、魏玉兵、李惠娟、杨惠、谢毅、罗伟、吴爽、林席明、罗秀针、周苗、易伶志、赵雪汝、赖斯燕等，课题组成员冷英教授、王瑞明教授等协助完成了部分研究，张维协助对全书进行了统稿，暨南大学出版社张仲玲副社长、郑晓玲编辑为该书的出版也付出了辛勤的劳动，在此，谨对他们一并表示衷心的感谢！

何先友
于映月湾
2014 年 1 月

目 录
CONTENTS

第一章 时间信息加工的理论探析

第一节 文本阅读中时间信息的加工及其对文本理解的影响

我们经历过的事件的顺序对我们理解这些事件具有十分重要的意义。但由于语言的特殊性，它可以通过一种不同于我们日常经验的方式和顺序来描述这些事件。我们谈及的事件、人物、地点、对象等都可能不在我们直接的经验场（experiential field）之中。Hockett（1960）称语言的这种移植（displacement）特性为语言的配置特征（design features）之一。在现实生活中，我们经历的事件是一个不断的连续体，但由于语言的移植特征，使得说话者或写作者能够在时间上超前或滞后。这样，就可能造成在现实生活中对事件的感受与通过语言的替代获得的对事件的理解两者之间不一致。

在写作中，虽然可以按时间顺序以连续的方式来陈述事件，但熟练的作者常常不这么做。古今中外许多著名的作家常常就不按照时间顺序进行写作。因此，存在着大量的时间不连续的文本。当今认知心理学家就文本中时间的不连续性和与日常的时间不一致对理解过程的影响进行了大量研究，本节即是对该领域研究的总结。

一、文本阅读中时间信息加工的研究

自 1978 年 Kintsch 和 van Dijk 提出情境模型以来，阅读心理的研究者围绕情境模型展开了大量的研究。情境模型是指读者根据自己的背景知识对文本的信息进行整合而形成的文本整体的、连贯的表征，即文本关于什么的表征，而不是文本本身的表征。当今认知心理学中一种广为接受的观点是文本理解应该看作是连贯的情境模型的建构。Graesser，Zwaan 和 Radvansky 等于 1998 年对这方面的文献进行了综述，他们认为，情境模型表征了情境多个方面的信息，如因果、空间、时间、主人公的目标和情感等，其中，时间信息与空间信息是读者用以解释情境的两个最重要的维度。读者在阅读过程中首先从文本中提取事件的信息，然后从不同维度对事件进行整合。

时间维度与其他维度不同的是，时间在每个句子中都要进行编码。读者究竟是如何利

用语言学线索来建构情境模型的时间维度的呢？要回答这个问题，首先要看看情境模型建构的机制。一般的假设是，语言中建构情境模型的机制来自于现实世界中情境模型建构的机制。儿童在学会理解描述事件的短语之前，必须先学会理解基本的事件，如某环境中某个人物或物体的运动等。Goldberg（1999）指出，就是这些基本事件的结构才使得儿童能够以惊人的速度学习语言；Segal（1995）提出语言理解中情境模型的建构可以看作是现实世界中所经历的事件的替代经验。

语言中时间的表征历来是语言学领域中一个备受关注的问题。近年来，认知语言学对该问题进行了大量的探讨。根据 Dowty（1986）和 Fleischman（1990）提出的印象假设（iconicity assumption），读者会认为语言描述中事件的顺序与它们实际发生的时间顺序是一致的。文本中出现时间顺序的变化之所以成为可能，只是因为存在一个缺省的顺序，这一缺省为理解和比较其他的顺序提供了一个基线。因此，该假设又称为缺省假设（default assumption）。当印象假设行不通时，读者就必须利用语言线索来判定事件的顺序。动词的时态、时间副词和副词短语都可以帮助读者确定事件在何时发生。动词时态用以表明事件发生那个时刻与描述这个时刻的关系，它可以使读者按照适当的时间顺序对事件进行排列。时间副词和副词短语可以用来忽略缺省的顺序。例如，时间副词“在……之后”就表示事件是以相反的时间顺序来报告的一个线索；副词短语“两个星期之后”则表示两个事件在时间上有两个星期的间隔。

2006 年，Berry 和 Stephanie 研究了人们对倒叙记叙文的理解，他们让被试阅读含有 4 个事件的短文，研究者控制第二事件的持续时间，探讨被试对第一事件的通达。结果发现，如果第二事件持续时间长，那么第一事件就变得难以通达；如果第二事件持续时间短，第一事件就容易通达。这一结果说明，文本阅读中读者确实建构了时间组织的表征。

早在 1996 年，Zwaan 就探讨了文本阅读中时间信息的转换如何使读者更新当前的模型或转换到一个新的情境模型。他提出的强印象假设指出，读者在文本阅读过程中，总是期望相连的从句所叙述的事件在时间上是连续的，因此，当发生较短的时间转换时（如“一会儿后”），读者就不会创建新的情境模型，他们仍把时间转换后的情境与转换前的情境看成是功能上相同的情境。然而，当发生较长的时间转换后（如“1 天后”），读者就会创建新的情境模型来表征新出现的信息。Zwaan 用图 1－1 表示两个事件可能的时间先后顺序。

图 1－1 描述的是在时间基线上两个事件可能的关系：（a）表示一个事件完成后，紧接着发生另一个事件；（b）表示一个事件发生在另一个事件之前；（c）表示在一个事件发生一段时间后再发生另一个事件；（d）表示在一个事件完成之前另一个事件就已经发生了；（e）表示一个事件是在另一个事件发生过程中进行的。读者不仅需要重新对描述的事件进行排序，而且必须监控文本中时间基线上的跳跃。事件描述中时间的间断表明在描述的事件间可能没有事件发生，也可能有事件发生，但与所描述的事件无关，或者前面的事件一直延续到后面的事件。无论在什么情况下，当印象假设行不通时，读者就必须利用情境模型中的时间标记来解释时间顺序。

语言中的时间表征与事件的现实的心理表征是有关的，它们是我们建构所读和所听材料的情境模型的依据。许多心理表征都有一个内在的时间成分，这使得心理表征成为动态的表征。一些表达法中由于没有清楚地说明表征中时间的转变，因而变得不可理解。例

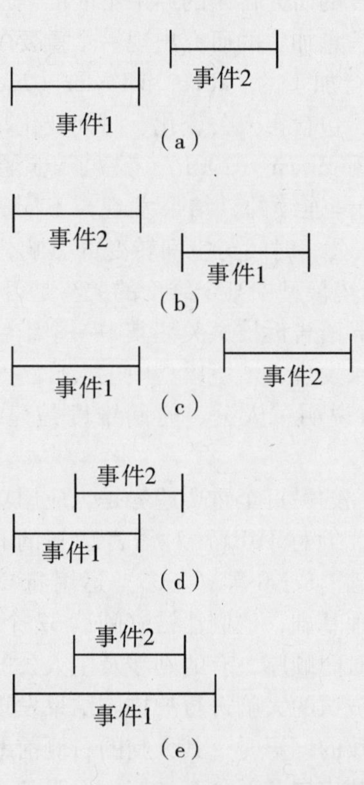

图 1－1　两个事件可能的时间先后顺序

如，对短语“过河”的理解，我们的心理表征包含了一条河和该河的两岸，理解“过”时，意味着我们要针对某目标在一定时间内进行空间的变换，即在表征中从河的一边开始到河的另一边结束。如图 1－2 所示：

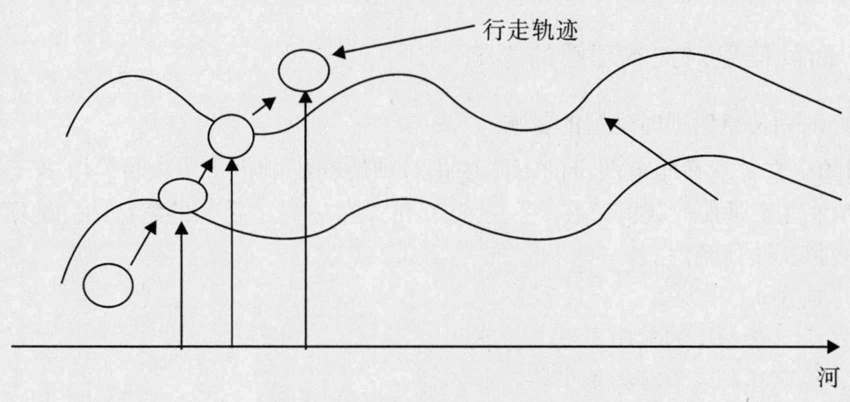

图 1－2　“过河”的心理表征

以往的研究者基本上是从单一的时间维度进行研究的，这一研究思路受到了一些研究者的批评。批评者认为，单一维度的研究得出的结果不能准确反映文本阅读中时间信息加工的实质。因此，近年来对时间信息加工的研究出现一个重要的转变，研究者开始关注时间信息与其他信息是如何同步进行加工的。Rich 和 Taylor（2000）考察了主人公、时间、空间维度之间的关系，结果发现，包含主人公变化、时间变化与空间变化的句子的阅读时间都显著增加。Magliano，Miller 和 Zwaan（2001）考察了电影中时间、地点和主人公活动的变化是否会使被试把情境看成是连续的，结果发现，不同的转变效果不同。Rinck 和 Weber（2003）进一步考察了主人公、时间与空间转变的影响，获得了一致的结果。Therriault 等（2006）探讨了读者对情境模型中某个维度的关注是否影响情境模型中其他维度，他们让被试阅读记叙文，通过指导语告诉被试关注其中一个维度（如时间/主人公/地点），记录他们阅读目标句的时间，结果发现，情境模型中主人公、时间维度不受任务要求的影响，读者仍按惯例进行追踪。这说明主人公、时间维度是建构条理清晰的情境模型的基础。

文本阅读中时间信息加工研究的另一个重要趋势是，应用功能磁共振成像技术（functional Magnetic Resonance Imaging，简称 fMRI）对语言理解的有关大脑皮质区进行定位，探讨文本理解加工过程的神经基础。Ferstl 等（2005）运用 fMRI 技术探讨了文本阅读中时间信息与情感信息加工的神经生理基础，他们让被试阅读 32 个小故事，其中 16 个故事含有完全不一致的信息：有的关于时间顺序，有的则涉及主人公的情感状态。被试听故事的同时，主试采用自转回波测序对被试的大脑进行扫描。结果发现，不同的信息刺激激活不同的脑区：当被试听到一个不一致的词语时，其大脑的右侧前颞叶得到激活；听到有关情感的信息时，激活的是腹中前额叶皮层和部分杏仁核；而听到有关时间顺序的词语时，则激活了一个双侧的顶颞叶网络；对不同信息的比较激活了左侧前楔叶。另外，对情感信息的整合激活了腹内侧前额叶皮层（Brodmann’s area 8/9），而不一致的时间顺序信息的整合激活的是双外侧前额叶皮层。这些结果表明，听故事能激活大脑的不同区域，从而反映出人们在阅读中对不同材料内容的认知加工。右脑对文本的语言加工起着重要的作用，但左脑内侧及双侧前额叶的功能同样也不容忽视。

二、时间信息对文本理解的影响

（一）时间信息对即时理解的影响

不同的研究者就强印象假设的不同变化对理解的影响进行了探讨。Clark（1971）探讨了 3~5 岁儿童是如何获得“在……之前”和“在……之后”的意义的。她探讨了这些儿童对下列句子的理解：

句 1：小孩在拍小狗前踢岩石。
句 2：小孩在踢岩石前拍了小狗。
句 3：小孩在拍小狗后踢岩石。
句 4：小孩在踢岩石后拍了小狗。

实验结果发现，这些儿童特别是3岁儿童阅读句1、句2要难得多。这些句子的顺序与事件发生的顺序相反。Clark的解释是幼年儿童利用了“所描述事件的顺序”的策略。这一结果支持利用缺省原则的读者仍保持印象假设。当然，这些儿童最后也能理解“在……之前”和“在……之后”的意义，因此，这些句子的研究结果有时也能推翻印象假设。

是否成人与儿童一样坚持印象假设呢？研究发现，缺省的印象假设并不代表成人读者永远被事件时间顺序的变化所迷惑，而只是表明时间顺序的变化只是使理解变得更难一些，而不是不能理解，因为缺省假设可以被推翻。Mandler（1986）发现，成人阅读与事件顺序不一致的句子的时间长于一致的句子，除非事件之间的因果联系非常紧密。Münte，Schiltz和Kutas（1998）为这一观点提供了神经科学的证据。他们测量了读者阅读上述句1、句2时大脑电活动的变化，与事件相关的ERP测量表明，“在……之前”的句子比“在……之后”的句子引发了更大的负波。这种差异主要发生在脑的左前部分，表明需要付出更多的认知努力。

2002年，van der Meer等探讨了时间顺序对语言理解的影响，他们的实验中呈现带有时间连词（“在……之前”或“在……之后”）的成对事件，详细描述事件的预期时间取向。实验结果发现，按时间顺向顺序排列的项目（如“在加热后——暖和”）与按时间逆向顺序排列的项目（如“在加热前——寒冷”）相比，前者加工速度更快，准确率更高。2004年，何先友等运用关系—再认实验范式探讨了在不同时间间隔（200 ms、500 ms和1 000 ms）下时间顺序的相关性（顺时序、逆时序与不相关）对日常事件认识的作用，结果发现，在有明显的时间信息影响下，优先对将来取向（顺时序）的事件进行加工处理。

总之，发展的、认知的和神经认知方面的研究为印象假设在语言理解中的作用提供了证据。读者加工文本事件的自然倾向是按照事件发生的自然顺序进行的，即以时间顺序的方式进行加工。然而，读者也获得了一种对语言线索的敏感性，这些语言线索有时会推翻印象假设。

语言中可以使我们偏离日常经验的另一种方式是利用时间转换。Zwaan（1996）发现，如“1天后”这样的转换比“1小时后”这样的时间转换导致了更长的阅读时间。这一结果支持了强印象假设。根据这一假设，读者认为事件不仅是按照时间顺序发生的，而且是连续地发生。对这一假设，现已有一些语言学的证据，如Grimes（1975）对巴布亚新几内亚一种叫“Kate”的语言的研究就支持了强印象假设。

（二）时间信息对理解过程中事件激活水平的影响

现实生活中，事件之间在时间上常常是重叠的，要在语言中以线性的方式来表示很难，这样就会导致两个问题：一是哪些线索可以告诉读者一个事件是不是还在继续？二是读者是如何使多个事件在工作记忆中保持激活的？Anderson等（1983）的研究表明，读者关于事件持续时间的背景知识可能发挥作用，如关于餐馆的知识告诉我们，去餐馆的人一般不会在那里待上7个小时，餐馆也需要招待员等。他们发现，被试对文本中“服务员”的探测反应在较短的时间段后（如10分钟）的反应快于长时间段后（如5小时）的反应。这是因为，读者认为长时间段后，这个服务员已不在该情境中了。然而，他们发现，被试对故事中主要人物的反应时间不随时间的变化而变化，这是因为主要人物仍然在当前的情境中。

Zwaan（1996）提出了一个更一般的假设：处于当前情境中的事件比当前不在情境中的事件更容易被读者通达。他在研究中发现，当先前提到的事件仍作为当前的事件处于相同的时间框架中时，读者对事件和目标的反应要快于不在相同时间框架条件下的反应。如在句5和句6中，对句5中的“走”的反应快于句6。

句5：特拉思走上舞台。一会儿后，她倒下了。
句6：特拉思走上舞台。一个小时后，她倒下了。

Carreiras等（1997）的研究也获得与此非常一致的结论。Zwaan等进一步的研究表明，事件明显的不连续导致其激活水平的直接降低。如对“斯迪文停止了踢足球”中“踢”的反应要慢于对“斯迪文不断踢足球”中“踢”的反应。他们的实验也表明，读者可以在一系列事件中保持某个事件的激活。他们在一个实验中让被试阅读句7和句8：

句7：约翰正在弹钢琴。当他母亲进来时，他停止了弹琴。
句8：约翰正在弹钢琴。当他母亲进来时，他继续弹琴。

研究者感兴趣的是，读者是否认为由于一个插入事件而使得过去正在进行的动作变得不连续，结果发现，读者对句8中动作的反应（弹琴）快于对句7中动作的反应。这表明，在整个插入事件中，读者把最初的动作看成是连续的。

Bestgen和Vonk（1995）的研究发现，时间标记对先前信息的通达确实存在着明显的影响。具体而言，在句子“他打开了门，（接着/然后），走了出去”中，无时间标记和“接着”比“然后”更能通达先前的信息。Magliano和Schleich（2000）也发现，读者认为那些无目的的行动比有目的的行动更可能在接下来的情境中继续。而且他们也发现，动词方面的知识可以推翻在阅读过程中激活的有关事件的背景知识。同时，读者也很少认为一个持续时间很长的事件会在接下来的情境中继续。

（三）时间信息对长时记忆组织的影响

在Thompson等（1996）关于自传记忆的研究中，运用读者现实生活中发生过的事件作为探测刺激，结果发现了时间组织的效应，即读者倾向于对他们经历的相同时间框架中发生的事件之间形成更强的联系，而对不同时间框架中发生的事件之间形成较弱的联系。如果对记叙文的理解是一种替代经验，那么可以预期在对文本的记忆中将发现相同的时间效应。Ohtsuka等（1992）的研究发现打乱时间顺序对长时记忆中情境模型的连贯性会产生消极影响。Zwaan（1996）的研究也发现，发生在相同时间框架中事件之间的启动量比不同时间框架中事件之间的启动量要大。在上面句5中的“走上舞台”和“倒下”之间的启动量大于句6。这些结果表明，当前情境模型中的事件将与相同时间框架中的整合情境模型的事件发生联系。

（四）时间信息对动词加工的影响

现有文献对于事件中时间表征的实证研究非常少。Zwaan等（2000）在研究中探讨了事件的内部时间结构对情境模型中激活的相关信息量的影响，这些信息是用以表征该事件的。为了清楚说明该结果，先看下面的短文：

鲍布拿出一把锤子/锯子/起子，但他记得他丢失了锤子/锯子/起子，
他也准备好了木料并买好了油漆，
他选择了一个橡树作为鸟巢的地点，
他在一些硬纸板上做了记号并将它们切开，
然后鲍布开始敲击（pounding）/敲击了（pounded）这些硬纸板。

这个故事中有两个关键的操作：第一个发生在第一句中，有三种条件，目标工具锤子（hammer）在该情境中或者是有用的或者是无用的；第二个发生在最后一句，一个行动或者是有目的的（pounded），或者是无目的的（began pounding），所描述的行动很明显涉及第一句中的工具。然而，这个工具有没有用，还要视情境而定。

语言学的文献表明，一个行动的无目的的描述比有目的的描述使得一个事件更多的信息变得更加有效。Stanfield 和 Zwaan（2001）认为，动词信息以两种方式影响属于一个行动的知识的激活：语义的激活和情节的激活（episodic activation）。如果无目的的描述使语义信息更加有效，那么，与语义记忆中的行动有关的信息也应该更加有效，如当在故事中没有事先提及“锤子”，那么，“锤子”在“正在敲击”后的有效性高于在“敲击了”后面的有效性。因为在未事先提及“锤子”的条件下，与“锤子”有关的任何激活都是由于“正在敲击”和“锤子”之间的语义联系。如果无目的的描述使情节信息的有效性更高，那么编码在情境模型中的工具是否有用的情节信息将发挥作用。

Stanfield 和 Zwaan（2001）的研究运用不同方法为语义激活假设和情节激活假设都找到了证据。如当工具无用但在前文中提到过时，在无目的的描述中被试对“锤子”的再认反应显著长于在有目的的描述中的反应。这表明，无目的的描述比有目的的描述更有可能激活情境模型中工具无用的信息。

三、小结

大量认知心理学证据表明，读者在理解过程中利用了缺省的印象假设（default iconicity assumption），也有证据表明读者利用的是强印象假设。此外，还有人认为读者在阅读过程中是身临其境的，文本描述的情境中的人物、目的和事件比不在情境中的人物、目的和事件更容易被读者通达。

我们感兴趣的是如何通过读、听故事叙述，以及语言线索的作用，如时间标记，来更加仔细地考察替代经历现实事件的心理意义，已有的理论和方法上的发展使我们有可能更深入探讨这个问题。

从理论的发展前沿看，Barsalou（1999）提出，我们所经历的事件的心理表征不是任意的、无感觉通道的，它们保持了最初的知觉输入的特征。因此，理解就是通过运用知觉符号对事件进行心理模拟，这里的知觉符号不仅包括视觉信息，也包括其他感觉通道的信息。目前，支持知觉符号系统（perceptual symbol system）的实验证据还不够多，但很明

显，它们能比非感觉通道的符号系统更好地把情境模型建构看成是替代经历的一个理论工具。

在方法的发展前沿上，当前有一些有效的方法可把人类的大脑作为完成认知任务的器官加以研究，这些方法包括 ERP 和 fMRI。ERP 能提供随着刺激呈现的大脑潜能的变化，时间精确性非常高，可达 1/1 000 秒，空间精确性相对差一些。因此，ERP 可以展示大脑内何时发生加工，但不能提供加工发生在何处。fMRI 是用来记录脑内血流的变化。基本设想是当前处于活动状态的脑区需要更多的氧，因此，该处应该有更多的血流。与 ERP 不同，fMRI 的时间精确性低，但空间精确性高。目前已有研究表明，这些方法可以成功探讨时间加工的神经生理基础。

我们可以预期，知觉符号系统和相关方法的理论框架与当前认知语言学研究、认知神经科学研究的整合，可以使我们在语言理解研究上取得长足的进展。

第二节　情境模型中的时间表征研究

课文表征的研究一直是阅读心理学研究的核心和热点问题。研究者认为，课文理解过程实质上就是读者在头脑中建构起关于课文内容、层次及主题的表征系统的过程。20 世纪 70 年代后期，Kintsch 等（1978）提出了自己的课文表征理论，认为读者在课文理解过程中一般会建立起三种层次的表征：①表层表征（surface code），即对课文中字、词、短语之间的语言学关系进行编码所形成的表征；②基础表征（text base），即对文本所提供的语义及等级层次结构关系所形成的表征；③情境模型（situation model），即读者结合自己的背景知识对课文中所描述的信息进行的较深层次的表征。这一理论得到了大多数研究者的认同，由此引发了情境模型研究的热潮。到 20 世纪 90 年代后期，Zwaan 等（1995）结合自己大量的实验研究，提出了记叙文中建构情境模型的新理论——事件标记模型（event - indexing model）及其五个维度，即时间、空间、因果、意图与主角。当前，对于情境模型空间维度的研究最多，但对于其他维度的研究，则相对较少，特别是对时间维度的研究最少，这与时间信息在日常交流和文本阅读中的重要性极不相称，所以，本节拟对有关情境模型中的时间表征研究作一总结和梳理。

一、常用技术模型

（一）单句子模型

对于描述几个事件的单个句子，读者也能利用其中的时间信息建构起情境模型。Branford 等（1972）的经典研究发现，读者能够回忆起由单个句子描述的空间情境而非仅仅回忆词句本身，如对于句子“三只海龟正爬在一块漂浮的木头上，一条鱼从它们下边游过”，读者会根据海龟、木头和鱼三者间的垂直关系自发建构起空间情境模型。Rinck 等（2001）对这一经典研究进行了验证，并且把实验材料扩展到包含时间信息的单个句子上。

结果表明，对于包含时间信息的单个句子，读者也能使用其中的时间信息建构起情境模型，并能在后来的再认测验中将它激活。在实验中，他们使用了与 Branford 等十分类似的技术模型，在一个句子中描述了三个事件的时间排列，每个句子有四个版本，其中两个版本属于相同条件（same - models condition），而另两个版本属于不同条件（different - models condition），每种条件下的两个句子也不相同，主要表现为所用的指示代词不同。例如，相同条件下的句 1A 是“钢琴的声音和风琴的声音一起听到，同时有电子琴的声音伴随着她”，句 1B 是“钢琴的声音和风琴的声音一起听到，同时有电子琴的声音伴随着他”，相同条件下指示代词的不同并不影响三个事件的时间排列顺序，即两个版本中钢琴、风琴和电子琴的声音都是同时出现的。而不同条件下的句 2A 是“钢琴的声音在风琴的声音之前听到，同时有电子琴的声音伴随着她”，句 2B 是“钢琴的声音在风琴的声音之前听到，同时有电子琴的声音伴随着他”，不同条件下指示代词的不同使得三个事件的时间排列顺序发生了变化，即句 2A 中电子琴和风琴的声音同时出现在钢琴的声音之后，而句 2B 中电子琴和钢琴的声音同时出现在风琴的声音之前（德语中大多数物体名词都有性别之分，“她”和“他”指代不同的物体）。实验过程中先让被试学习并记忆单个句子的其中一个版本，然后进行句子再认测验，如果被试学习的是相同条件下的句 1A 或句 1B，再认时同样只出现句 1A 或句 1B，如果被试学习的是不同条件下的句 2A 或句 2B，再认时也同样只出现句 2A 或句 2B。如果再认的句子跟先前学习的句子完全相同，称为“旧句”；如果再认的句子跟先前学习的句子在代词上发生了变化，则称为“新句”，要求被试必须逐字辨别当前句子是“新句”还是“旧句”，并说明判断的确信程度，最后对被试在两种条件下判断的错误率和确信程度以及由此计算出来的辨别力指数和再认成绩进行分析。因为相同条件下读者会根据两个句子中的时间顺序信息建构起相同的时间情境模型，而不同条件下由于时间顺序信息不同，读者会建构起不同的情境模型，所以再认测验中两种条件在各个因变量指标上会有显著差异。

（二）多句子模型（扇形效应模型）

Anderson（1974）最早提出了扇效应或扇形效应（fan effect）。所谓扇效应，就是由于共享某一概念的事件增多，当其中某一事件作为再认探测句出现时，被试对它的反应时间将会延长的现象。当共享某一概念的事件指向同一情境时，这几个事件的信息就会整合到一个情境模型中去，当其中某一事件作为再认探测句出现时只激活一个模型，反应时间不会延长，此时扇效应会消失或大幅度减弱。而当共享某一概念的几个事件指向不同情境时，他们就会彼此独立存储却又相互发生联系，当其中某一事件作为再认探测句出现时，不仅与之相应的情境模型会被激活，其他有关的情境也同时会被激活，对被试的判断产生干扰，因而反应时间延长了，此时能观察到显著而稳定的扇效应。Radvansky 等（1998）运用扇效应模型中通用的提取干扰范式（retrieval interference methodology）对情境模型中的时间表征进行了研究。他们让大学生被试在计算机上阅读并记住发生在一次晚会上的 18 个事件，所有描述事件的句子格式统一为：当“某事”发生时，“某人”正在干“某事”，并且 18 个句子中有一些句子描述的事件是在同一时间发生的，如“当照相机闪光时，律师正在冲咖啡”、“当照相机闪光时，农夫正在对手表”等，这称为同一时间条件；也有一些句子描述的是同一个事件在不同时间发生，如“当掀开窗帘时，建筑师正在系领带”、

“当音乐停止时，建筑师正在系领带”等，这称为不同时间条件。实验最后对句子进行快速再认测验，记录句子再认的反应时和错误率。结果发现，几个不同的事件如果发生在不同的时间段，即在不同时间条件下，被试就很难对他们进行整合，再认时表现出明显的扇效应；而如果几个事件发生在相同的时间段，即在相同时间条件下，被试就能自觉地对它们进行整合，再认时扇效应被弱化或消失。

（三）时间连续性短文模型

时间连续性问题一直是认知心理学家关注的重要问题之一。当文本中的时间连续性信息发生变化时，即时间发生转换时，读者如何对这时的时间信息进行表征，如何依据它们来建构情境模型？Zwaan（1996）对此进行了研究。他用“1 小时以后”（中时）和“1 天以后”（长时）表示时间发生了变化，用“过了一会儿”（短时）表示时间是连续的。结果发现，与“过了一会儿”相比，使用其余两种时间短语减缓了对句子的理解速度，从而表明，时间信息在情境模型建构中具有重要作用，在经过足够长的时间后（即时间连续性遭到破坏，时间发生了转换），读者就会利用时间信息来建构一个新的情境模型。这种研究使用的技术模型的一般结构是，开始部分有几个句子描述主角和场景，接着有一句话描述主角进行的一个特定动作，然后一句是关键句，描述一个相继发生的事件，它的时间短语在三种条件下（短时、中时、长时）变化，最后由描述与初始场景无关的几句话构成结束部分。例文如下：

今天是玛斯先生的艺术长廊新开张的日子。玛斯先生已邀请了本城一些重要的人物，这些人在艺术界都有着十分重要的地位，所有那些被邀请的人都说自己会出席艺术长廊的开幕式。看起来开幕式将会获得巨大的成功。大约七点钟，第一位客人到达了。玛斯先生的心情非常好。他微笑着迎上前去并与客人亲切地握手。过了一会儿（或者 1 小时以后，或者 1 天以后），他的脸色变得十分苍白。他完全忘记了邀请本地的艺术批评家。毫无疑问，他们将会在本地报纸上猛烈地抨击玛斯先生的艺术长廊。玛斯先生决定吃点镇静剂，在家里躺上一天。

在被试阅读短文过程中即时记录三种条件下关键句的阅读时间。如果被试在三种条件下关键句的阅读时间存在显著差异，则说明时间连续性信息确实对情境模型建构有重要作用。同时实验中还可采用实时探测技术，在被试读完目标句之后呈现一探测词（关键句之前那一句的倒数第一或第二个名词或动词），要求其判断是否在前面文本中出现过，对被试判断的反应时和错误率进行分析。

（四）时间一致性（顺序性）短文模型

时间信息一般包括连续性和一致性（顺序性）两个维度，在情境模型建构过程中，他们都是读者关注的重要线索。Rinck 等（2001）的研究表明，在文本阅读过程中，当叙述的事件包含时间顺序信息时，读者会根据这些时间顺序信息建构起情境模型，并且当读者在文本后面的阅读中碰到不一致的时间顺序信息时，他们的情境模型的更新过程就会发生困难，表现为含不一致时间信息句的阅读时间明显延长。这种研究使用的基本技术模型至

少由7个句子构成，第一句是介绍句，第二句是时间句。时间句一般有两个版本，一个版本包含的时间顺序信息与后面呈现的目标句的时间顺序信息一致，另一个版本则不一致，第三至五句是填充句，目的是将时间顺序信息推入长时记忆，第六句是目标句，包含与时间句有联系的时间顺序信息，第七句是结束句。例文如下：

今天，麦克和库德又要见面了。麦克的火车比库德的火车晚20分钟到达火车总站。（或者麦克的火车比库德的火车早20分钟到达火车总站。）当麦克的火车准时到达车站的时候，他非常兴奋。他仔细考虑见到库德时他该说些什么。这时很多人在站台上挤来挤去。当麦克拿着行李从火车上下来的时候，看见库德已经在等他了。他们两人都非常高兴。

在被试阅读过程中即时记录目标句的阅读时间，如果被试在阅读过程中能够根据文本中的时间顺序信息建构起情境模型，那么不一致条件下目标句的阅读时间就会显著长于一致条件下目标句的阅读时间。实验最后还可以进一步在文本读完之后进行句子再认测验，向被试呈现时间句或目标句，要求他们判断这些句子是否在文本中出现过，记录被试的判断时间和错误率，如果他们在前面的文本阅读中根据其中的时间顺序信息建构起了情境模型，那么他们在判断时间和错误率上就会表现出同样的差异。

二、主要研究结论

当前对情境模型中时间表征的研究虽然不多，但都得出了一个共同的结论，即时间信息在情境模型建构中有着重要作用，读者在阅读过程中会自发地利用时间信息来建构情境模型。Zwaan（1996）通过探讨两个相继事件中的时间距离如何影响事件的在线阅读和心理表征，得出三个结论：①有时间转换的句子的阅读时间长于没有时间转换的句子的阅读时间；②在时间转换之前叙述的事件较难提取；③被时间转换分开的两个事件在长时记忆中联系较弱。Radvansky 等（1998）曾经设计了三个实验来探讨人们如何使用时间信息将在时间上有联系的几个事件整合进同一个情境模型。他们先让被试学习并记忆在计算机上呈现的一系列事件，然后进行快速再认测验，使用扇形效应中的提取干扰范式来评判被试是否将相关事件整合进了情境模型中。如果出现干扰，则表明未进行整合；如果没有出现干扰或干扰程度明显降低，则表明进行了整合。结果前两个实验一致表明：几个不同的事件如果发生在同一个时间段，被试就能对这些事件建立起基于时间的情境模型。而他们的第三个实验则进一步表明，事件必须发生在同一场景中，才能建构起基于时间的情境模型。Rinck 等（2001）通过四个实验探讨了读者如何使用时间信息建构、更新情境模型，以及如何将他们从长时记忆中激活，结果表明：①即使只描述三个事件的单一句子，读者也能自发地利用时间信息建构起情境模型；②不管是明确叙述的时间顺序信息，还是从记叙文中推断出来的隐含的时间顺序信息，都会影响到对后面句子的阅读，而且如果时间顺序信息不一致，就会阻碍整合模型在记忆中的形成和存储；③读者阅读含有时间顺序不一致信息的文本后即使不能口头报告出文本中存在时间顺序信息不一致，对目标句的阅读时间也会延长，这说明不能报告出的时间顺序信息的不一致也会阻碍情境模型的更新。

Zwaan 等（1998）曾区分了三种类型的情境模型：当前模型（current model）、整合模型（integrated model）和完全模型（complete model）。同时他们还区分了情境模型加工的四个典型过程：建构（constructing）、更新（updating）、激活（retrieving）和聚焦（foregrounding）。根据他们的理论框架，读者在开始阅读时会先建构一个由单个句子或短语描述的情境的当前模型。当他们继续读下去的时候，每个句子会产生一个新的当前模型。这来自所有句子的信息进而整合成一个模型，称之为整合模型。把新句子融入整合模型的过程称之为模型的更新。在阅读过程中，读者可能更关注于某一些类型的信息，而非其他信息，这个过程称之为聚焦。当读完所有句子以后，整合模型就作为完全模型储存在长时记忆中。后来，当读者试图回忆读过的信息时，完全模型或者它的成分就从长时记忆中激活。当前关于情境模型中时间表征的实验研究证明了上述理论设想，读者在使用时间信息建构起情境模型以后，在阅读过程中他们就能自动激活有关背景信息并随时监控当前信息类型，当碰到不连续或不一致的时间信息时，句子的阅读时间明显延长，说明情境模型的更新产生困难，这时他们往往不能建构一个一致的、整合的情境模型，而试图把两种有时间转换的或相互冲突的信息同时保存在记忆中，可能把它们都视作文本的基本内容。

三、小结

虽然当前对情境模型的研究得出了一些重要结论，但从他们的具体研究来说，都或多或少存在着一些问题。Zwaan（1996）的实验主要是为了反驳 Anderson 的场景理论，从而验证强印象假设。但是，这一假设主张如果前后句子由于有间断性的时间短语而导致了时间上的不连续，就会引起时间转换，此与场景无关，这种观点还是值得商榷的。在他的实验设计中，前面句子构成的场景的延续时间与后一句的不连续的时间比较接近，尽管还是没有超出前面句子的场景，但是已经接近了该场景的边界。在这种情况下，这个时间信息可能已促成了场景的转换，而不是在同一场景中时间的转换，因此，这不能完全确证只要有不连续的时间短语就会发生时间转换。此外，时间不连续和场景转换是两个不同的概念，但两者有着密切联系，将两者结合起来研究情境模型中时间表征的特点，将更有理论和实践意义。Radvansky 等（1998）的研究认为，不同事件只有发生在同一场景中，才能根据其发生的共同时间建构起情境模型，也就是说，具备相同的时空框架是建构情境模型的必要条件，这一点也是值得商榷的。如果只表明事件发生的时间，而不阐明其发生的地点，读者是否能建构起基于时间的情境模型，这是有待研究的。Rinck 等（2001）的研究表明，当时间信息不一致时，被试对情境模型的更新就会产生困难，但是时间信息不一致与因果关系有着十分密切的联系。在他们的实验中，被试对目标句的阅读时间的延长，以及在后来的再认测验中判断目标句正确与否的时间延长和错误率提高，究竟是由时间不一致引起还是由因果不一致引起，这一点值得深入探讨。

综观当前关于情境模型中时间表征研究的所有结论和不足，我们认为在未来的研究中，应该特别关注以下五点：第一，人们以前对课文表征的研究，主要使用延时技术（off – line），即在句子或文本读完之后考察读者的表征情况，主要使用阅读理解成绩、再认反应时以及再认错误率等作为考察指标。目前实时技术（on – line）已广泛引入到研究当中，它在句子或文本阅读过程中即时考察读者的表征情况，以探测反应时和句子阅读时

间甚至眼动为考察指标，能更深入地探讨课文表征的过程和特点。但这两种技术各有利弊，如实时技术更着重于探究读者的实时理解加工过程，而延时技术能更好地考察出读者的记忆表征过程，单独使用往往不能解释所有问题，所以在未来的研究中，特别是关于情境模型的研究，两者结合使用应成为一种必然趋势。第二，当前对情境模型的研究，不管是时间表征方面，还是其他方面，研究范围仅限于记叙文，而事实上，人们能够接触到的文本体裁是很多的，读者在阅读它们的过程中，背景知识肯定也会发生作用，所以，未来的研究应在研究范围上有所扩展，全面系统地考察各类体裁文本的表征过程。第三，情境模型中的时间表征不可能只是课文表征理论在时间维度上的简单推广，时间信息有其本身的独特性，主要表现为时间连续性和一致性两个方面。相对于情境模型的其他维度来说，时间维度更为模糊、抽象，时间信息的这些特点决定了情境模型的时间表征也应该有其自身的特点，这才是最值得深入研究的。第四，在使用时间信息建构情境模型的过程中，必然要受到多个因素的影响，这些因素可大致分为主体方面和客体方面两类，主体方面主要包括被试的阅读能力、阅读策略、认知方式、情感、动机等，客体方面主要包括时间信息的呈现方式和文本的体裁、结构等，对这些影响因素进行研究有助于时间表征研究的进一步深入。第五，情境模型包含多个维度，目前虽然已在单个维度上进行了研究，但实际上很多维度并没有严格地从其他维度中分离出来，如时间信息和空间信息中多隐含着因果信息，而要得到更精细的研究结果，必须将不同维度进行严格分离。

第三节 文本阅读中时间信息加工特点及二阶段模型的建构

一、理论概述

对时间的理解问题一直以来都是哲学、心理学、心理语言学等学科极为关注的问题。当代心理学与心理语言学关于语言理解与认知研究提出了许多关于时间加工的理论观点。

（一）文本阅读中时间信息加工的主要理论观点及其数据模式

如前所述，当前关于文本阅读中的时间信息加工有如下几种理论：Anderson 等（1983）基于场景转换而进行情境模型转变的场景理论；Zwaan（1996）基于时间标记出现而引发情境模型转换的强印象假设。此外，Zwaan（1996）还提出了混合模型（hybrid model）的时间加工观点作为一种被择模型。所谓混合模型就是指强印象假设和场景理论的混合，该模型认为，读者在阅读过程中，既受到强印象的影响，也受到场景的影响。

根据以上三种观点，在文本中对短时间（如“一会儿”）、中时间（如“1 小时”）和长时间（如“1 天”）三个时间标记的加工所导致的时间距离效应（temporal distance effect）则有三种不同的预测：印象假设与强印象假设预测的数据模式为：短时间 < 中时间 = 长时间；场景理论预测的数据模式为：短时间 = 中时间 < 长时间；混合模型预测的数

据模式为：短时间 < 中时间 < 长时间。研究发现，混合模型的支持证据较少，但前两种观点却都各自有较有力的证据作为支撑，非常难以调和。Anderson 等（1983）的实验结果支持了场景理论，Zwaan（1996）的实验结果支持了强印象假设理论，反驳了场景理论，冷英、莫雷、韩迎春和黄浩（2004）的结果却又支持场景理论，Ditman，Holcomb 和 Kuperberg（2008）采用 ERP 技术的实验发现，在时间词上 N400 的结果是：短时间 < 中时间 < 长时间，支持混合模型；在回指词上 N400 的结果是：短时间 = 中时间 < 长时间，支持场景理论。

针对这些不一致的结果，另一些研究者抛开现有的理论成见，去探讨时间信息加工的另外一些本质问题。Radvansky 等（1998）运用认知心理学中扇效应研究中的提取干扰范式进行的研究发现，读者能把一系列相关的句子整合到基于时间的情境模型中，表现为扇效应的消失或显著降低。Rinck，Hähnel 和 Becker（2001）通过利用不一致实验程序（inconsistency paradigm）考察了读者是如何利用时间信息建构、更新和提取情境模型的。Boroditsky（2001）探讨了母语为英语的被试与母语为汉语的被试对时间理解的差异，结果发现，母语为英语的被试主要以水平方式思考时间，而母语为汉语的被试则是以垂直的方式思考时间；但中国台湾学者 Chen（2007）的研究则发现说英语者与说汉语者对时间的理解没有本质的差异，说汉语者既用水平方式也用垂直方式思考时间。这两项研究实际上关注到了时间理解中的跨文化差异。

此外，还有一些研究者开始从时间信息与其他信息的关系方面探讨时间信息的加工问题，Rinck 和 Weber（2003）考察了主人公、时间与空间的转变对目标句阅读的影响，结果发现，包含主人公变化、时间变化与空间变化的句子阅读时间都显著增加。Therriault，Rinck 和 Zwaan（2006）探讨了读者对情境模型中某个维度的关注是否影响情境模型中其他维度，结果发现情境模型中主人公、时间维度不受任务要求的影响，读者仍按惯例进行追踪。这些研究从文本阅读中时间信息加工的不同方面进行了有益的探讨，但这些问题是局部的，未能从根本上解决文本阅读中时间信息加工的理论争论，因此，需要更深层次地探讨时间信息加工的本质问题。

（二）文本阅读中时间信息加工研究存在的主要问题与争论

1. 时间信息多维度加工问题

针对从单一的时间维度进行研究的缺陷，研究者开始关注时间信息与其他信息是如何进行同步加工的。虽然有些研究已经开始探讨这个问题，但是时间信息与其他维度信息的关系如何，研究结果很不一致。Rinck 和 Weber（2003）的研究发现，情境模型中维度转变越多，对句子的理解过程就越困难，表现为目标句阅读时间增加，即时间维度信息与其他维度信息的加工之间存在抑制关系。而 Copeland（2006）的研究则发现，两个维度转变时目标句的阅读时间小于一个维度转变时目标句的阅读时间，即时间维度信息与其他维度信息的加工之间存在易化关系。何先友和汪小伟等（2009）的研究也发现，时间与空间维度同时转变时，时、空转变和空、时转变都证实了易化的预期。不过时间对空间的易化作用较大，而且对两个维度转变的加工是并列进行的。当时、空两维度序列转变时，两者之间也存在易化关系。那么，时间维度信息与其他维度信息究竟是存在抑制关系，还是存在易化关系，抑或两者之间根本就没有关系，这就需要进一步的实证研究。

2. 对文本阅读中时间信息的表征性质存在静态观与动态观的争论

目前对时间信息的表征性质主要有两种理论观点：静态观（static views）和动态观（dynamic views）。静态观认为，读者理解文本中的事件是用一系列独立分散的模型来进行表征的，两个模型之间的延续与不延续取决于两者之间的联结力。两个事件共享的指标越多，事件表征间的联系就越强。动态观认为，心理模型是真实的或以认知为依据的虚构世界的内在模型。读者知觉到的事件和静止的物体或事件场面是动态的。Zwaan，Madden、Yaxley 和 Aveyard（2004）提出，心理模型建构是动态表征的。李伟兰和何先友（2009）发现，对文本中时间信息的表征是静态表征还是动态表征取决于中间事件持续时间的长短，如果中间事件持续时间短，结果支持了动态观；如果中间事件持续时间较长，则支持静态观。因此，时间信息的表征性质究竟是静态的还是动态的，还需要进一步的探索。

3. 对时间信息加工主要停留在建构阶段，而对时间信息提取过程的实质缺乏充分的实证研究

已有的国内外研究者大多停留在时间加工的第一个阶段，即建构阶段（如何表征时间信息），而对读者如何从长时记忆中提取时间信息的过程缺乏足够的实验研究，时间信息的提取是通过激活相应的时间信息或事件信息获得的，还是通过抑制无关时间信息或事件信息获得的，这方面没有达成一致的理解。Radvansky 等（1998）和 Radvansky（1999）的研究结果都发现时间信息的提取是一个抑制无关信息的过程，而 McNamara 和 McDaniel（2004）研究发现时间信息的提取是通过激活背景信息而获得的，另外何先友和晏赛君（2010）则发现，时间信息的提取既涉及激活机制，同时也有抑制机制的参与。因此，文本阅读研究中对时间信息的提取实质还需进一步的探索。

4. 对加工文本中的时间信息是否真的存在场景尚存争议

场景理论与强印象假设争论的一个焦点就是是否存在场景这样一个时间范围。Anderson 等（1983）认为存在场景这样一个时间区域，如果两个事件发生的时间跨度位于这一个区域内，那么情境模型在更新的时候就不会产生困难；如果超过了这个区域，那么读者在阅读时就会产生更新情境模型的困难，即表现为阅读时间的延长。而 Zwaan（1996）认为读者在进行阅读的时候是没有场景这样的概念的，而是存在一种时间顺序和连续的假设，如果两个事件发生的先后顺序和时间间隔没有超过读者的假设，那么更新情境模型就不会产生困难；反之，如果两个事件发生的时间间隔超过了读者的假设，那么情境模型的更新就会产生困难，表现为阅读时间的延长。Ditman 等（2008）运用 ERP 技术进行的一项研究发现，一部分脑区的脑电结果支持了场景理论，一部分脑区的脑电结果却支持了混合理论。因此，需要进一步探讨这两种理论产生争论的深层原因。

5. 强印象假设和场景理论对阅读时间延长的原因的解释存在争议

Zwaan 和 Radvansky（1998）的研究指出，更新和提取是影响情境模型建构的两个原因；Speer 和 Zacks（2005）的研究也表明，引起阅读时间延长的原因是加工时间词和更新情境模型本身所带来的困难；Ditman 等（2008）的 ERP 研究表明，这两个因素都是导致阅读时间延长的原因，但是两个部分的数据模式却不相同。

强印象假设的主要证据（Zwaan，1996）来自于目标句中探测词的反应时间以及时间词句的阅读时间，这两个部分都是在句子加工过程中进行的，因此强印象假设本质上认

为，加工时间信息以及更新情境模型是导致阅读时间延长的原因。而场景理论的主要证据（Anderson et al.，1983）来自于读者对文本最后问题的反应时结果，因此在本质上，场景理论认为阅读时间延长的原因是整合和通达先前信息。因此，需要从理论上重新审视这两种经典的时间加工理论，并提供有说服力的实验证据。

要解决以往研究中的这些争论，需要进行大量的工作。我们认为，以下三点是在未来研究中需要解决的难点问题：

第一，如何组合中文阅读中时间信息与其他维度信息的关系。即针对以往研究大多探讨单维度时间信息加工的不足，如何系统分析不同维度的信息在情境模型中的作用并将它们有效地加以组合。

第二，时间信息的提取机制问题涉及当前认知心理学研究中两个重要的加工过程：激活与抑制过程。在时间信息提取过程中，这两个加工过程究竟是哪个起着更重要的作用，它们之间有何关系？

第三，如何从理论上整合强印象假设与场景理论的争论，提出具有一定理论高度的新的理论假设，同时又能设计巧妙的实验来验证新的理论假设？

二、研究基本思路

总体上，可通过设计系列实验，探讨文本阅读过程中读者是如何加工与提取时间信息，从而揭示文本阅读过程中时间信息加工过程的实质，在此基础上，建构文本阅读中时间信息加工的二阶段模型。研究假设是文本阅读中时间信息加工的特点既有动态特征，也有静态特征，动态与静态取决于阅读材料中事件之间的时间关系。时间信息与其他维度信息的加工是并行的，时间信息的提取既涉及对相关信息的激活，又包括对无关信息的抑制，激活机制与抑制机制都参与时间信息的提取。文本阅读过程中时间信息的加工实质涉及两个阶段，第一个阶段是加工时间词以及低水平的更新情境模型，第二个阶段是通达和整合先前信息的过程。第一个阶段的加工实际上与强印象假设的解释有关，而第二个阶段和场景理论相关。因此，本书提出的二阶段模型是对前人研究的深入，具体研究内容分为以下四个方面：

（一）时间信息对文本理解的影响

主要通过探讨中文阅读过程中的边界效应及其消除、记叙文阅读中时间信息的事件边界效应、时间顺序与时间距离对时间表征及语言理解的影响等问题，以期揭示中文阅读过程中时间信息对文本理解的影响。包括三个实验：

实验一：中文阅读中的边界效应及其消除，主要探讨两个问题：第一，中文阅读中是否存在边界效应。第二，时间切分标记能否消除边界效应及消除的条件。因变量为目标句的阅读时间。具体假设是：如果时间切分标记所指代的时间与先前事件持续时间范围的关系对时间切分标记能否消除边界效应具有决定作用，那么当时间切分标记位于先前事件的持续时间范围内时，边界效应将不会被消除；反之，当时间切分标记出现在先前事件的持续时间跨度外时，边界效应将会被消除。本实验尝试通过系列实验对这种效应予以证明，并将其称为事件持续效应（event - duration effect）。

实验二：记叙文中时间信息的事件边界效应，主要探讨不同的时间跨度是否会引发读者知觉记叙文事件边界差异的问题。因变量为位置点被确认为事件边界的比例。具体假设是：如果时间信息被读者外显地知觉为文本的事件边界，那么，在时间转换句之前的位置点就更容易被知觉为事件边界；如果时间跨度会影响时间信息被知觉为事件边界的程度的话，那么，相比短时间跨度信息，长时间跨度信息应该会更容易被知觉为事件边界。

实验三：文本阅读中时间顺序与时间距离的影响，主要探讨文本阅读中不同条件下时间顺序（顺向顺序与逆向顺序）与时间距离（近距离、中距离、远距离）对时间信息表征的影响。因变量为探测词的反应时和错误率。具体假设是：第一，如果语言加工中确实存在顺时序事件加工的优先性，那么，逆时序事件的反应时会长于顺时序事件；第二，事件之间的时间距离对语言理解的影响的实质是不同时距的事件能否整合到同一情境模型中，如果能整合到同一情境模型中，那么外在的时间距离就不产生影响，反之，就会产生影响，反应时从长到短的顺序为远距离＞中距离＞近距离。

（二）时间信息的加工机制研究

探讨记叙文阅读中的时间表征特点与时间信息的理解和加工机制，主要从三个方面进行：第一方面，通过系列研究检验强印象假设（Zwaan，1996）和场景理论（Anderson et al.，1983）各自的合理性，在此基础上提出时间信息加工的二阶段模型并对该模型进行验证。第二方面，从时间信息表征性质的角度，探讨读者在进行记叙文阅读时对于时间信息建构表征的动态性与静态性。第三方面，分别基于语言理解的具身观和采用倒叙文事件材料两个角度，探讨记叙文阅读中的时间表征机制。其中包括以下五个实验：

实验一：探讨间断性时间短语与场景跨度的关系对时间转换的影响，并以此为基础，对强印象假设和场景理论进行检验。因变量是关键句的阅读时间、探测词的反应时。具体假设是：如果整个场景的时间跨度是读者在场景内间断性时间短语条件下出现时间转换的参照系，那么通过缩短中时时间短语的时间跨度或者延长场景的时间跨度均可能出现如下时间数据模式：短时＝中时＜长时。

实验二：提出时间信息加工的二阶段模型并对其进行验证。本书提出的时间信息加工的二阶段模型的基本假设是文本中时间信息的加工分为两个阶段：第一个阶段是加工时间信息以及更新情境模型阶段，第二个阶段是通达和整合先前信息阶段。在第一个阶段，当遇到时间词时，读者就会更新情境模型，但是此时的认知加工处于比较消极的水平或者是一个比较低的水平，并不是所有的信息都会被通达，只有那些对于保持最低连贯性所必需的先前信息才会得到加工与通达，并且保持情境模型最低水平的更新。此时，时间词被加工了，但是维持的水平很低，读者在遇到时间词时不会马上更新情境模型而是直到句子结束才会进行。此时时间信息的加工与强印象假设的观点一致。但在整合和通达先前信息阶段，读者就需要完全理解这个句子的内容，并且建构一个新的情境模型，这与场景理论一致。因此，实验二通过对二阶段模型进行验证，从而从理论上整合强印象假设与场景理论，包括三个分实验：

（1）考察文本阅读过程中时间信息转换的机制，目的是从实证的角度分析强印象假设和场景理论的矛盾成因。认为两个理论解释所选取的因变量指标是造成两者矛盾与冲突的重要原因：强印象假设的主要指标是关键句中探测词的反应时，而场景理论的主要指标是最后问题的反应时。至于关键句的阅读时间，本研究认为可能会出现两种数据模式中的任何一种，因为关键句是时间词句和事件句的混合。采用 Zwaan（1996）的实验范式，实验为单因素三水平被试内设计，自变量为情境所持续的时间（一会儿之后、1 小时之后、1 天之后），因变量是关键句的阅读时间、探测词的反应时和最后问题的反应时。研究假设是：探测词的数据结果符合强印象假设的模式，即一会儿之后 <1 小时之后 =1 天之后，但是最后问题的反应时符合场景理论，即一会儿之后 =1 小时之后 <1 天之后。关键句的阅读时间符合场景理论的数据模式。

（2）提出并初步验证文本阅读过程中时间信息加工的二阶段模型。通过分别记录关键句中的时间词和关键事件的阅读时间，验证时间词是对应情境模型更新的早期阶段，符合强印象假设的数据模式，即短时间 < 中时间 = 长时间；关键事件的阅读时间和最后问题的反应时是对应情境模型的后期整合阶段，符合场景理论的数据模式，即短时间 = 中时间 < 长时间。实验为单因素三水平被试内设计，自变量为情境所持续的时间（一会儿之后、1 小时之后、1 天之后），因变量是时间词的阅读时间、关键事件的阅读时间和最后问题的反应时。研究假设是：时间词句是符合强印象假设的数据模式，即一会儿之后 <1 小时之后 =1 天之后；而关键事件句是符合场景理论的数据模式，即一会儿之后 =1 小时之后 <1 天之后；最后问题的反应时也符合场景理论。

（3）运用眼动技术进一步验证文本阅读中时间信息加工二阶段模型，通过采取比移动窗口范式更自然的全篇呈现的眼动研究范式（eye tracking），进一步验证读者在第一个阶段的阅读过程中是保持低水平的阅读激活状态，而第二个阶段则是情境模型的整合阶段。实验为单因素三水平被试内设计，自变量为情境所持续的时间（一会儿之后、1 小时之后、1 天之后），因变量是两个兴趣区（时间词兴趣区和关键事件兴趣区）的眼动指标。对于眼动指标，我们选择了首遍阅读时间、首遍回视路径时间、总阅读时间、整个阅读过程中的平均瞳孔大小、首遍注视次数和总注视次数。研究假设是：在阅读的早期阶段可能没有表现出差异，因为早期阶段是出于低水平的激活状态，而后期的加工阶段符合场景理论的数据模式，表现出总体的通达和整合状态。

实验三：时间信息表征的实质：动态观与静态观，主要探讨时间信息表征的性质。因为先前的研究对动态观和静态观存在争论（Zwaan 等，2004），所以本研究以时间距离效应为指标探讨在工作记忆与长时记忆中时间信息表征的动态与静态特征，从而为动态观和静态观提供证据。自变量为中间事件的持续时间（长/短），因变量为首尾呼应句的平均阅读时间。研究假设为：若中间事件的持续时间短，读者把先前事件的信息储存在短时工作记忆条件下，产生时间距离效应，此时支持动态观；若中间事件的持续时间长，读者把先前事件的信息储存在长时工作记忆条件下，不产生时间距离效应，此时支持静态观。

实验四：基于语言理解具身观的时间信息加工机制研究，采用探测方式和自然阅读方式，探讨不同时间跨度对后续事件的即时整合和先前信息通达的影响，并以此验证时间信息加工的经验模拟假设。因变量为时间转换句的阅读时间、探测词的反应时。研究假设是：如果经验模拟假设成立，尽管时间跨度（如 5 小时之后）超越了当前事件的持续时间范围，但由于与经验模拟的持续时间仍具有一定的吻合性，因而将表现出与场景理论不同的数据模式，即一会儿之后 <5 小时之后 <1 天之后。

实验五：文本阅读中倒叙事件的时间表征模式研究，采用移动窗口阅读技术（moving window technique）探讨文本中倒叙事件时间表征的时间顺序假设与背景信息假设的合理性。事件 E_1、E_2、E_3、E_4 按发生的时间顺序排列为 E_1—E_2—E_3—E_4，按文本的描述顺序排列为 E_2—E_3—E_1—E_4。实验是两因素被试内设计，自变量为第二事件（E_2）的持续时间（长/短）和第一事件（倒叙事件，E_1）与第三事件（E_3）的背景关系（突出/模糊），因变量为照应句的阅读时间。研究假设为：当第一事件和第三事件的背景关系模糊时，支持时间顺序假设，其表征为 E_1—E_2—E_3—E_4 模式；当第一事件和第三事件的背景关系突出时，支持背景信息假设，其表征为 E_2—E_3—E_1—E_4 模式。

（三）时空维度的情境模型建构研究

探讨时间维度和空间维度在建构与更新情境模型中的内部机制，主要包括三方面问题：第一，时间维度情境模型的建构与提取过程实质。第二，基于事件框架依赖假设的情境模型更新探讨及认知方式在其中的作用。第三，时间与空间维度在情境模型更新过程中的相互影响。通过对以上问题的解答，以进一步探析读者的情境模型建构过程，包括以下六个实验：

实验一：时间维度在情境模型建构中的作用，通过运用研究扇效应的提取干扰范式，探讨读者能否把一系列相关的事实整合到基于时间组织的情境模型中。实验自变量为空间信息类型（有明确空间信息和无明确空间信息）、时间信息类型（相对时间信息和绝对时间信息）。因变量为读者对探测句的反应时。基本假设是：如果读者能将一系列相关且部分重叠的事实整合到同一个情境模型中，那么提取干扰效应将表现为减弱甚至消失。反之，如果这些相关且部分重叠的事实不能被整合到同一个情境模型中，那么就会表现出明显的提取干扰效应。因而，如果时间维度对情境模型的建构产生影响，那么将出现时间条件与扇效应水平的明显交互作用，即不同的时间条件将产生明显的扇效应，而相同时间条件则会明显削弱扇效应，甚至使其消失。

实验二：基于情境模型的时间信息提取机制研究，运用提取干扰技术（retrieval interference technique）可以考察在不同的时间扇（time fan）和事件扇（event fan）条件下被试对学习句子的提取时间，从而研究情境模型中时间信息的提取过程。比如张三在 3 月 18 日、5 月 6 日、7 月 12 日举重，因此需要建构三个时间模型来表征，在提取某个时间信息时就可能存在三个模型的竞争，从而导致反应时的延长。例如李四在 7 月 12 日举重、练习标枪、短跑，这三个事件都在同一个时间段发生，因此读者只需建构一个时间模型，在提取某一信息时，就不存在模型之间的竞争，反应时很短。自变量是相同时间条件（一个时间对应几种活动的句子构成相同时间条件，包含 3 种扇水平：扇水平 1 指一个时间对应 1 种活动，扇水平 2 指一个时间对应 2 种活动，扇水平 3 指一个时间对应 3 种活动）和不同时间条件（一种活动对应不同时间的句子构成不同时间条件，包含 3 种扇水平：扇水平 1 指一种活动对应 1 个时间，扇水平 2 指一种活动对应 2 个时间，扇水平 3 指一种活动对应 3 个时间）。因变量是反应时和错误率。研究假设是如果提取的时间信息涉及的情境是同一个情境模型，那么，就不会产生模型之间的竞争，就不会出现显著的提取干扰效应；如果提取的时间信息涉及几个不同的情境模型，那么，就会在提取时导致模型之间的竞争，就会出现显著的提取干扰效应，说明对无关信息的抑制出现问题。

实验三：基于事件框架依赖假设的时间情境模型更新研究，采用多指标探测范式探讨事件框架内外条件下，时间转换对时间情境模型更新的影响。因变量是探测词反应时、时间转换句的阅读时间。研究假设是：如果事件框架依赖假设成立，当时间转换位于文本事件框架的范围内时，时间转换不标示事件的变化，读者会把时间转换后的事件知觉为先前事件的延续，不会出现情境模型的更新。当时间转换位于文本事件框架的范围外时，时间转换标示着事件的变化，读者则需要更新情境模型以达到对文本内容的理解。

实验四：基于事件框架依赖假设的时间与空间维度情境模型更新研究，主要通过四个分实验来探讨如下问题：

（1）前两个分实验主要探讨事件框架内外，空间维度的转换是否会对情境模型更新产生影响。因变量是关键句的阅读时间、探测词反应时和反应正确率。具体假设是：在事件框架范围内时，空间转换不会使读者更新情境模型，因此转换条件与无转换条件的探测位置词反应时应该无显著差异。同样地，保持和中性客体条件下的探测词反应时也应该无显著差异，但移除客体条件下的探测词反应时要更长。在事件框架范围外时，转换条件下的位置词反应时应该会比无转换条件下的位置词反应时更长；保持和移除客体条件下的反应时应该明显长于中性客体条件。

（2）后两个分实验主要探讨事件框架内，活动信息是否对时间与空间维度情境模型的更新产生影响。因变量是关键句的阅读时间、探测词反应时和反应正确率。具体假设是：在时间转换条件下，由于保持活动和中性活动都维持在当前情境中，因而两者的反应时将不会出现明显差异；而终止活动因不处于当前情境，其与时间转换的共同作用会让读者知觉为小事件的终止，因而终止活动的反应时应该明显更长。同时，读者在时间转换条件下更为关注活动，而在空间转换条件下更为关注客体，因此，在空间维度转换条件下，可能出现三种活动条件下的反应时无显著差异。

实验五：认知方式对空间情境模型更新的影响，主要探讨场独立性与场依存性读者在低预见性和高预见性条件下的空间情境模型更新差异。具体假设是：如果不同的预见性和读者的认知方式差异对其空间情境模型的更新能力产生影响，那么在低预见条件下，认知方式为场独立性读者比场依存性读者更容易更新空间情境模型，表现为场独立性读者出现明显的空间距离效应，但场依存性读者则不会出现空间距离效应；在高预见条件下，场依存性读者则比场独立性读者更容易引发空间情境模型的更新，表现为场依存性读者能表现出明显的空间距离效应，但场独立性读者则不会表现出空间距离效应。

实验六：考察时间与空间维度更新对文本阅读的影响，由于前人的研究得出不一致的结果（Rinck & Weber，2003；Copeland，2006），所以本研究继续探讨时间信息与空间信息同时或继时转变时它们之间的关系。两个分实验一是探讨时间与空间维度在同时更新条件下两者的相互影响，二是探讨时间与空间维度在继时更新条件下两者的相互影响。实验都是单因素五水平被试内设计，自变量为目标句类型（控制条件、时间维度转变、空间维度转变、时间维度与空间维度转变、空间维度与时间维度转变），因变量是目标句每个字的平均阅读时间。研究假设是：时间与空间维度更新如果是易化关系，那么它们同时转变条件下的阅读时间应该小于每一种单一维度阅读时间之和的一半，即 $RT_{双} < (RT_1 + RT_2)/2$；如果是抑制关系，那么它们同时转变条件下的阅读时间应该大于每一种单一维

度阅读时间之和的一半，即 $RT_{双} > (RT_1 + RT_2)/2$；如果是无关关系，那么它们同时转变条件下的阅读时间应该约等于每一种单一维度阅读时间之和的一半，即 $RT_{双} \approx (RT_1 + RT_2)/2$；如果是序列加工的，那么 $RT_{双} \geqslant RT_1 + RT_2$；如果是并列加工的，那么 $RT_{双} < RT_1 + RT_2$。

（四）时间隐喻与学习研究

从时间隐喻与时空信息学习的角度出发，探讨基于表盘模拟和空间维度隐喻条件下的时间概念加工问题，并以此为基础，分析不同的分组方式对学习者的时间与空间信息学习效果的影响，以进一步揭示时空概念加工与学习的认知心理机制，包括三个实验：

实验一：时间信息加工的表盘模拟研究，主要探讨两个问题：第一，探讨个体对具体时刻的加工是否以表盘模拟进行表征。第二，考察个体在加工变化的具体时刻过程中是否仍以表盘模拟的形式进行类似于指针旋转的心理旋转表征。因变量为进行相关任务判断的反应时和正确率。具体假设是：第一，如果个体对具体时刻的加工以表盘模拟进行表征，那么将出现反转的 SNARC 效应，即右手对小于 6 的数字反应更快，而左手则对大于 6 的数字反应更快。第二，如果个体对变化的具体时刻加工是以心理旋转的形式进行表征，那么当时刻变化与图形旋转变化的方向一致时，个体对其进行判断的反应将明显快于变化方向不一致条件。

实验二：主要考察汉语者在对时间概念进行表征时，是否存在水平和垂直两个维度上的空间表征，并以此为基础，探讨两种维度在同时引发时，哪种维度更具有优势性。因变量是对目标物位置进行判断的反应时。实验假设是：第一，如果汉语者所加工的时间概念是基于水平维度的空间表征（即“左—右”隐喻），那么汉语者对含有过去意义的词语反应应该是左侧的反应明显快于右侧的；而对于含有将来意义的词语反应应该是右侧的反应比左侧的更快。第二，如果对时间概念的加工是基于垂直维度的空间表征（即“上—下”隐喻），那么汉语者对含有过去意义的词语反应应该是上方的比下方的反应更快；对含有将来意义的词语反应则是下方的比上方的反应更快。第三，如果这种时空隐喻的优势维度是水平维度，那么对于含有过去时间意义的汉语词反应应该是左侧比右侧的反应更快，而对于含有将来意义的时间词反应则是右侧的比左侧的反应更快；反之，如果优势维度是垂直维度，对于含有过去意义的汉语词反应应该是上方的比下方的反应更快，而对于含有将来意义的汉语词反应则是下方的比上方的反应更快。

实验三：不同分组类型对系列时间信息与空间信息学习效果的影响，主要探讨两个问题：第一，已有研究发现，时间上的分组并没有对时间顺序信息的学习产生促进作用，其原因可能是时间上的分组过于复杂，且学习者事先并未得到相关提示。因此，该实验尝试通过简化时间分组并提供分组提示，考察其是否能促进个体的时间顺序信息的学习效果。第二，在以上问题探讨的基础上，进一步分析垂直维度上的不同分组类型（组数多而组内项目数少、组数少但组内项目数多）对空间位置信息学习效果的影响。因变量为学习的次数。具体假设是：第一，如果简化了时间分组操作，并且事先提示学习者时间分组的规则，那么将出现学习者对时间顺序信息的学习效果显著提高。第二，如果垂直维度上的分组对学习者的空间位置信息学习产生影响，那么学习者在组数多而组内项目数少、组数少但组内项目数多这两种分组方式上的学习效果应该明显高于不分组情况下的学习效果。

三、小结

本节通过对以往文献的综合分析，在系列实验研究的基础上，提出文本阅读中时间信息加工的二阶段模型。二阶段模型是指，在文本阅读时间信息的加工过程中包含两个阶段，第一个阶段是加工时间词以及低水平的更新情境模型，对信息只维持最低限度的激活；第二个阶段是通达和整合先前信息的过程，是情境模型的完成阶段。这两个阶段分别对应于强印象假设和场景理论关于时间信息加工的解释，因而为调和与整合这两个理论的矛盾与冲突提供了重要的理论基础。

本节对于时间信息加工的内部机制的预期研究结果是，文本阅读中时间信息加工的特点是既有动态特征，也有静态特征，动态与静态取决于阅读材料中事件之间的时间关系；时间信息与其他维度信息的加工是并行的；时间信息的提取既涉及对相关信息的激活，又包括对无关信息的抑制，激活机制与抑制机制都参与时间信息的提取。

基于此，本节通过对文本阅读与理解过程中时间信息的作用、时间信息加工的特征与机制、基于时间与空间维度的情境模型建构和时间隐喻与学习四个方面的探讨，尝试解决与整合文本阅读中时间信息加工研究长期以来的理论争论，明晰时间信息加工、情境模型建构的内部认知机制。更重要的是，通过探讨文本阅读中时间信息的加工与提取特点，为本节提出的时间信息加工的二阶段模型提供进一步的实证依据，具有一定的理论创新价值和现实指导意义。另外，本节的系列实验采用经典认知心理学研究方法与现代眼动技术相结合的研究技术对文本阅读其他问题的探讨也具有重要的方法论意义。

参考文献

1. 官群．具身认知观对语言理解的新诠释：心理模拟：语言理解的一种手段．心理科学，2007，30（5）：1252～1256.

2. 何先友，李惠娟，陈广耀，汪小伟．情境模型中时间和空间维度更新的相互影响．心理学报，2013，45（1）：23～34.

3. 何先友，梁丽媚，曾祥炎．时间顺序关系对语言理解的影响．心理科学，2005，28（1）：80～84.

4. 何先友，晏赛君．时间情境模型提取过程的实质初探：激活与抑制．心理学报，2010，42（4）：467～473.

5. 冷英，莫雷，韩迎春，黄浩．记叙文时间转换机制．心理学报，2004，36（1）：9～14.

6. 李伟兰，何先友．记叙文阅读中时间心理表征的建构：动态观还是静态观．心理学探新，2009，29（1）：37～44.

7. 鲁忠义，高志华，段晓丽，刘学华．语言理解的体验观．心理科学进展，2007，15（2）：275～281.

8. Anderson, J. R. (1974). Retrieval of propositional information from long－term memory. *Cognitive Psychology*, 6(4): pp. 451－474.

9. Anderson, A., Garrod, S. C., & Sanford, A. J. (1983). The accessibility of pronominal antecedents as a function of episode shifts in narrative text. *Quarter Journal of Experimental Psychology*, 35(A): pp. 427－440.

10. Barsalou, L. W. (1999). Perceptual symbol systems. *Behavioral and Brain Sciences*, 22(4): pp. 577－660.

11. Bestgen, Y., & Vonk, W. (1995). The role of temporal segmentation markers in discourse processing. *Discourse Processes*, 19(3): pp. 385－406.

12. Boroditsky, L. (2001). Does language shape thought? Mandarin and English speakers' conceptions of time. *Cognitive Psychology*, 43(1): pp. 1－22.

13. Bransford, J. D., Barclay, J. R., & Franks, J. J. (1972). Sentence memory: A constructive versus interpretive approach. *Cognitive Psychology*, 3(2): pp. 193－209.

14. Chen, J. Y. (2007). Do Chinese and English speakers think about time differently? Failure of replicating Boroditsky (2001). *Cognition*, 104(2): pp. 427－436.

15. Clark, E. V. (1971). On the acquisition of the meaning of before and after. *Journal of Verbal Learning and Verbal Behavior*, 10(3): pp. 266－275.

16. Claus, B., & Kelter, S. (2006). Comprehending narratives containing flashbacks: Evidence for temporally organized representations. *Journal of Experimental Psychology: Learning*,

Memory, and Cognition, 32(5): pp. 1031 – 1044.

17. Copeland, A. (2006). *The Interaction of Goal and Temporal Shifts in Situation Models.* Unpublished doctoral dissertation, University of Notre Dame.

18. Ditman, T., Holcomb, P. J., & Kuperberg, G. R. (2008). Time travel through language: Temporal shifts rapidly decrease information accessibility during reading. *Psychonomic Bulletin & Review*, 15: pp. 750 – 756.

19. Dowty, D. R. (1986). The effects of aspectual class on the temporal structure of discourse: Semantics or pragmatics? *Linguistics and Philosophy*, 9: pp. 37 – 61.

20. Ferstl, E. C., Rinck, M., & von Cramon, D. Y. (2005). Emotional and temporal aspects of situation model processing during text comprehension: An event – related fMRI study. *Journal of Cognitive Neuroscience*, 17(5): pp. 724 – 739.

21. Ferstl, E. C., & von Cramon, D. Y. (2001). The role of coherence and cohesion in text comprehension: An event – related fMRI study. *Cognitive Brain Research*, 11(3): pp. 325 – 340.

22. Fleischman, S. (1990).. *Tense and Narrativity: From Medieval Performance to Modern Fiction.* Austin T X: University of Texas Press.

23. Fraisse, P. (1984). Perception and estimation of time. *Annual Review of Psychology*, 35(1): pp. 1 – 36.

24. Friedman, W. (1990). *About Time: Inventing the Fourth Dimension.* Cambridge, MA: MIT Press.

25. Gernsbacher, M. A. (Ed.). (1990). *Language Comprehension as Structure Building.* Hillsdale, NJ: Erlbaum.

26. Givón, T. (1992). The grammar of referential coherence as mental processing instructions. *Linguistics*, 30(1): pp. 5 – 55.

27. Glenberg, A. M. (1997). What memory is for: Creating meaning in the service of action. *Behavioral and Brain Sciences*, 20(1): pp. 41 – 50.

28. Glenberg, A. M., Kruley, P., & Langston, W. E. (1994). Analogical processes in comprehension: Simulation of a mental model. In M. A. Gernsbacher (Ed.). *Handbook of Psycholinguistics*, pp. 600 – 609.

29. Goldberg, A. E. (1999). The emergence of the semantics of argument structure constructions. In B. MacWhinney (Ed.). *The Emergence of Language.* Mahwah, NJ: Lawrence Erlbaum, pp. 197 – 212.

30. Graesser, A. C., Millis, K. K., & Zwaan, R. A. (1997). Discourse comprehension. *Annual Review of Psychology*, 48(1): pp. 163 – 189.

31. Hackett, C. F. (1969). The origin of speech. *Scientific American*, 203(3): pp. 88 – 96.

32. Hopper, P. J. (1979). Aspect and foregrounding in discourse. In T. Givón (Ed.). *Syntax and Semantics. Vol. 12: Discourse and Syntax.* New York: Academic Press, pp. 213 – 241.

33. Kintsch, W. (1992). How readers construct situation models for stories: The role of syntactic cues and causal inferences. In A. F. Healy, S. M. Kosslyn, & R. M. Shiffrin (Eds.). *From*

Learning Processes to Cognitive Processes: Essays in Honor of William K. Estes, 2: pp. 261 – 278.

34. Kintsch, W., & van Dijk, T. A. (1978). Toward a model of text comprehension and production. *Psychological Review*, 85(5): pp. 363 – 394.

35. Magliano, J. P., Miller, J., & Zwaan, R. A. (2001). Indexing space and time in filmunderstanding. *Applied Cognitive Psychology*, 15(5): pp. 533 – 545.

36. Magliano, J. P. & Schleich, M. C. (2000). Verb aspect and situation models. *Discourse Processes*, 29: pp. 83 – 112.

37. Mandler, J. M. (1986). On the comprehension of temporal order. *Language and Cognitive Processes*, 1: pp. 309 – 320.

38. Mason, R. A., & Just, M. A. (2004). How the brain processes causal inferences in text: A theoretical account of generation and integration component processes utilizing both cerebral hemispheres. *Psychological Science*, 15(1): pp. 1 – 7.

39. McNamara, D. S., & McDaniel, M. A. (2004). Suppressing irrelevant information: Knowledge activation or inhibition? *Journal of Experimental Psychology: Learning, Memory, and Cognition*, 30(2): pp. 465 – 482.

40. Münte, T. F., Schiltz, K., & Kutas, M. (1998). When temporal terms belie conceptual order. *Nature*, 395(6697): pp. 71 – 73.

41. Ohtsuka, K., & Brewer, W. F. (1992). Discourse organization in the comprehension of temporal order in narrative texts. *Discourse Processes*, 15: pp. 317 – 336.

42. Perfetti, C. A., & Britt, M. A. (1995). Where do propositions come from? In C. R. Fletcher, S. M. Mannes, & C. A. Weaver (Eds.). *Discourse Comprehension: Strategies and Processing Revisited*, pp. 11 – 34.

43. Pickering, M. J., & Garrod, S. (2004). Toward a mechanistic psychology of dialogue. *Behavioral and Brain Sciences*, 27(2): pp. 169 – 226.

44. Pulvermüller, F. (2002). A brain perspective on language mechanisms: From discrete neuronal ensembles to serial order. *Progress in Neurobiology*, 67(2): pp. 85 – 111.

45. Pulvermüller, F. (2005). Brain mechanisms linking language and action. *Nature Reviews Neuroscience*, 6(7): pp. 576 – 582.

46. Radvansky, G. A. (1999). Memory retrieval and suppression: The inhibition of situation models. *Journal of Experimental Psychology: General*, 128(4): pp. 563 – 579.

47. Radvansky, G. A., Zwaan, R. A., Federico, T., & Franklin, N. (1998). Retrieval from temporally organized situation models. *Journal of Experimental Psychology: Learning, Memory, and Cognition*, 24(5): pp. 1224 – 1237.

48. Reynolds, J. R., Zacks, J. M., & Braver, T. S. (2004). *A Computational Model of the Role of Event Structure in Perception.* Paper presented at the Annual Meeting of the Cognitive Neuroscience Society, San Francisco, CA.

49. Rich, S. S., & Taylor, H. A. (2000). Not all narrative shifts function equally. *Memory & Cognition*, 28(7): pp. 1257 – 1266.

50. Rinck, M., Hähnel, A., & Becker, G. (2001). Using temporal information to construct, update, and retrieve situation models of narratives. *Journal of Experimental Psychology: Learning, Memory, and Cognition*, 27(1): pp. 67 – 80.

51. Rinck, M., & Weber, U. (2003). Who when where: An experimental test of the event – indexing model. *Memory & Cognition*, 31: pp. 1284 – 1292.

52. Segal, E. M. (1995). A cognitive – phenomenological theory of fictional narrative. In J. F. Duchan, G. A. Brider, & L. E. Hewitt (Eds.). *Deixis in Narrative: A Cognitive Science Perspective*. Hillsdale, NJ: Erlbaum, pp. 61 – 78.

53. Speer, N. K., & Zacks, J. M. (2005). Temporal changes as event boundaries: Processing and memory consequences of narrative time shifts. *Journal of Memory and Language*, 53(1): pp. 125 – 140.

54. Speer, N. K., Zacks, J. M., & Reynolds, J. R. (2007). Human brain activity time – locked to narrative event boundaries. *Psychological Science*, 18(5): pp. 449 – 455.

55. Stanfield, R. A., & Zwaan, R. A. (2001). The effect of implied orientation derived from verbal context on picture recognition. *Psychological Science*, 12(2): pp. 153 – 156.

56. Therriault, D. J., Rinck, M., & Zwaan, R. A. (2006). Assessing the influence of dimensional focus during situation model construction. *Memory & Cognition*, 34(1): pp. 78 – 89.

57. van der Meer, E., Beyer, R., Heinze, B., & Badel, I. (2002). Temporal order relations in language comprehension. *Journal of Experimental Psychology: Learning, Memory, and Cognition*, 28(4): pp. 770 – 779.

58. van Dijk, T. A., & Kintsch, W. (1983). *Strategies of Discourse Comprehension*. New York, NY: Academic Press.

59. Zacks, J. M., Braver, T. S., Sheridan, M. A., Donaldson, D. I., Snyder, A. Z., Ollinger, J. M., & Raichle, M. E. (2001). Human brain activity time – locked to perceptual event boundaries. *Nature Neuroscience*, 4(6): pp. 651 – 655.

60. Zacks, J. M., Tversky, B., & Iyer, G. (2001). Perceiving, remembering, and communicating structure in events. *Journal of Experimental Psychology: General*, 130(1): pp. 29 – 58.

61. Zwaan, R. A. (1996). Processing narrative time shifts. *Journal of Experimental Psychology: Learning, Memory, and Cognition*, 22: pp. 1196 – 1207.

62. Zwaan, R. A. (2003). The immersed experiencer: Toward an embodied theory of language comprehension. In B. H. Ross (Ed.). *The Psychology of Learning and Motivation*, 44: pp. 35 – 62.

63. Zwaan, R. A., Langston, M. C., & Graesser, A. C. (1995). The construction of situation models in narrative comprehension: An event – indexing model. *Psychological Science*, pp. 292 – 297.

64. Zwaan, R. A., Madden, C. J., & Stanfield, R. A. (2000). Time in narrative comprehension: A cognitive perspective. In D. M. Schram, & G. J. Steen (Eds.). *Psychology and Sociology of Literature*, pp. 71 – 86.

65. Zwaan, R. A., Madden, C. J., Yaxley, R. H., & Aveyard, M. E. (2004). Moving words: Dynamic representations in language comprehension. *Cognitive Science*, 28 (4): pp. 611 – 619.

66. Zwaan, R. A., Magliano, J. P., & Graesser, A. C. (1995). Dimensions of situation model construction in narrative comprehension. *Journal of Experimental Psychology: Learning, Memory, and Cognition*, 21(2): pp. 386 – 397.

67. Zwaan, R. A., & Radvansky, G. A. (1998). Situation models in language comprehension and memory. *Psychological Bulletin*, 123(2): pp. 162 – 185.

68. Zwaan, R. A., Stanfield, R. A., & Madden, C. J. (1999). Perceptual symbols in language comprehension: Can an empirical case be made? *Behavioral and Brain Sciences*, 22(4): pp. 636 – 637.

第二章

时间信息对文本理解的影响

第一节　中文阅读中的边界效应及其消除：事件持续效应

一、理论概述

当今阅读心理学家一般把文本理解看作是读者将文本中出现的新句子与先前的句子进行整合，建构文章内容连贯的心理表征或情境模型的过程（O' Brien，Rizzella，Albrecht，& Halleran，1998；Mckoon & Ratcliff，1998）。读者在建构心理表征的过程中，一般采用连续性原则（the principle of continuity）加工文章信息，即在阅读加工过程中，读者虽然缺乏足够的信息，但仍然认为文章保持着连续性（Segal，Duchan，& Scott，1991）。然而，这一原则并非在任何情况下都是适用的。比如，当主题发生了转换时，读者如果仍利用连续性原则加工文本信息，就是不适当的。Haberland 及其同事（1980，1985）在研究记叙文阅读中发现，读者阅读文章中一个事件第一句的时间比阅读该事件内其他句子的时间要长，他们把这种现象称为边界效应（boundary effect）。Lorch 等（1985）在说明文阅读的研究中也发现，引入一个新主题句的阅读时间比非主题句的阅读时间要长。Haberland 等（1980，1985）认为，读者在阅读过程中，首先尝试把出现的新信息与刚刚读过的仍处于工作记忆中的先前信息进行整合，当不能进行整合时，读者就会得出结论：文章主题发生了转换，需要建立一个新事件的心理表征，为后面的信息提供整合的基础。读者为了维持连续性，就需要复述一个旧概念或作出连贯推理，认知负荷就会增加，同时，建构新事件的心理表征也需要额外的认知资源。因此，阅读速度减慢，阅读时间延长，产生了边界效应。

文章作者在写作过程中，为了使读者更好地理解文章，跟上作者的思路，常常会有意使用一些语言学的手段，标明文章的主题已发生了转换，以阻止读者运用连续性原则，减少时间和认知资源的浪费，这些表示文章主题转换的语言学手段称为切分标记（segmentation markers），如标点符号、副词短语、状语从句、段落标记等（Bestgen & Costermans，1994）。因为切分标记表明了文章主题的变化，它们应该引发读者创建一个新事件的心理表征，换言之，切分标记应该提醒读者连续性原则已不适用此时的阅读。如果切分标记确实影响了读者的加工，那么读者在阅读一个新事件的过程中就不需要搜索文章的连续性，

这样就为读者节约了时间，因此，表明主题转换的切分标记对文本阅读的加工是十分有利的。

Bestgen 等（2000）探讨了时间切分标记对边界效应消除的影响，他们的研究中所使用的切分标记形式是“几点钟左右”（around h o'clock），如“2 点钟左右（around two o'clock）”，实验材料中共运用了 6 个这样的切分标记。他们的实验结果表明，时间切分标记使得读者加工主题转换句子的速度与主题连续句子的速度一样快，即读者跳过了连续性的搜索，导致边界效应的消失。我们对 Bestgen 等的研究材料进行了认真的分析后认为，他们研究中所使用的时间切分标记至少包含两种可能性：第一，文章中前一个事件发生在切分标记的时间前（如 2 点钟前），一直延续到现在或将持续下去，后一个事件发生在前一个事件延续的范围内；第二，前一个事件很早之前就发生了，而且不可能持续到切分标记表示的时间（如 2 点钟），后一个事件发生在前一个事件延续的范围外。也就是说，他们的研究中没有对切分标记表示的时间与切分标记前事件持续的时间两者的关系进行考虑，因此，不能充分说明时间切分标记消除边界效应的条件。现以他们的主题不连续条件的一段材料进行说明：

本周一我起得很晚。/
我饱饱地吃完早餐。/
我决定去乡下旅行。/
我把自己穿得全身暖暖的。/
我切了一块火腿肉。/
我把它给了猫。/
它向我示意它还要。/

引文中黑体字部分“我切了一块火腿肉”为事件转换的第一句话，该条件中他们使用的切分标记是“11 点钟左右”（around eleven o'clock），这一切分标记表示的时间可能在前一个事件持续的时间范围内，也可能超出了前一个事件持续的时间。根据我们的理解，虽然起床很晚，但要去乡下旅行，因此可能不会晚过 11 点钟，也就是说切分标记表示的时间可能超出了前一个事件持续的时间范围。

我们认为，时间切分标记能否消除边界效应与切分标记前事件持续的时间长短有关，如果前一个事件持续时间为 1 个小时左右，而切分标记为“半小时后”，说明后一个事件仍发生在前一个事件的时间段内，被试就可能认为主题没有发生转换，因而，可能不会出现边界效应；而如果切分标记（如 2 个小时后）超过了前一个事件持续的时间，则可能产生边界效应。因此本研究的假设是：时间切分标记对边界效应的消除效应取决于切分标记表示的时间与前一事件持续时间的关系，在前一事件持续时间内，时间切分标记不发挥作用，超过前一事件持续时间，时间切分标记则起作用，我们称之为事件持续效应。本研究就是通过系列实验证明是否存在事件持续效应。

二、实验

实验1

（一）目的

通过实验验证在中文阅读条件下同样存在边界效应。

（二）方法

1. 被试

华南师范大学一年级本科生44名，男女各半，母语均为汉语，所有被试裸视或矫正视力正常，无阅读障碍。

2. 实验材料

先编写35篇主题连续的文章，每篇约8个句子，每篇的第4句左右是目标句，然后由20名不参加实验的大学生评定每篇文章目标句前的事件，如“我从口袋里掏出房门钥匙，轻轻地打开门，我走进大厅，打开大厅的灯”的可能持续时间。

根据评定结果，从35篇材料中选取8篇事件持续时间短的文章，平均为4.8 min。另选取8篇事件持续时间长的文章，平均为41 min。这样共选出16篇连续的短文。

在此基础上，编写16篇主题转换的短文，编写的方法是从主题连续事件持续时间长（或短）的文章中先随机挑选出2篇，互相交换目标句前面的部分，即可构成主题转换事件持续时间长（或短）的2篇文章。根据此方法可构成16篇主题转换事件持续时间长或短的阅读文章：8篇事件持续时间长的文章，8篇事件持续时间短的文章。实验短文举例如下（引文中黑体字部分为目标句，正式实验中与其他句子字体一样）：

主题连续

文章1（事件持续时间短）
我决定这个周末去海南旅游/
我仔细翻阅了今天的报纸/
找了好久/
我找到一家旅行社/
我拨通了旅行社的电话/
我仔细询问了价格和路线/
这家旅行社的路线和价格合理/
我当即决定报名参加/
我放下了电话

文章3（事件持续时间长）
运动员乘坐大巴来到比赛场地/
运动员进入接待室/
运动员换上比赛服/

主题转换

文章2（事件持续时间短）
我决定这个周末去海南旅游/
我仔细翻阅了今天的报纸/
找了好久/
我找到一家旅行社
比赛双方交换队旗/
运动员与裁判员合影/
奏双方国歌/
比赛正式开始

文章4（事件持续时间长）
运动员乘坐大巴来到比赛场地/
运动员进入接待室/
运动员换上比赛服/

主题连续	主题转换
运动员步入场地热身/	运动员步入场地热身/
比赛双方交换队旗/	**我找到一家旅行社/**
运动员与裁判员合影/	我拨通了旅行社的电话/
奏双方国歌/	我仔细询问了价格和路线/
比赛正式开始	这家旅行社的路线和价格合理/
	我当即决定报名参加/
	我放下了电话

3. 实验设计

采用2（主题连续/转换）×2（事件持续时间长/短）混合设计，主题连续与否为被试间因素，事件持续时间长短为被试内因素。实验1的逻辑是如果存在边界效应，那么，主题转换条件下目标句的阅读时间应该显著长于主题连续条件下目标句的阅读时间，而不管事件持续时间的长短；反之，如果不存在边界效应，那么，两者就应该没有显著差异。

4. 实验程序

实验程序全部运用美国心理软件工具公司（PST公司）的心理实验设计专业软件E-Prime（V1.1）设计制作，在IBM（PⅣ1.7G）计算机上完成。每篇文章逐句呈现，由被试自己按空格键控制阅读速度，实验程序自动记录目标句阅读时间。每篇文章呈现前出现一个“+”符号，提示阅读开始，每篇文章阅读结束后提示阅读结束，接着呈现两个判断题，第一个判断题要求被试尽可能快且准确地判断呈现的两个词是否在文章中出现过，如果出现过则按F键，未出现过则按J键。第二个判断题与对语义的理解有关，进行判断任务的目的只是保证被试能认真阅读。所有被试在两个判断任务上的准确率都超过75%，说明所有被试都是认真阅读的。正式实验前，被试先阅读两篇练习文章，熟悉实验程序。

（三）结果与分析

为了证明是否存在边界效应，实验1统计了不同阅读条件下目标句的阅读时间，结果见表2-1：

表2-1　不同阅读条件下目标句平均阅读时间（ms）与标准差

主题连续性	事件持续时间长	事件持续时间短
主题连续	1 717（620）	1 860（538）
主题转换	2 365（966）	2 669（888）

对表2-1中的阅读时间进行了基于被试和项目的重复测量的方差分析，F_1、F_2分别表示以被试和项目为随机变量进行的方差分析结果。结果发现，主题连续与否这一被试间因素的主效应显著，$F_1(1,42)=11.40$，$p<0.01$，$F_2(1,6)=17.64$，$p<0.01$。事件持续时间长短这一被试内因素的被试检验主效应显著，但项目检验不显著，$F_1(1,42)=6.30$，$p<0.05$，$F_2(1,6)=3.10$，$p>0.05$。主题连续性与事件持续时间长短二因素之

间的交互作用不显著，$F_1(1, 42)=0.81$，$p>0.05$，$F_2(1, 6)=0.40$，$p>0.05$。

实验1结果表明，主题转换短文中目标句的阅读时间显著长于主题连续短文中目标句的阅读时间，不论是在事件持续时间长的条件下还是在事件持续时间短的条件下都是如此。虽然在以被试为随机变量的方差分析中发现事件持续时间长条件下的目标句的阅读时间显著短于事件持续时间短条件下的目标句的阅读时间，但是在以项目为随机变量的方差分析中发现两者没有显著差异，所以还不能轻易下结论。但这一结果确实有力地证明了在中文文本阅读中同样存在边界效应。

那么，在目标句前呈现提示主题转换的时间切分标记能否消除边界效应呢？实验2将进行进一步考察。

实验2

（一）目的

考察目标句前提示主题发生了转换的时间切分标记能否消除边界效应以及是否存在事件持续效应。

（二）方法

1. 被试

华南师范大学一年级本科生48名，男女各半，母语均为汉语，所有被试裸视或矫正视力正常，无阅读障碍，均没有参加过实验1。

2. 实验材料

实验2的阅读材料是对实验1的16篇短文修改而成的，包括8篇主题连续和8篇主题转换的短文，不同的是分别从主题连续与主题转换的短文中随机各抽取4篇，在每篇的目标句前加上一个时间切分标记。根据实验前获得的对阅读文章中事件持续时间长短的评定结果（事件持续时间短的评定为平均4.8分钟，持续时间长的评定为平均41分钟），我们选取的时间切分标记为“半小时后”。在事件持续时间短的文章中，切分标记表示的时间在前一事件持续的时间跨度外，而在事件持续时间长的文章中，切分标记表示的时间则在前一事件持续的时间跨度内。因此，共有32篇短文，16篇主题连续的，16篇主题转换的。连续条件下8篇有时间切分标记，8篇无时间切分标记。8篇有时间切分标记的文章中，4篇事件持续时间长，4篇事件持续时间短；同样，8篇无时间切分标记的文章也有4篇事件持续时间长，4篇事件持续时间短。主题转换条件下的16篇文章也是相同的安排。

3. 实验设计

采用2（主题连续/转换）×2（事件持续时间长/短）×2（有/无时间切分标记）混合设计，主题连续与否为被试间因素，事件持续时间长短和有无时间切分标记为被试内因素。实验2的逻辑是如果时间切分标记能够消除边界效应，那么，主题连续性与有无时间切分标记之间有显著的交互作用，即无切分标记时，主题转换条件下目标句的阅读时间显著长于连续条件下目标句的阅读时间，而有切分标记时，两者就没有显著差异；如果存在事件持续效应，那么，事件持续时间与有无切分标记之间有显著的交互作用，即在事件持续时间长的条件下，有无切分标记应该无显著差异，而在事件持续时间短的条件下，两者

才有显著差异，换言之，时间切分标记能否消除边界效应，取决于切分标记表示的时间是在前一事件持续的时间跨度内还是跨度外。

4. 实验程序

实验程序同实验 1，时间切分标记与目标句分行呈现。

（三）结果与分析

实验 2 不同阅读条件下目标句的阅读时间见表 2－2：

表 2－2 不同阅读条件下目标句平均阅读时间（ms）与标准差

主题连续性	事件持续时间长		事件持续时间短	
	有切分标记	无切分标记	有切分标记	无切分标记
主题连续	1 678（349）	1 749（209）	1 719（374）	1 743（419）
主题转换	1 706（317）	1 933（596）	1 743（242）	2 508（352）

对表 2－2 中的阅读时间进行了基于被试和项目的重复测量的方差分析，结果表明，主题连续性的主效应显著，F_1（1，46）= 23.40，$p < 0.005$，F_2（1，6）= 63.21，$p < 0.005$，主题转换条件下目标句阅读时间显著长于主题连续条件。事件持续时间长短主效应显著，F_1(1，46) = 9.16，$p < 0.004$，F_2（1，6）= 18.22，$p < 0.005$，事件持续时间短的条件下目标句阅读时间显著长于事件持续时间长的条件。有无时间切分标记主效应显著，F_1（1，46）= 46.16，$p < 0.005$，F_2（1，6）= 8.00，$p < 0.05$，有切分标记条件下目标句阅读时间显著快于无切分标记条件。主题连续性、事件持续时间长短和有无切分标记之间的三重交互作用显著，F_1(1，46) = 8.73，$p < 0.05$，F_2（1，6）= 15.73，$p < 0.007$。有无切分标记与主题连续性二因素之间的交互作用显著，F_1(1，46) = 31.55，$p < 0.005$，F_2（1，6）= 7.48，$p < 0.05$。主题连续性与事件持续时间长短二因素之间的交互作用显著，F_1（1，46）= 7.28，$p < 0.01$，F_2（1，6）= 14.64，$p < 0.009$。有无切分标记与事件持续时间长短二因素之间交互作用显著，F_1(1，46) = 6.09，$p < 0.05$，F_2（1，6）= 10.13，$p < 0.05$。

对有无切分标记与主题连续性二因素之间显著的交互作用进行简单效应检验发现，在有切分标记条件下，主题连续与转换条件下目标句阅读时间无显著差异，F_1(1，94) = 0.45，$p > 0.05$，F_2（1，14）= 0.29，$p > 0.05$；在无切分标记条件下，主题连续与转换条件下目标句的阅读时间有显著差异，F_1(1，94) = 39.35，$p < 0.005$，F_2（1，14）= 14.16，$p < 0.002$，这说明时间切分标记对消除边界效应产生了明显的作用。

对主题连续性与事件持续时间长短二因素之间的显著交互作用进行简单效应检验发现，在主题连续条件下，事件持续时间长与短之间目标句的阅读时间差异不显著，F_1(1，94) = 0.06，$p > 0.05$，F_2（1，14）= 0.29，$p > 0.05$；在主题转换条件下，事件持续时间长与短之间目标句的阅读时间差异显著，F_1(1，94) = 11.95，$p < 0.01$，F_2（1，14）= 14.16，$p < 0.01$。

对有无切分标记与事件持续时间长短之间显著的交互作用进行简单效应检验发现，在事件持续时间长的条件下，有无切分标记两者无显著差异，F_1(1，94) = 0.02，$p > 0.05$，

F_2（1，14）=1.60，$p>0.05$；在事件持续时间短的条件下，有无切分标记两者之间被试检验有边缘显著差异，项目检验差异显著，F_1（1，94）=3.43，$p=0.067$，F_2（1，14）=6.65，$p<0.05$。

对主题连续性、有无切分标记与事件持续时间长短三者之间显著的交互作用进一步检验发现，在事件持续时间长的条件下，切分标记与主题连续性交互作用不显著，F_1(1，46)=1.69，$p>0.05$，F_2（1，6）=2.29，$p>0.05$；在事件持续时间短的条件下，切分标记与主题连续性的交互作用显著，F_1(1，46)=30.56，$p<0.005$，F_2（1，6）=23.42，$p<0.003$。进一步的简单效应检验发现，在事件持续时间短、有切分标记条件下，主题连续与转换之间目标句阅读时间无显著差异，F_1(1，46)=0.07，$p>0.05$，F_2（1，6）=0.85，$p>0.05$；而在事件持续时间短、无切分标记条件下，主题连续与转换之间目标句阅读时间有显著差异，F_1(1，46)=46.85，$p<0.005$，F_2（1，6）=141.75，$p<0.005$。

实验2结果表明，有无切分标记与主题连续性之间存在显著的交互作用，在有切分标记条件下，主题连续与转换条件下目标句的阅读时间无显著差异；而在无切分标记条件下，主题转换条件下目标句的阅读时间显著长于连续条件下目标句的阅读时间，这一结果有力地说明时间切分标记消除了阅读中的边界效应。

另一个更重要的发现是，事件持续时间长短与有无切分标记存在显著的交互作用，简单效应检验也发现在事件持续时间长的条件下，有无切分标记之间无显著差异，只有在事件持续时间短的条件下，两者之间才有显著差异。这一结果表明，时间切分标记能否消除边界效应，取决于切分标记表示的时间是在前一事件持续的时间跨度内还是跨度外：如果在前一事件持续的时间跨度内，则不能消除边界效应；如果在其时间跨度外，则能消除边界效应。这说明在切分标记消除边界效应的过程中存在着事件持续效应。但值得注意的是，在事件持续时间短的条件下，有无切分标记之间被试检验只有边缘显著差异，下结论仍需非常谨慎。我们认为两者的交互作用没有达到显著水平的可能原因是事件持续时间长的短文中的时间还不够长（41分钟），而切分标记为“半小时后”，两者的差距还不够大。因此，实验3通过拉大两者的差距，进一步探讨切分标记消除边界效应过程中的事件持续效应。

实验3

（一）目的

进一步探讨时间切分标记消除边界效应过程中的事件持续效应。

（二）方法

1. 被试

华南师范大学二年级本科生40名，男女各半，母语均为汉语，所有被试裸视或矫正视力正常，无阅读障碍，均没有参加过实验1、2。

2. 实验材料

与实验2不同的是重新编写事件持续时间长的短文，实验前同样让不参加实验的大学生对短文中的事件持续时间进行评定，评定结果平均为238分钟。

3. 实验设计

同实验2。

4. 实验程序

同实验2。

（三）结果与分析

实验3不同阅读条件下目标句的阅读时间见表2-3：

表2-3 不同阅读条件下目标句平均阅读时间（ms）与标准差

主题连续性	事件持续时间长		事件持续时间短	
	有切分标记	无切分标记	有切分标记	无切分标记
主题连续	1 674（291）	1 713（209）	1 714（382）	1 755（436）
主题转换	1 691（325）	1 969（407）	1 754（262）	2 458（361）

同样对表2-3中的阅读时间进行了基于被试和项目的重复测量的方差分析，结果发现，主题连续性的主效应显著，$F_1(1,38)=18.60$，$p<0.005$，$F_2(1,6)=63.73$，$p<0.005$。主题转换短文的目标句阅读时间显著长于主题连续条件。事件持续时间长短的主效应显著，$F_1(1,38)=30.18$，$p<0.005$，$F_2(1,6)=7.13$，$p<0.05$，事件持续时间短的条件下的目标句阅读时间显著长于事件持续时间长的条件。有无时间切分标记主效应非常显著，$F_1(1,38)=7.79$，$p<0.01$，$F_2(1,6)=18.22$，$p<0.005$，有标记条件目标句阅读时间显著快于无标记条件。主题连续性、事件持续时间长短和有无切分标记之间的三重交互作用显著，$F_1(1,38)=4.27$，$p<0.05$，$F_2(1,6)=14.94$，$p<0.01$；有无切分标记与主题连续性之间的交互作用显著，$F_1(1,38)=4.27$，$p<0.05$，$F_2(1,6)=14.57$，$p<0.001$。主题连续性与事件持续时间长短之间的交互作用显著，$F_1(1,38)=21.76$，$p<0.005$，$F_2(1,6)=7.02$，$p<0.05$；有无切分标记与事件持续时间长短之间交互作用显著，$F_1(1,38)=4.34$，$p<0.05$，$F_2(1,6)=10.34$，$p<0.05$。

对有无切分标记与连续性与否之间显著的交互作用进行简单效应检验发现，在有切分标记条件下，主题连续的目标句与主题转换的目标句的阅读时间无显著差异，$F_1(1,78)=0.17$，$p>0.05$，$F_2(1,14)=3.41$，$p>0.05$；在无切分标记条件下，主题连续与转换条件下目标句的阅读时间有显著差异，$F_1(1,78)=28.83$，$p<0.005$，$F_2(1,14)=9.84$，$p<0.05$。这一结果说明，时间切分标记缩短了主题转换条件下目标句的阅读时间，表现为边界效应的消失，与实验1结果一致。

对有无切分标记与事件持续时间长短之间显著的交互作用进行简单效应检验发现，在事件持续时间长的条件下，有无切分标记之间无显著差异，$F_1(1,78)=2.92$，$p>0.05$，$F_2(1,14)=3.63$，$p>0.05$；而在事件持续时间短的条件下，有无切分标记之间有显著差异，$F_1(1,78)=14.38$，$p<0.005$，$F_2(1,14)=5.46$，$p<0.05$。

对事件持续时间长短与主题连续性的显著的交互作用进行简单效应检验发现，在连续条件下，事件持续时间长短的目标句阅读时间无显著差异，$F_1(1,78)=0.30$，$p>0.05$，

F_2（1，14）=0.01，$p>0.05$；在主题转换条件下，事件持续时间长短的目标句阅读时间被试检验差异显著，项目检验边缘显著，F_1(1，78）=14.05，$p<0.001$，F_2（1，14）=3.91，$p=0.068$。

对主题连续性、有无切分标记与事件持续时间长短三者之间显著的交互作用进一步检验发现，在事件持续时间长的条件下，切分标记与主题连续性交互作用不显著，F_1（1，38）=3.41，$p>0.05$，F_2（1，6）=2.78，$p>0.05$；在事件持续时间短的条件下，切分标记与主题连续性的交互作用显著，F_1(1，38）=19.13，$p<0.005$，F_2（1，6）=23.78，$p<0.003$。进一步的简单效应检验发现，在事件持续时间短、有切分标记条件下，主题连续与转换之间目标句阅读时间无显著差异，F_1(1，38）=0.15，$p>0.05$，F_2（1，6）=0.91，$p>0.05$；而在事件持续时间短、无切分标记条件下，主题连续与转换之间目标句阅读时间有显著差异，F_1(1，38）=30.86，$p<0.005$，F_2（1，6）=136.08，$p<0.005$。

实验3结果表明，通过拉大事件持续的时间与切分标记表示的时间之间的差距，进一步证明了切分标记对边界效应的消除取决于两者之间的关系：如果切分标记表示的时间仍在事件持续的时间跨度内，则切分标记不能消除边界效应；如果切分标记表示的时间在事件持续的时间跨度外，则切分标记能消除边界效应，我们称之为事件持续效应。

三、综合讨论

本节通过系列实验考察了中文阅读中是否存在边界效应及其消除的条件，实验结果不仅证明了中文文本阅读中存在边界效应，也证明了时间切分标记对边界效应的消除取决于时间切分标记表示的时间与切分标记前事件持续的时间的关系：如果切分标记表示的时间在事件持续的时间跨度内，则切分标记不能消除边界效应；如果在事件持续的时间跨度外，则能消除边界效应，我们称之为事件持续效应。

文本阅读是一种复杂的信息加工活动，不仅包括词汇和句法的加工，而且包括了文本的加工。词汇和句法的加工所涉及的只是句子内信息的加工，而文本的加工则是在多个连续的句子内容的基础上，建立一个连贯的心理表征。近年来，越来越多的研究者开始关注文章的连续性对阅读的影响，其中Haberlandt等（1980，1985）发现的边界效应是文本加工研究的一个重要方面。本研究的实验1结果与Haberlandt等的结果一致，说明文本阅读中发现的边界效应存在跨语言的一致性。

Gernsbacher（1990）提出的结建构构框架理论可以很好地解释边界效应产生的原因，当被试阅读一个主题时，他们首先尝试把新信息与正在工作的记忆中的子结构进行匹配(mapping)，当匹配成功时，他们的阅读就能顺利进行；当匹配失败或产生困难时，他们就会得出结论：阅读主题发生了转换，需要建立一个新的子结构来表征新主题，为以后的信息提供一个固定的基础。因为新表征的建立过程本身不仅需要额外的认知资源，而且被试需要复述旧概念或作出连贯性的推理，进一步加重了认知负荷，从而导致阅读时间的延长。

对于时间切分标记消除边界效应的机制问题，Bestgen和Vonk（2000）提出另一种解释，他们认为切分标记不仅减少了匹配过程所需的时间，而且通过压抑（suppressing)、抑制（inhibiting）与先前的子结构相连的记忆节点的激活，从而加速了建立一个新的子结

构的过程。因此，与无切分标记主题转换句相比较，被试就在匹配和建立子结构的过程中受益于切分标记。Vonk 等（1992）运用探测再认实验范式证实了切分标记确实降低了切分标记前信息的通达性，他们发现被试在切分标记后确认目标词是否出现过需要更长时间，即切分标记对先前信息产生了抑制作用。认知抑制是当今心理学研究的一个热点问题，未来研究可以从认知抑制的角度对切分标记的作用机制进行更深入的探讨。

从结建构构框架理论中引申出的一个关键问题是如何让被试尽快意识到主题发生了转换。语言生成的研究表明，说话者或写作者所运用的表明主题转换的一些语言学手段，即切分标记，可以使被试尽快地意识到主题的转换，从而减轻他们的加工负担，提高加工速度。Bestgen（2000）的实验研究以及本研究的实验 2、3 证明了主题转换前的时间切分标记可以发挥这一作用。

但是根据 Zwaan（1996）的研究发现，并不是所有的时间切分标记都能产生提示主题转换的作用。本研究实验 2、3 的结果证明了这一观点的正确性。时间切分标记能否产生提示主题转换的作用取决于它们与前一个主题中事件持续时间的关系：如果时间切分标记表示的时间仍在前一个事件持续的时间跨度内，则不会产生提示作用，即不能消除边界效应；如果在前一个事件持续的时间跨度外，则产生提示作用，即能产生边界效应。这一观点与当今阅读心理研究中的情境模型研究一致（O' Brien，Cook，& Peracchi，2004），当切分标记表示的时间仍在前一个事件持续的时间跨度内，被试不需要创建新的情境模型，因此，阅读就不会受到明显影响，阅读时间不会显著增加；当切分标记表示的时间超出了前一个事件持续的时间跨度，被试就认为需要创建一个新的情境模型，从而导致了阅读时间的显著延长。

从这些不同的理论观点可以看出，对于边界效应产生的机制还存在着争论，究竟何种理论更具有解释力，是否可以找到不同理论观点的结合点，从而建构一种更为适合的理论，还需要未来的研究继续进行探讨。

另外，还需要指出的一点是，本研究运用的主题转换条件下的阅读材料具有一定的人为性，与现实情境中的自然阅读有一定的差距，因此需要在更为自然的阅读条件下对时间切分标记对边界效应的消除进行研究。

四、结论

根据本研究结果，可以初步得出以下结论：

（1）中文阅读中存在着边界效应，边界效应现象具有跨语言的一致性。

（2）时间切分标记对边界效应的消除取决于时间切分标记表示的时间与前一个事件持续时间的关系：时间切分标记在事件持续的时间跨度内，则不能消除边界效应；时间切分标记在事件持续的时间跨度外，则能消除边界效应，即存在事件持续效应。

（3）时间切分标记降低了主题转换句子所需要的认知加工能量。

第二节　记叙文中时间信息的事件边界效应

一、理论概述和研究目的

情境模型表征的事件在时间和空间上有一定的界限，而且具有多维性。当文本信息提示情境中的一些维度信息发生了显著改变时，读者应该更新情境模型。维度信息是否发生显著改变则依赖于个体获得的同类事件的先前经验（Zwaan & Radvansky，1998）。比如，读者在阅读一篇关于某妇女看电影的文章，当读者读到“7 小时之后，她很快睡着了”，会依赖于一场电影通常持续两到三个小时的常识，推断事件发生了转换，需要更新情境模型（Anderson，Garrod，& Sanford，1983）。

近年来，文本理解研究者提出了事件标记模型和经验渗入模型（immersed experiencer model），这些理论明确指出，读者能够清楚地觉察到叙述事件的边界。这两个模型都假定，文本是由一系列离散的事件构成的，文本的理解就是通过把握这些离散的事件，从而建构文本所描述活动的连贯的表征。这种对离散事件的把握是依赖读者对事件结构的现实经验和有关知识完成的（Zwaan & Radvansky，1998；Zwaan，Lanston，& Graesser，1995；Zwaan，2004）。这种观点得到了来自视知觉研究中有关事件结构知觉研究的支持。该领域的研究表明，人们能够将连续进行的日常活动事件切割为离散的事件。事件结构知觉是指将连续的视觉活动知觉为离散的事件的能力。尽管世界上的活动是以连续的信息流呈现于观察者的，但是，人们却将活动知觉为一系列离散的单元或者“事件”（Zacks，Tversky，& Iyer，2001）。比如，当观看一个人制作一块饼干时，观察者可能将活动知觉为一些序列性的事件，这种能力对理解真实世界中的日常活动具有重要的作用。那么，记叙文理解过程中的情境模型建构是否依赖于类似事件知觉中所发现的切割过程呢？是否存在一个有关事件结构理解的普遍机制呢？本研究通过研究记叙文中的时间维度信息的事件边界效应，对该问题进行初步探讨。

在视知觉研究中，Newtson 于 1973 年创立了一种研究事件结构知觉的技术，基本做法是让被试看一些日常活动事件的影视，要求他们将其划分为有意义的活动单元，因此这种技术被称作事件切割程序（event segmentation procedure）。研究者用电影片段研究了情境模型的维度对事件知觉的影响，结果发现，情境模型各个维度上的变化，如时间、空间维度等，会被读者知觉为事件的边界（Magliano，Miller，& Zwaan，2001）。如果在记叙文理解过程中情境模型建构的过程依赖类似于事件知觉中所发现的切割过程，那么读者就会将情境模型各个维度上的变化（如时间、空间等）知觉为记叙文所描述的连续事件之间的事件边界。本节主要关注时间维度，探讨记叙文中时间信息的变化是否具有事件边界效应。

本研究的另一目的是探讨时间跨度的差异是否会导致读者将时间信息知觉为事件边界程度上的差异。一项有关视知觉功能性神经成像的研究发现，在模糊边界的激活程度要强于在精细边界的激活程度（Zacks et al.，2001）。在该实验中，被试被要求观看一系列日常活动的电影片段，如清洗碟子、为室内植物施肥等，同时，用功能磁共振成像记录下他们大脑活动的变化。在第一次观看之后，被试对同样的影视片段进行事件分割，要求在两种时间跨度上确定事件的边界。精细的边界意味着自然而有意义的最小事件，而模糊的边界意味着被试所发现的自然而有意义的完整事件，这些边界随后被用作标记，来分析观看部分所获得的数据。分析发现，在观看的过程中，枕叶和额叶的区域在活动上表现出明显的激活，这些活动开始于每个事件边界之前的几秒钟，并在边界后数秒达到峰值，在模糊边界的激活程度要强于在精细边界的激活程度。根据此结果，我们是否可以推论在记叙文中不同跨度的时间信息会被不同程度地知觉为事件边界呢？如果在记叙文理解过程中，情境模型建构的过程依赖于事件知觉中所发现的类似的切割过程，那么，在视知觉研究中所发现的这种时间精度的差异所导致的大脑激活程度上的差异，在记叙文的理解活动中就可能通过外显的认知操作表现出来。

二、实验

（一）方法

1. 被试

34 名华南师范大学本科二年级学生参加了本实验，所有被试母语为汉语，无阅读障碍。

2. 实验材料与设计

实验采用2（时间跨度）×4（句子类型的位置点）的两因素被试内设计。时间跨度及句子类型的位置点均为被试内材料内因素，因变量是位置点被确认为事件边界的比例。

实验材料为10 篇记叙文，每篇记叙文包含25 个完整的句子，描述了一个主人公日常的活动。每篇记叙文包含6 个片段，每个片段由4 种句子类型组成，依次是介绍句、目标句、时间转换句和回指句。

实验材料以一个自然段落的形式呈现给被试，例如：

下午，玛丽早早地来到营地（介绍句）。她放下背包，脱下旅行靴（目标句）。一小时之后，玛丽欣赏起周围美丽的风景（时间转换句）。玛丽打开包，取出照相机（回指句）。她刚买了这台新的相机，希望能拍摄出优美的照片（介绍句）。她听到水流的声音，估计在附近会有一条小溪（目标句）。一会儿之后，她捡来一些木头拢起火来（时间转换句）。她听到有嘈杂的声音回响在溪流的附近（回指句）。玛丽抬起头，看到一群鸟从头顶上空掠过（介绍句）。她决定在天变黑之前架起帐篷（目标句）。一小时之后，她把食物挂在一棵树上（时间转换句）。玛丽安置好了帐篷（回指句）。她检查了一下，以确保帐篷的安全（介绍句）。临近吃晚饭的时间，玛丽弄来一些木头把火点旺（目标句）。一会儿之后，她回想起上一次的夜营（时间转换句）。现在，火焰变得更加强烈了（回指句）。她开始着手煮饭（介绍句）。她拿出壶罐，在里面盛上水并添加一些蔬菜和调料（目标句）。一小时之后，她拿出手提灯（时间转换句）。她把罐子从火上挪开，这样可以让它尽快地冷却下来（回指句）。吃过饭后，玛丽把餐具放进小溪里冲洗，但她失去了平衡滑了下去（介绍句）。她换上新衣服，把湿衣服挂在灌木丛上让风吹干（目标句）。一会儿之后，她安置好了睡眠袋（时间转换句）。玛丽瞄了一眼那些枝干，查看了一下衣服（回指句）。衣服仍在滴水，于是她又生起一些火（介绍句）。然后她爬进睡眠袋，很快就睡着了（目标句）。

介绍句是为读者引入一个活动片段，以推动叙述活动的展开；目标句是为了呈现一个关键物体，此物体将在回指句中被涉及，但是并非同一个词；时间转换句的目的是引入时间跨度信息；回指句包含一个回指词，它和目标句中包含的关键词为同义词，这样有利于保持叙述活动的连贯和完整。

实验中的时间跨度条件有长和短两种水平，即“1 小时之后”和“一会儿之后”，6 个小片段中共有 6 个时间标记信息，长、短各占 3 个，6 个时间标记信息以随机的方式出现在文本中。为了消除时间信息出现的位置效应，实验中所用的每篇记叙文分为两个版本（A 版本和 B 版本），对时间信息出现的位置进行平衡。例如，在一篇文章的 A 版本中，时间信息以下列序列出现：一会儿之后、一会儿之后、1 小时之后、一会儿之后、1 小时之后以及 1 小时之后；在 B 版本中，时间信息会以下列序列呈现：1 小时之后、1 小时之后、一会儿之后、1 小时之后、一会儿之后以及一会儿之后。这样组成两个系列的文本，即 A_1B_2 和 A_2B_1。在本实验中，17 名被试阅读 A_1B_2 系列的 10 篇文本，另外 17 名被试阅读 A_2B_1 系列的 10 篇文本。

由于句子类型分为 4 种，这样篇章中被划分为事件边界的位置点就有 4 种类型，即介绍句—目标句、目标句—时间转换句、时间转换句—回指句、回指句—介绍句，位置点是指两个句子的中间位置。

实验预期是如果时间信息会被外显地知觉为事件的边界，那么，在时间转换句之前的位置点就更容易被知觉为事件边界；如果时间跨度会影响时间信息被知觉为事件边界的程度的话，那么，长的时间跨度信息与短的时间跨度信息相比，更容易被知觉为事件的边界。

3. 实验程序

实验采用视知觉研究中的事件切割程序进行。在一个典型的事件切割范式中，被试观看描述日常事件的电影片段，并被要求在他们所认为的一个有意义的事件结束而另一个有意义的事件开始的时候作出按键反应，从而将影视中的活动进行切割（Newtson，1973）。本研究中，每个记叙文作为一个大的段落，以书面文本形式呈现给被试，并要求被试在他认为一个有意义的活动结束而另一个有意义的活动开始的地方作出标记。

（二）结果与分析

剔除平均数 2.5 个标准差之外的极端数据，剔除极端数据占总数据的 3.33%，据此剔除了 4 名被试，有效被试为 30 个。被试在两种时间跨度的情况下，将四个位置点知觉为事件边界的比例见表 2－4：

表2-4 不同时间跨度条件下不同句子位置点被知觉为事件边界的比例及标准差

时间跨度	介绍句—目标句	目标句—时间转换句	时间转换句—回指句	回指句—介绍句
一会儿之后	0.60（0.26）	0.88（0.31）	0.53（0.31）	0.43（0.27）
1小时之后	0.61（0.23）	0.94（0.34）	0.58（0.31）	0.47（0.27）

从表2-4可以看出，读者更倾向于将时间转换句之前的位置知觉为事件的边界，在短的时间跨度条件下（一会儿之后），此时间点被知觉为事件边界的可能性为88.0%，在长的时间跨度条件下（1小时之后），此时间点被知觉为事件边界的可能性更高，达到94%，并且都分别高于其他位置点被知觉为事件边界的比例；同时也说明长的时间跨度与短的时间跨度相比，更容易被知觉为事件的边界。

对所有数据进行两种统计处理，一种以被试为随机变量（F_1），一种以项目（即实验材料）为随机变量（F_2），分别对数据进行方差分析，即时间跨度与句子位置点两因素重复测量方差分析。结果发现，在句子位置点类型上，不同位置点类型被知觉为事件边界的可能性差异显著，$F_1(3, 87)=42.47$，$p<0.001$，$F_2(3, 27)=39.07$，$p<0.001$；在时间跨度上，不同时间跨度信息被知觉为事件边界的可能性差异同样达到显著的水平，$F_1(1, 29)=4.96$，$p<0.05$，$F_2(1, 9)=6.49$，$p<0.05$；两因素的交互作用差异不显著，$F_1(3, 87)=0.86$，$p=0.47$，$F_2(3, 27)=0.87$，$p=0.47$。进一步对句子位置点类型进行LSD多重比较发现，无论是将被试作为随机变量还是将材料作为随机变量进行分析，结果都表明，目标句—时间转换句的位置点较之其他三个位置点而言，更容易被知觉为事件的边界，差异显著，$p<0.001$；而时间转换句—回指句与介绍句—目标句之间被知觉为事件边界的程度没有显著的差异，但是，介绍句—目标句的位置点与时间转换句—回指句的位置点都比回指句—介绍句的位置点更容易知觉为事件的边界，均达到显著水平，$p<0.05$。

该结果首先验证了第一个预期，即时间转换句之前的位置更容易被知觉为事件的边界，说明时间信息在记叙文阅读理解中更容易被知觉为事件的边界，即时间信息具有事件边界效应。其次，在时间跨度方面上，长的时间跨度更容易被知觉为事件的边界，差异达到显著水平，这验证了本研究的第二个预期，即长的时间跨度信息较之短的时间跨度信息更容易被知觉为事件的边界，在记叙文阅读理解中，时间跨度信息影响时间信息被知觉为事件边界的程度。

三、讨论

事件结构知觉最初被认为只存在于视觉系统，它对理解真实世界中的日常活动具有重要的作用。但新近的证据表明，这种将活动分割为一系列事件的能力并不局限于视知觉领域。像观察者一样，读者在聆听或者阅读有关日常活动的描述时，也能够识别所述活动的这种结构（Nicole，Speer，Jevrey，& Zacks，2005）。这些发现与已有的语篇理解的理论是不谋而合的。语篇理解理论认为，读者为了理解并记住文本所描述的情境，会将文本理解为一系列心智模型（van Dijk & Kintsch，1983）。当建构一个情境模型时，读者是基于最初的文本信息和先前知识为心智表征的建构打下基础（Gernsbacher，1990）。当输入的信息与当前建构的模型一致时，它就映射在当前模型上。如果输入的信息与当前模型不一致，读者就会转移注意焦点，从而建构一个能够满足当前信息约束的新的结构（Gernsbacher，1990；Zwaan & Radvansky，1998）。而在文本理解研究者提出的事件标记模型和经验渗入模型中，研究者明确指出了读者能够清楚地觉察到叙述事件的边界，并将文本分解为一系列离散的事件，从而建构文本所描述活动的连贯表征。这和视知觉研究中有关事件结构知觉的观点不谋而合。在记叙文理解过程中，情境模型的建构过程是否依赖于类似事件知觉中所发现的切割过程呢？在视知觉研究中，研究者运用事件切割范式，研究了情境模型的维度对事件知觉的影响，发现情境模型各个维度上的变化，如时间、空间维度等，会被读者知觉为事件的边界，因此，读者会将情境模型各个维度上的变化（如时间、空间等）知觉为记叙文所描述的连续事件之间的事件边界。时间信息是构成情境维度时空框架的两个重要维度之一，对于记叙文的理解具有重要意义。本研究运用了事件切割程序，探讨了记叙文中的时间信息是否会被读者在自然阅读状态下知觉为事件的边界。结果发现，读者更容易将时间转换信息之前的位置点划分在一个有意义的活动结束而另一个有意义活动开始的地方。这表明读者更容易将时间转换信息知觉为事件的边界。这和视知觉研究中运用影视片段作为实验材料的研究发现是一致的，即被试将时间信息作为切割事件的一个标准。另外，基于视知觉研究中运用功能磁共振成像技术的发现，即不同时间跨度导致大脑将其知觉为事件边界的脑激活程度具有显著差异，本研究同时探讨了这种时间跨度差异所导致的大脑激活程度的差异在记叙文理解中是否可以通过外显的认知操作表现出来。结果验证了本实验的预期，即时间跨度长的条件比时间跨度短的条件更容易被知觉为事件边界，这和视知觉研究中脑激活模式的结论也是一致的。

我们认为，在视觉和记叙活动之间的这种相似性可能并不只是一种巧合，它可能反映了语言认知与视知觉存在共同的加工机制，即存在一种有关事件结构理解的更普遍的机制。本研究支持了记叙文理解过程中情境模型建构的过程依赖类似于事件知觉中所发现的切割过程的观点。

另外，记叙文的理解属于认知研究领域，而视知觉属于知觉研究领域，从研究方法与构想上，本研究都为未来研究如何沟通两大领域提供了一个范例，具有一定的理论意义。

本研究初步探讨了记叙文中时间信息的事件边界效应，未来研究需要具体探讨记叙文中其他情境维度信息的变化是否会被知觉为事件边界，以及这些维度变化之间相互作用的程度；同时还需要探讨这些事件边界对文本中先前信息记忆通达的影响等。这对于深入理解视知觉和叙述活动之间的关系具有重大意义。

四、结论

本研究主要得出以下结论：

（1）记叙文中的时间信息具有事件边界效应，当读者遇到时间信息时，更倾向于将其划分为事件的边界。

（2）记叙文中时间跨度的大小显著影响时间信息被知觉为事件边界的程度，时间跨度长的条件较之时间跨度短的条件更容易被知觉为事件的边界。

第三节 时间顺序关系对语言理解的影响

一、理论概述

语言的时间信息使读者能够标定文章所描绘的情境模型中的时间。情境模型是一种用已有信息描述情境的心理模型，用来整合来自文章和读者的长时记忆（LTM）中的知识。现有相当多的资料表明对文章的理解涉及情境模型的建构（Zwaan & Radvansky，1998），一些研究也表明情境模型会影响信息的组织及其从 LTM 的提取（Radvansky，Spieler，& Zacks，1993）。

对情境模型中时间信息的研究主要集中在两个问题上：首先，时间的转变如何促使读者更新当前模型或转向一个新模型。其次，时间的组织方面如何影响信息整合成一个单一的情境模型（何先友，曾祥炎，2002；Radvansky & Zwaan，1998）。然而，情境的时间定位并不总是在呈现信息中清楚地显示出来。Zwaan（1996）提出的强印象假设（strong iconicity assumption）认为，情境描述的顺序与情境的顺向次序相一致。Mandler（1986）发现，与描述顺序是顺向次序的句子相比，描述顺序不是顺向次序的句子导致更长的阅读时间。这个发现同样与 Freyd（1987）提出的动态心理表征（theory of dynamic mental representations）一致。在 van der Meer（2000）的一项研究验证中，他们呈现了带有时间连词（如 before 与 after）的事件特征对（event - feature pairs），详述了各项目的预期时间取向。结果显示，按时间顺向次序排列的项目（如 after heating - warm）与按时间反向次序排列的项目（如 before heating - cold）相比，前者加工速度更快，准确率更高。Kintsch（1998）讨论了知识对于建构基于脚本的情境模型的影响，他认为构成脚本各要素之间的联系通常是非定向的。

van der Meer 等（2002）的另一项研究发现，在高频发生的事件中，对于非常短的呈现时间，不管是无关项目还是顺时序项目或逆时序项目，他们的反应时间没有什么区别；对于中等长度的呈现时间，顺时序项目的反应时与逆时序项目和无关项目的反应时相比，顺时序项目的反应时有明显的提高；对于较长的呈现时间，逆时序项目也可以在读者的记忆中提取。所以，顺时序和逆时序项目的反应时间基本一样，至于无关项目，就相对短一些。这表明了在语言理解中按照时间顺向次序排列的事件存在优先存取性。

本节通过两个实验探讨在有时间连词和无时间连词的情况下，被试是否都利用时间信息建构情境模型，是否都优先对将来取向的事件进行加工，并在此基础上探讨不同的时间间隔对于语言理解的影响，哪个时间间隔更适合于判断、理解、记忆，是利用时间信息判断，还是语义本身，或者两者都有？

二、实验

实验 1

（一）目的

实验 1 主要是为了重复验证和延伸 van der Meer 等的研究，即按顺向次序排列的项目是否比按逆向次序排列的项目加工速度更快、准确率更高，并在此基础上增加时间相关性变量，探讨对不相关的项目加工是否比对相关的项目加工更快而准。我们的预期是：由于对不相关项目的加工没有受到时间干扰，所以比起相关的项目，应该加工得更快、更准确。由于顺时序和逆时序都属于在时间上相关，所以将时间相关性和时间顺序性合并为一个变量即时间顺序相关性，包含顺时序、逆时序和不相关三个水平。实验 1 的假设是：对不相关的项目加工比顺时序项目快而准，顺时序项目比逆时序项目快而准。

van der Meer 等的研究只考察了 200 ms 和 1 000 ms 两种条件，我们在实验 1 中增加 500 ms 的条件，预期被试在比 1 000 ms 更短的 SOA 条件下进行判断就有相当快的速度和相当高的准确率。因此，实验 1 的另一个假设是：被试在 200 ms 的 SOA 下，反应速度最慢、错误率最高。在 500 ms 和 1 000 ms 的 SOA 下，反应速度和错误率都无显著差异。

（二）方法

1. 被试

25 名华南师范大学三年级本科学生，被试视力或矫正视力正常。

2. 实验材料

被选择的项目库由四个事件的 30 个序列组成（A、B、C 和 D，如等车、上车、乘车和下车）。从序列的第一个事件 A 或最后一个事件 D 开始，并结合序列中的第二个事件，这样就形成了顺时序项目（A—B：如等车—上车）和逆时序项目（D—C：如下车—乘车）。用以下四个标准的七个等级量表对实验材料进行测试。结果显示：①时间相关性：X^2（1，$N=30$）$=9.677$，$p>0.883$；②项目典型性：X^2（1，$N=30$）$=7.8$，$p>0.993$；③事件持续时间：X^2（1，$N=30$）$=5.0$，$p=1.00$；④事件的时间距离：X^2（1，$N=30$）$=5.0$，$p=1.00$。这四个标准的 X^2 值都远远小于达到显著性水平的值，表明实验材料是具有同质性的。

实验材料由三个项目组构成，每一个项目组包含 10 个练习和 30 个测验项目。每一个项目由先前信息和目标组成。先前信息又包含两个组成部分：时间连词“在……之前”或“在……之后”和一个事件（如：等车）；目标是一个事件（如：上车）。先前信息与目标之间的时间顺序或是与现实中的事件先后顺序一致（如：在乘车之后—下车 ），这些项目叫做顺时序项目；或是与事件先后顺序相反，这些项目称为逆时序项目（如：在上车之前—等车）；或是与事件先后顺序不相关，这些项目称为不相关项目（如：在上车之前—发芽）。这些项目都含 7 个字，先前信息由 3 个字的时间连词和 2 个字的事件组成，目标由 2 个字的事件组成，数量和组成都受到严格控制。以下是实验材料样例：

时间顺序关系	先前信息	目标
逆时序	在上车之前	等车
不相关	在上车之前	发芽
顺时序	在乘车之后	下车
不相关	在乘车之后	知道

3. 实验设计

实验1采用了3×3的完全被试内设计。第一个自变量是时间顺序关系，包含顺时序、逆时序和不相关三个水平；第二个自变量是时间间隔，包含200 ms、500 ms和1 000 ms三个水平。因变量为对目标词的反应时间和错误率。1/3的项目以200 ms的SOA（项目组1）呈现，1/3的项目以500 ms的SOA（项目组2）呈现，1/3的项目以1 000 ms的SOA（项目组3）呈现。每个项目组包括1/4的顺时序项目、1/4的逆时序项目和1/2的不相关项目。因此，所有被试要完成九种条件的项目。在三个项目组中，每个项目组的项目呈现的顺序都是随机安排的。

4. 实验程序

实验在赛扬333微型电脑上进行。每次实验开始时，首先在显示器中央出现红色注视点“+”，要求被试在实验过程中始终盯住注视点，接着呈现先前信息，间隔200 ms或500 ms或1 000 ms，然后呈现目标。要求被试尽可能快而准地判断目标事件是否正确地描述了以先前信息为特征的情境，即目标事件与先前信息描述的事件是否相关。如果相关，就按一下F键；如果不相关，就按一下J键。被试按键后，经过1 500 ms的间隔后呈现下一个项目。

（三）结果与分析

为了保证数据的可靠性，删除平均反应时3个标准差之外的极端数据。据此，删去3名被试，保留22个被试的有效数据。实验1各条件下的平均反应时间和错误率见表2－5：

表2－5 各条件下平均反应时（ms）和错误率（%）

时间间隔	逆时序		顺时序		不相关	
	反应时	错误率	反应时	错误率	反应时	错误率
200	1 081	18.18	922	13.23	856	10.45
500	994	14.24	939	6.36	896	13.18
1 000	896	2.73	780	8.41	773	3.86

对表2－5中的反应时与错误率分别进行重复测量方差分析，结果发现：

在反应时上，时间顺序相关性的主效应显著，$F(2, 21)=31.849$，$p<0.001$。多重比较结果发现，顺时序项目比逆时序项目加工得更快，有极显著差异，$p<0.001$。这表明顺时序对日常事件之间的关联性认知产生积极影响，被试优先对将来取向的事件进行加工

处理。不相关项目比逆时序项目加工得更快，有极显著差异，$p<0.001$。不相关项目比顺时序项目也加工得更快，有显著差异，$p<0.05$。这表明对不相关项目进行加工时没有受到时间顺序的干扰，减轻了加工负荷，因而加工得更快。时间间隔的主效应显著，$F(2, 21)=12.709$，$p<0.001$。多重比较结果发现，被试在 1 000 ms 的 SOA 下比在 200 ms和 500 ms 的 SOA 下反应得更快，都有极显著差异，$p<0.01$；而 500 ms 的 SOA 条件与 200 ms 的 SOA 条件之间没有达到显著差异，$p>0.05$。这表明被试在 500 ms 的 SOA 下和 200 ms 的 SOA 下加工的效果都不够好、不充分，没有达到在 1 000 ms 的 SOA 下的反应速度，即 500 ms 也是不够的，1 000 ms 在语言理解、判断中是必需的。时间顺序相关性与时间间隔的交互作用不显著，$F(4, 21)=1.791$，$p>0.05$。

在错误率方面，时间顺序相关性的主效应不显著，$F(2, 21)=1.562$，$p>0.05$。但从表 2-5 中的平均数可以看出，对不相关项目的加工比相关项目的加工准确性稍高，顺时序的项目加工比逆时序的项目加工准确性也稍高，但都没达到显著差异水平。

时间间隔的主效应显著，$F(2, 21)=11.599$，$p<0.001$。多重比较结果发现，1 000 ms 的 SOA 下比 200 ms 和 500 ms 的 SOA 下的错误率更低，都有显著差异，$p<0.001$ 。而 500 ms 的 SOA 下与 200 ms 的 SOA 下的错误率无显著差异。这表明被试在 500 ms 的 SOA 下和 200 ms的 SOA 下加工的效果都不够好、不充分，不可能达到在 1 000 ms 的 SOA 下的准确率。

时间顺序相关性和时间间隔的交互作用非常显著，$F(4, 21)=5.576$，$p<0.001$。简单效应的检验结果发现，在 200 ms 的 SOA 下，顺时序项目和不相关项目比逆时序项目加工得更准确，并达到显著差异，$p<0.05$；在 500 ms 的 SOA 下，顺时序项目的错误率比逆时序项目低，并达到显著差异，$p<0.05$；在 1 000 ms 的 SOA 下，不相关项目的错误率比顺时序项目低，并达到显著差异，$p<0.05$。

实验 1 结果清楚表明顺时序对现实事件之间的顺序相关性认知存在有利影响。与逆时序项目相比，被试对顺时序项目的处理更快、更准确，错误率也呈现出与反应时相似的模式。因此本实验结果支持了 van der Meer 等的发现。与 200 ms 或 500 ms 的 SOA 相比，1 000 ms的 SOA 有助于加速和提高时间顺序相关性认知。

基于先前信息建构的情境模型，表现为以现实中的顺时序事件为依据，顺时序事件首先在语义记忆中被激活。但如果将先前信息中的时间连词删去，在现实事件的处理中是否仍存在顺时序事件的优先性和 SOA 的作用呢？为此，我们设计了实验 2。

实验 2

（一）目的

实验 2 是在实验 1 的基础上，将先前信息的时间连词删掉，只剩下单个事件，如“乘车—下车”，仍要被试判断目标事件是否与先前信息描述的事件相关。我们认为，在没有明显的时间信息影响下，被试会利用隐含的时间信息来对实验项目进行加工，但是可能需要足够的时间间隔才能出现这种情况。若时间间隔太短，被试加工时间不够，就只能凭记忆通过项目间的词义来进行判断。所以实验 2 的假设是：被试可能会在较长的时间间隔中利用隐含的时间信息对实验项目进行判断，但首先受到词义本身的影响，在较短的时间间

隔下只是利用词义进行判断。

（二）方法

1. 被试

25 名华南师范大学三年级本科学生参与实验 2，被试视力或矫正视力正常。他们都未参加过实验 1。

2. 实验材料

与实验 1 的材料相同，只是在先前信息中删除了时间连词，只留下一个事件，目标也是一个事件。

3. 实验设计

同实验 1。

4. 实验程序

同实验 1。

（三）结果与分析

删除了平均反应时 3 个标准差之外的极端数据后保留了 21 名被试的数据，对被试的反应时和错误率进行 3×3 的 ANOVA 的重复测量分析。实验 2 各条件下的平均反应时间和错误率见表 2－6：

表 2－6　各条件下平均反应时（ms）和错误率（%）

时间间隔	逆时序		顺时序		不相关	
	反应时	错误率	反应时	错误率	反应时	错误率
200	759	6.68	744	11.0	851	7.62
500	757	9.05	717	10.0	758	4.29
1 000	850	15.70	831	13.80	782	1.67

结果发现，在反应时方面，时间顺序相关性的主效应不显著，$F(2, 20) = 1.368$，$p > 0.05$。这表明删去先前信息的时间连词后，不同的时间顺序对语言理解的影响没有显著的差异。

时间间隔的主效应显著，$F(2, 20) = 12.992$，$p < 0.001$。多重比较结果发现：被试在 500 ms 的 SOA 下的反应速度最快，在 200 ms 的 SOA 下比在 1 000 ms 的 SOA 下加工得更快。

时间顺序相关性和时间间隔的交互作用显著，$F(4, 20) = 8.762$，$p < 0.001$。简单效应的检验结果发现：在 200 ms 的条件下，顺时序的项目和逆时序的项目无显著差异，但都比不相关的项目加工得快，并达到显著差异，$p < 0.01$；在 500 ms 的条件下，时间顺序关系的作用不显著，$p > 0.05$；在 1 000 ms 的条件下，顺时序的项目和逆时序的项目无显著差异，但都比不相关的项目加工得慢，并达到显著差异，$p < 0.05$。

在错误率方面，结果发现：时间顺序相关性的主效应显著，$F(2, 20) = 10.292$，$p < 0.001$。多重比较结果表明，顺时序项目和逆时序项目的错误率比不相关项目的错误率更

高，而顺时序项目的错误率和逆时序项目的错误率没有显著差异。时间间隔的主效应不显著，$F(2, 20)=1.712$，$p>0.05$。

时间相关性和时间间隔的交互作用显著，$F(2, 20)=5.108$，$p<0.01$，简单效应的检验结果发现：在200 ms的条件下，时间顺序关系差异不显著，$F(2, 20)=1.335$，$p>0.05$。在500 ms和1 000 ms的条件下，时间顺序关系都有显著差异，$F(2, 20)=3.464$，$p<0.05$。多重比较发现，顺时序项目和逆时序项目的错误率无显著差异，但都比不相关项目的错误率高，并达到显著差异。

根据上面分析的结果可知，顺时序项目和逆时序项目无论在反应时还是在错误率上都无显著差异。但是，从在反应时和错误率两个指标上的时间顺序关系与时间间隔的交互作用来看，顺时序项目和逆时序项目在不同的SOA上所表现的趋势大致一样，在500 ms和200 ms的SOA下的反应速度有显著差异，但都比在1 000 ms的SOA下的反应较快，错误率较低，并达到显著差异，即在1 000 ms时反应最慢，错误率最高。而随着不相关项目SOA的增长，反应速度加快，错误率降低，并达到显著差异。这说明在加工相关项目即顺时序和逆时序项目时，在200 ms和500 ms的SOA下都是利用词义的表层意思来判断先前信息与目标事件是否相关，500 ms的SOA下出现更好的效果，但还不足以思考先前信息与目标事件在时间顺序上的关系；而1 000 ms的SOA则让被试有足够时间来建构情境模型，判断目标事件是否描述了先前信息描述的情境。由于增重了加工任务，所以反应时和错误率都增加了。但是在加工不相关项目时，没有时间顺序关系，仅根据词义表层意思来判断先前信息与目标事件是否相关，因而随着SOA的增长，反应速度加快，错误率降低。这进一步说明人们在理解语言时确实运用了时间信息，但还不能说明人们按顺向时序比按逆向时序排列得更快。被试可能会在较长的时间间隔中利用隐含的时间信息对实验项目进行判断，但首先受到词义本身的影响，而在较短的时间间隔中只是利用词义进行判断。

三、综合讨论

实验1证明了人们利用时间信息来建构情境模型，并倾向于对将来取向的事件进行加工处理。这一发现为Freyd的理论观点提供了依据。在实验1中，顺时序目标事件比逆时序目标事件被更快地提取。时间连词“在……之前”和“在……之后”并不影响这一结果，因为它们被认为具有相同的语义复杂性（Brent，1989）。由于1 000 ms的SOA比500 ms和200 ms的SOA更能促进和提高对时间上相连项目的认知，因此，顺时序项目与逆时序项目相比所具有的优先存取性不能完全归因于自动扩展的激活机制。有研究认为，200～300 ms的SOA间隔代表自动激活，而较长的SOA间隔，如1 000 ms，则代表受控的精细处理。Monsell假设思维表征的激活水平可以在执行过程中有选择性地改变（Monsell，1996）。这意味着注意力的集中可以被导向语义记忆中事件的后续者上。然后，后续者处于一种更高的激活状态，能够被更快地提取和恢复。

在实验2中，与先前信息相关的顺时序和逆时序目标事件，在较长的SOA下提取得更慢；而与先前信息不相关的目标事件，在较长的SOA下提取得更快。这说明了储存的知识结构（如脚本）以由上至下的方式指导理解过程。在没有明显的时间信息的情况下，隐含在人们知识结构中的时间信息表现出来并影响人们对语言、文章的理解。同时，实验2

还证明在没有明显的时间信息的情况下，人们更倾向于按照词义本身的意思进行理解判断。

四、结论

根据本研究结果可以初步得出以下结论：

（1）对包含时间连词的事件进行加工时，明显表现出时间顺序相关性的作用，并证明了将来取向时事件的优先性。

（2）对时间上不相关的事件比对顺时序和逆时序的事件加工得更快而准。

（3）对没有时间连词的事件进行加工时，隐含的时间顺序关系发挥作用，但首先受到本身词义的影响且其影响更大。

（4）1 000 ms 的时间间隔在有时间信息影响下的语言理解中是必需的，500 ms 的时间间隔在无时间信息影响下仅靠词义进行的语言理解中也是必需的。

第四节　时间顺序与时间距离对语言理解的影响：进一步的证据

一、理论概述

近年来，时间信息在语言理解的情境模型建构中的作用引起了越来越多心理学家的重视。已有研究普遍认为，读者在建构情境模型中运用了多种知识，比如关于世界方面的知识、语言方面的知识、个人经历等。其中，Kintsch 和 Mannes（1987）提出脚本情境模型（script - based situation model）概念，认为脚本情境模型是情境模型中的一种，是对在一般的时间空间框架下发生的高频系列事件的表征。在情境模型建构的过程中，这些脚本并不是固定的或完整阐述的已存在的循环再用的知识结构。相反，他们是出现过程中的结构，由一个骨架构成，也就是一张列有事件名字的整齐目录，提供脚本事件时间排序的基本信息。这意味着，在情境模型的建构过程中，时间信息的作用应该是显著的。然而，情境的时间定位并不总是在呈现信息中清楚地显示出来。在这种情况下，读者又将如何加工时间信息和建构情境模型？Dowty（1986）提出读者会默认假设情境记录顺序与其顺向次序一致的观点为这一问题提供了回答，且该假设与 Freyd（1987）提出的动态心理表征理论相类似。动态心理表征理论认为时间维度不仅仅是常规事件的一个重要组成部分，而且也嵌入个别事件的心理表征当中，并以两个主要标准为特征：第一，时间维度不可避免地置于该表征中；第二，内在的时间维度同外部的时间维度一样，定向而连续。这样，时间信息被认为是所有日常长时记忆（Long - term memory，简称 LTM）表现中的一种重要尺度。与逆向次序和随机次序相比，一些研究者在使用各种不同的范式时，更喜欢按常规事件的顺向次序排列（Beyer，van der Meer，Hagendorf，& Strauch，1998）。这说明，事件的顺时序知识也被运用于语言理解中。

van der Meer（2002）提出在句子理解过程中会涉及基于脚本的情境模型建构的观点，这主要包括：第一，如果句子中所描述的事件包含时间信息，那么这个信息应该在句子理解的过程中就已经被提取了；第二，如果这个事件的时间信息是指向未来的话，那么以将来时间为导向的时间应该可以获取，而且比以过去时间为导向的事件更快地整合成情境模型；第三，根据 Kintsch（1987）的研究，词义的建构过程在 300 ~ 500 ms 内完成，而词干的推断则需要 500 ~ 1 000 ms 的时间。句子的呈现时间越长，事件的时间信息对于建构基于脚本的情境模型的影响就会越大。

另外，强印象假设也认为，时间上连续的事件会比较容易整合。如果读者能够在时间上将每一个即将出现的时间定位在最近的事件后，会促使情境模型的建构。如果随后的事件没有立即跟着先前的事件出现，那么该事件整合起来就会困难得多。van der Meer 等(1999) 设计了另一个实验来证实这一点。实验采用单句的形式来进行，在句子中只出现一个事件。结果显示，时序距离对语言的理解有很大影响，对于较远距离的事件比较近距离的事件需要更长的反应时间，这是由于在普通事件中，近距离的事件要比远距离的事件提取得更快，所以，近距离的事件就比远距离的事件能更有力地整合到情境模型中去。

何先友等在 2005 年探讨了在短语条件下（“在……之前”与“在……之后”）时间顺序关系对语言理解的影响，结果发现对将来取向的事件的加工具有优先性。本研究进一步分别在简单句条件和复句条件下，探讨不同 SOA 条件下时间顺序关系和时间距离对语言理解的影响，顺时序的信息加工的优先性是否具有普遍性，时间距离在语言理解中究竟产生什么样的作用。

二、实验

实验 1

（一）目的

实验 1 主要探讨在句子语境中不同频率的事件的时间顺序关系对语言理解的影响。

（二）方法

1. 被试

60 名华南师范大学本科二年级学生，900 ms、1 200 ms、3 000 ms SOA 条件下各 20 名。所有被试视力或矫正视力正常。

2. 实验材料

实验材料是在何先友 2005 年实验材料的基础上从典型性的维度筛选，把典型性低于 3 的作为低频事件材料，把典型性高于 5 的作为高频事件材料。材料由 90 个实验项目和 90 个混淆项目组成，每个项目包括一个句子—探测词。材料是以下列方式组成的：在三个连续事件中，其中一个事件作为句子成分，另一个事件作为探测词。时间顺序的安排运用两种不同的方法。材料中一半项目用 A 型材料，一半用 B 型材料。对于 A 型材料，将一个包含三个事件序列（例如：起床、刷牙、洗脸）的中间事件（刷牙）在句中描述出来，然后和一个探测事件（起床或洗脸）结合起来，这个事件在时间上先于该句子中的事件（起床）或是后于该句子中的事件（洗脸）。对于 B 型材料，这三个连续事件序列中（例

如：睡醒、穿衣、下床）的中间事件（穿衣）是作为一个稳定的探测事件与另外两个句子相结合，这两个句子各包含一个事件，句子中的事件在时间上先于（睡醒）或是后于该探测事件（下床），另外还增加了相等数量的不相关句子—探测词。这些不相关句子—探测词与 A、B 型材料相结合。材料的句型是简单句，由 9 ~ 11 个汉字组成，探测词都是由 2 个汉字组成。以下是实验材料样例：

A 型

时间顺序	句子	探测词
顺时序	人们早上一般都会刷牙。	洗脸
逆时序	人们早上一般都会刷牙。	起床
不相关	他对很多事都会隐瞒。	洗脸

B 型

时间顺序	句子	探测词
顺时序	电话响的时候他刚睡醒。	穿衣
逆时序	门铃声让他迅速地下床。	穿衣
不相关	媒体对这事进行了报道。	穿衣

3. 实验设计

采用 3 × 3 × 2 的混合设计，第一个自变量时间顺序关系为被试内变量，包含三个水平：顺时序、逆时序和不相关；第二个自变量 SOA 为被试间变量，包含三个水平：900 ms、1 200 ms 和 3 000 ms，这是根据 van der Meer 等的研究确定的，因为 1 000 ms 左右表示的是受控的加工，增加呈现时间可以控制对句子加工的精细程度，但他们是通过掩蔽来实现对呈现时间的控制，900 ms、1 200 ms 和 3 000 ms 条件下分别有 200 ms、200 ms 和 2 000 ms 的掩蔽时间，因此，实际呈现的时间是 700 ms、1 000 ms 和 1 000 ms。我们认为在掩蔽时间内，无法保证被试的注意力集中在相应目标上，因此，实验中取消掩蔽，三种 SOA 全部是句子呈现时间，第三个自变量事件的频率为被试内变量，包含两个水平：低频、高频。因变量为探测词的反应时和错误率。

4. 实验程序

实验在 IBM 电脑上进行。每次实验开始时，首先在显示器中央出现红色注视点“+”，要求被试在实验过程中始终盯住注视点，接着呈现先前信息，然后在不同 SOA 条件下呈现目标。要求被试尽可能快而准地判断目标事件是否正确地描述了以先前信息为特征的情境，即目标事件与先前信息描述的事件是否相关。如果相关，就按“F”键；如果不相关，就按“J”键。被试按键后，经过 1 500 ms 的间隔后呈现下一个项目。

（三）结果与分析

删除平均反应时 3 个标准差外的极端数据后，900 ms、1 200 ms 和 3 000 ms 条件下分别还有16、19、17名被试，共52名有效被试。实验1各条件下反应时平均值与错误率见表2-7：

表2-7 各条件下反应时（ms）的平均值与错误率（%）

时间间隔	顺时序				逆时序				不相关			
	高频		低频		高频		低频		高频		低频	
	反应时	错误率	反应时	错误率	反应时	错误率	反应时	错误率	反应时	错误率	反应时	错误率
900	654	4.39	667	4.21	757	5.79	716	5.99	636	3.48	689	3.28
1 200	629	2.87	668	4.93	797	2.39	754	3.66	628	9.81	694	1.22
3 000	576	4.10	633	4.41	701	2.56	735	4.83	636	1.81	678	1.52

对表2-7中的反应时与错误率分别进行重复测量方差分析，结果发现，在反应时方面，时间顺序主效应显著，$F(2, 49) = 7.697$，$p < 0.01$，表明不同的时间顺序关系对语言理解的作用不同。多重比较结果发现，顺时序和逆时序项目之间的差异显著，无关项目与逆时序项目之间的差异也显著，$p < 0.05$；但顺时序与无关项目之间的差异不显著，说明在句子语境中，顺时序项目的加工达到了与无关项目同样好的效果。这一结果与何先友2005年的研究结果基本相同，本实验结果则进一步表明句子语境有助于顺时序项目的加工。

频率主效应显著，$F(1, 49) = 6.10$，$p < 0.05$，高频事件显著快于低频事件，表明事件发生的不同频率对语言的理解存在不同影响。SOA的主效应不显著，$F(2, 49) = 0.437$，$p = 0.649$，这表明在句子语境中，900 ms、1 200 ms和3 000 ms的SOA对语言理解的影响没有显著差异。

时间顺序与事件频率之间的交互作用显著，$F(2, 49) = 22.248$，$p < 0.01$，简单效应检验发现，在高频事件中，不同时间顺序之间有显著差异，$F(2, 153) = 13.505$，$p < 0.01$；在低频事件中，不同时间顺序之间也有显著差异，$F(2, 153) = 3.314$，$p < 0.05$。从平均数可以看出，高频事件中，不同时间顺序之间的差异更为明显。时间顺序、事件频率与SOA之间的三重交互作用不显著，$F(4, 49) = 0.608$，$p = 0.658$。

在错误率方面，时间顺序主效应和事件频率主效应都不显著，$F(2, 49) = 0.136$，$p = 0.873$，$F(1, 49) = 0.087$，$p = 0.769$；SOA的主效应也不显著，$F(2, 49) = 2.169$，$p = 0.125$。但时间顺序与事件频率之间的交互作用显著，简单效应检验发现，在高频事件中，不同时间顺序之间的错误率无显著差异，$F(2, 153) = 1.568$，$p > 0.05$；在低频事件中，不同时间顺序之间的错误率有显著差异，$F(2, 153) = 3.647$，$p < 0.05$。

实验1的结果表明，在句子语境中同样发现了不同时间顺序关系与语言理解的不同影响，顺时序有助于促进语言的理解。但实验1的结果没有发现SOA的影响，这可能有两个原因：一是本实验中最短的SOA为900 ms，与何先友2005年的研究中1 000 ms非常接近，这一时间间隔可能足够了，因此增加到1 200 ms和3 000 ms后的效果就不明显了；另一个可能的原因是本实验材料提供了语境。

总之，实验 1 的结果进一步证明了不同时间顺序对语言理解存在不同影响，语言理解中存在着时间顺向事件加工的优先存取性。实验 1 的结果是在简单句中获得的，实验 2 将在复句中进一步探讨时间顺序对语言理解的影响，同时我们认为事件之间的时间距离也可能产生影响，因此，实验 2 还引入了时间距离这一变量。

实验 2

（一）目的

实验 2 的目的是为了研究在复句中句子事件到探测事件的时间距离（近距离、中距离、远距离）和时间顺序对语言理解的影响。实验模式与实验 1 基本一样，只是材料由简单句变成了复句。在复句中，除了一个连续事件外，句子中还含有另一个事件对这个连续事件进行干扰。实验 2 的逻辑是如果语言加工中确实存在顺向时间顺序的事件加工的优先性，那么在复句中，应该得到的结果是：逆时序事件 > 顺时序事件；如果句子描述的事件与探测事件的时间距离影响语言的理解，应该得到的结果是：远距离 > 中距离 > 近距离。

（二）方法

1. 被试

被试为 32 名华南师范大学二年级本科学生，所有被试视力或矫正视力正常且均未参加实验 1。

2. 实验材料

实验材料包括 240 个实验项目和混淆项目，这些项目都是从实验 1 的项目库中取出。按照时间的距离不同和不相关的项目一起组成了 12 个句子—探测词。240 个实验项目和混淆项目的句子结构和长度基本上一样。以下是实验材料样例：

条件	句子	探测词
顺时序—近	当我们正在选景时，天下起了雨。	调焦
无关	当电话响的时候，他正在洗脸。	调焦
顺时序—中	当我们正在选景时，天下起了雨。	拍摄
无关	当电话响的时候，他正在洗脸。	拍摄
顺时序—远	当我们正在选景时，天下起了雨。	冲印
无关	当电话响的时候，他正在洗脸。	冲印
逆时序—近	当我们正在冲印时，天下起了雨。	拍摄
无关	当他做放松运动时，一个同学晕倒了。	拍摄
逆时序—中	当我们正在冲印时，天下起了雨。	调焦
无关	当他做放松运动时，一个同学晕倒了。	调焦
逆时序—远	当我们正在冲印时，天下起了雨。	选景
无关	当他做放松运动时，一个同学晕倒了。	选景

3. 实验设计

实验2采用2×3被试内设计，第一个自变量是时间顺序，包含顺向和逆向两个水平；第二个自变量是时间距离，包含三个水平：近、中、远。因变量是对探测词的反应时与错误率。

4. 实验程序

实验程序同实验1，只是在本实验中只采用了1 200 ms一种时间间隔。

（三）结果与分析

按同样的标准删除了1名被试的极端数据，31名被试的数据进入最后的分析。实验2各条件下反应时的平均值与错误率见表2－8：

表2－8　各条件下平均反应时（ms）与错误率（%）

时间顺序	时间距离					
	近距离		中距离		远距离	
	反应时	错误率	反应时	错误率	反应时	错误率
顺时序	776	1.71	831	4.19	901	3.23
逆时序	874	1.97	892	2.90	937	4.23

对表2－8中的反应时与错误率分别进行2×3的重复测量方差分析，结果发现：

在反应时方面，时间顺序主效应显著，$F(1, 30) = 7.693$，$p < 0.01$，顺时序项目的反应时显著快于逆时序项目的反应时；时间距离主效应显著，$F(2, 30) = 6.420$，$p < 0.01$，多重比较结果发现，近距离与中距离之间的差异不显著，但近距离和中距离都与远距离的差异显著，$p < 0.05$。时间顺序与时间距离之间的交互作用不显著，$F(2, 30) = 1.414$，$p = 0.251$。

在错误率方面，时间顺序主效应、时间距离主效应以及时间顺序与时间距离的交互作用都不显著，F值分别为：$F(1, 30) = 0.088$，$p = 0.768$；$F(2, 30) = 1.991$，$p = 0.145$；$F(2, 30) = 1.552$，$p = 0.220$。

实验2结果表明，即使是在复句中，仍然发现顺时序项目的加工显著快于逆时序项目的加工，这一结果与实验1结果一致，这进一步证明了顺时序事件在语言加工中存在着存取的优先性。同时，实验2结果还表明事件之间的时间距离在语言加工中也存在着重要影响，在近距离和中距离的项目中，被试的反应时要比远距离的项目快，这说明了对于时间上连续的事件，人们还是比较容易整合的，但相隔时间较远的事件的整合就困难些。但实验2结果没有发现近距离与中距离之间的差异，这可能是因为近距离与中距离的事件发生在同一场景，被试建构了同一情境模型来表征近、中距离的事件，如对本实验中的"当我们正在选景时，天下起了雨"与探测词"调焦"（近距离）和"拍摄"（中距离）两种条件，被试可能建构了"某人在某地摄影"的情境模型，对同一情境模型内的事件提取的差异就不明显了，而远距离条件则是"冲印"，被试还需要建构一个"某人在照相馆冲印胶卷"的情境模型，因此不同模型之间就会产生竞争，导致反应时的延长。

三、综合讨论

本研究的两个实验探讨了时间顺序关系和时间距离对语言理解的影响，实验1考察了在简单句条件下时间顺序与事件频率对语言理解的影响，实验2考察了在复句条件下时间顺序与时间距离对语言理解的影响，实验结果表明不论在哪种条件下，都一致发现了顺时序项目的加工都优于逆时序项目的加工，同时也发现了不同的时间距离对情境模型的建构也产生影响，远时间距离不利于情境模型的建构。这些结果与以往关于时间顺序关系对语言理解影响的研究结果基本一致，并且扩充和延伸了这方面的研究（van der Meer，2000；van der Meer，Beyer，Heinze，& Badel，2002）。

实验中是否存在有利于对顺时序项目优先反应的因素呢？实验1中的简单句的结构都是相同的，它们不是导致顺时序项目反应时更短的原因；实验2中的复句的结构都是由一个时间状语从句“当……时”加一个简单句构成，因此，它们的结构也是相同的，同样不能把它们看成是导致顺时序项目反应更快的原因。

脚本情境模型认为被试的心理表征是一张列有事件名字的整齐目录，提供脚本事件时间排序的基本信息。因此在阅读过程中，当事件排列的顺序与事件发生的先后一致时（顺时序），就加快了对这些事件的反应；相反，当事件排列的顺序与事件发生的先后不一致时（逆时序），就与被试已有的脚本情境模型相冲突，被试要解决这种冲突以达到对最后意义的理解就需要额外的时间，这样就导致反应时的延长。与此思想相一致的印象假设也认为情境模型中记录的顺序与情境的顺向次序相一致，这一观点得到了许多研究的支持（Zwaan，1996；Mandler，1986）。动态心理表征理论（Freyd，1987）也提出个体内在的时间维度同外部的时间维度一样是定向而连续的，当外部的时间顺序为逆向的时候，就成了不连续的，与内在的时间顺序相冲突，结果导致了逆向顺序事件加工的延长。这几个理论模型虽然在建构理论的出发点和侧重点不同，但在解释阅读加工过程中时间顺序的影响效果上可以说是殊途同归。本研究在不同条件下获得的结果为现有理论关于时间顺序的作用问题提供了进一步的证据。

顺时序项目的优先存取是否是时序信息的自动激活导致的呢？根据以往研究者的观点，200～300 ms的SOA间隔代表自动激活，而较长的SOA间隔，如1 000 ms的间隔，则代表受控的精细处理（Monsell，1996），实验1在句子语境中的SOA为900 ms、1 200 ms和3 000 ms时没有发现时间间隔的主效应，因为这三个时间间隔都达到了受控的精细加工水平。

本研究结果还发现，事件发生的时间与探测事件之间的时间距离对语言理解有显著的影响，如果两者的距离较近，则对探测事件的反应时较短，如果两者的距离较远，则对探测事件的反应时较长。实验2设计了近、中、远三种时间距离，但是没有发现近距离与中距离之间有显著差异，即并没有获得远距离 > 中距离 > 近距离的理想结果，因此，时间距离的远近只是一种外在的形式，而不是本质。根据我们对实验材料的分析，更本质的是不同时间距离发生的事件是否发生在相同的场景，或者说它们能否整合到同一情境模型中，如果能整合到同一情境模型中，那么外在的时间距离就不产生影响，如本研究中的近距离与中距离条件下，这些事件能整合到相同的情境模型中，因此，就没有近距离与中距离的差异，而它们与远距离有显著差异，这是因为远距离条件需要建构另一情境模型来表征远距离的事件。这一思想本质上与 Zwaan 提出的强印象假设的思想是一致的。

本研究结果中有个发现是需要提出来讨论的，即被试对不相关项目的反应显著快于顺时序和逆时序项目的反应。这可能与本研究的实验任务有关，实验任务是要求被试尽可能快而准地判断目标事件与先前信息描述的事件是否相关，这不是一个单纯的对目标词进行理解的过程，而是需要对背景短语和当前的目标词进行整合、比较进而进行判断，因此是一个相当复杂的认知过程。而在不相关项目中，这个认知过程的复杂性就大为降低，因此，反应速度就相应加快。未来的研究可以进一步深入探索这个问题。

四、结论

根据本研究结果可以初步得出以下结论：

（1）不论是在简单句条件下还是在复句条件下，都存在对顺时序信息加工的优先性。心理表征中事件的先后顺序与现实事件发生的顺序一致的观点得到证明。

（2）事件之间的时间距离对语言理解的影响的实质是不同时距的事件能否整合到同一情境模型中。

参考文献

1. 何先友，梁丽媚，曾祥炎．时间顺序关系对语言理解的影响．心理科学，2005，28（1）：82～84.

2. 何先友，曾祥炎．时间信息在情景模型建构中的作用．心理学报，2002，34（6）：589～595.

3. Anderson，A.，Garrod，S. C.，& Sanford，A. J.（1983）. The accessibility of pronominal antecedents as a function of episode shifts in narrative text. *Quarter Journal of Experimental Psychology*，35（A）：pp. 427－440.

4. Bestgen，Y.，& Costermans，J.（1994）. Time，space，and action：Exploring the narrative structure and its linguistic marking. *Discourse Processes*，17（3）：pp. 421－446.

5. Bestgen，Y.，& Vonk，W.（2000）. Temporal adverbials as segmentation markers in discourse comprehension. *Journal of Memory and Language*，42（1）：pp. 74－87.

6. Beyer，R.，van der Meer，E.，Hagendorf，H.，& Strauch，D.（1998）. Use of temporal organization of knowledge on sentence and text comprehension. *Zeitschrift für Psychologie*，206：pp. 154－168.

7. Brent，M. R.（1989）. *Causal/temporal Connectives：Syntax and Lexicon.* Paper presented at the 11th Annual Conference of the Cognitive Science Society，Ann Arbor，Michigan.

8. Freyd，J. J.（1987）. Dynamic mental representations. *Psychological Review*，94（4）：pp. 427－438.

9. Gernsbacher，M. A.（Ed.）.（1990）. *Language Comprehension as Structure Building.* Hillsdale，NJ：Erlbaum.

10. Haberland，K. F.，Berian，C.，& Sandson，J.（1980）. The episode schema in story processing. *Journal of Verbal Learning and Verbal Behavior*，19（6）：pp. 635－650.

11. Haberland，K. F.，& Grasser，A. C.（1985）. Component processes in text comprehension and some of their interactions. *Journal of Experimental Psychology：General*，114（3）：pp. 357－374.

12. Kintsch，W.（1998）. *Comprehension：A Paradigm for Cognition.* Cambridge，England：Cambridge University Press.

13. Kintsch，W.，& Mannes，S. M.（1987）. Generating scripts from memory. In E. van der Meer，& J. Hoffmann（Eds.）. *Knowledge－aided Information Processing*. Amsterdam：Elsevier Science，pp. 61－80.

14. Lorch，R. F.，Lorch，E. P.，& Matthews，P. D.（1985）. On－line processing of the topic structure of a text. *Journal of Memory and Language*，24（3）：pp. 350－362.

15. Magliano，J. P.，Miller，J.，& Zwaan，R. A.（2001）. Indexing space and time in

film understanding. *Applied Cognitive Psychology*, 15 (5): pp. 533 – 545.

16. Mandler, J. M. (1986). On the comprehension of temporal order. *Language and Cognitive Processes*, 1: pp. 309 – 320.

17. McKoon, G., & Ratcliff, R. (1998). Memory – based language processing: Psycholinguistic research in the 1990s. *Annual Review of Psychology*, 49 (1): pp. 25 – 42.

18. Monsell, S. (1996). Control of mental processes. In V. Bruce (Ed.). *Unsolved Mysteries of the Mind.* Hove, England: Taylor & Francis, pp. 93 – 148.

19. Newtson, D. (1973). Attribution and the unit of perception of ongoing behavior. *Journal of Personality and Social Psychology*, 28 (1): pp. 28 – 38.

20. O'Brien, E. J., Cook, A. E., & Peracchi, K. A. (2004). Updating Situation Models: Reply to Zwaan and Madden. *Journal of Experimental Psychology: Learning, Memory, and Cognition*, 30: pp. 289 – 291.

21. O'Brien, E. J., Rizzella, M. L., Albrecht, J. E., & Halleran, J. G. (1998). Updating a situation model: A memory-based text processing view. *Journal of Experimental Psychology: Learning, Memory, and Cognition*, 24 (5): pp. 1200 – 1210.

22. Radvansky, G. A., Spieler, D. H., & Zacks, R. T. (1993). Mental model organization. *Journal of Experimental Psychology: Learning, Memory, and Cognition*, 19 (1): pp. 95 – 114.

23. Radvansky, G. A., Zwaan, R. A., Federico, T., & Franklin, N. (1998). Retrieval from temporally organized situation models. *Journal of Experimental Psychology: Learning, Memory, and Cognition*, 24 (5): pp. 1224 – 1237.

24. Segal, E. M., Duchan, J. F., & Scott, P. J. (1991). The role of interclausal connectives in narrative structuring: Evidence from adults' interpretations of simple stories. *Discourse Processes*, 14 (1): pp. 27 – 54.

25. Speer, N. K., & Zacks, J. M. (2005). Temporal changes as event boundaries: Processing and memory consequences of narrative time shifts. *Journal of Memory and Language*, 53 (1): pp. 125 – 140.

26. van der Meer, E. (2000). Comprehension of semantic relatedness between words: The impact of temporal connectives. *The Psychonomic Society*, 5: p. 35.

27. van der Meer, E., Beyer, R., Heinze, B., & Badel, I. (2002). Temporal order relations in language comprehension. *Journal of Experimental Psychology: Learning, Memory, and Cognition*, 28 (4): pp. 770 – 779.

28. van der Meer, E., Kruger, F., & Nuthmann, A. (1999). Memory for temporal order. *The Psychonomic Society*, 4: p. 41.

29. van Dijk, T. A., & Kintsch, W. (1983). *Strategies of Discourse Comprehension.* New York, NY: Academic Press.

30. Vonk, W., Hustin, L. G. M., & Simons, W. H. G. (1992). The use of referential expressions in structuring discourse. *Language and Cognitive Processes*, 7: pp. 301 – 333.

31. Zacks, J. M., Tversky, B., & Iyer, G. (2001). Perceiving, remembering, and

communicating structure in events. *Journal of Experimental Psychology*: *General*, 130 (1): pp. 29 –58.

32. Zacks, J. M. , Braver, T. S. , Sheridan, M. A. , Donaldson, D. I. , Snyder, A. Z. , Ollinger, J. M. , & Raichle, M. E. (2001) . Human brain activity time – locked to perceptual event boundaries. *Nature Neuroscience*, 4 (6): pp. 651 –655.

33. Zwaan, R. A. (1996) . Processing narrative time shifts. *Journal of Experimental Psychology*: *Learning*, *Memory*, *and Cognition*, 22: pp. 1196 –1207.

34. Zwaan, R. A. (2003) . The immersed experiencer: Toward an embodied theory of language comprehension. In B. H. Ross (Ed.) . *The Psychology of Learning and Motivation*, 44: pp. 35 –62.

35. Zwaan, R. A. , Langston, M. C. , & Graesser, A. C. (1995) . The construction of situation models in narrative comprehension: An event – indexing model. *Psychological Science*, pp. 292 –297.

36. Zwaan, R. A. , & Radvansky, G. A. (1998) . Situation models in language comprehension and memory. *Psychological Bulletin*, 123 (2): pp. 162 –185.

第二章
时间信息的加工机制

第一节　记叙文时间转换机制

一、理论概述

许多研究者认为，文本理解的过程就是读者建构一系列多层次的心理表征的过程，建构连贯的情境模型就是等同于成功理解了该文本。20 世纪 90 年代中后期，Zwaan 等认为，如果当前阅读的事件与情境模型的当前状态有共同标记，那么，该事件就容易被整合进情境模型；如果当前阅读的事件与当前情境模型内的一个或多个标记不同，那么，读者就会根据当前阅读的事件来更新情境模型的标记（Zwaan，Langston，& Graesser，1995；Zwaan，Magliano，& Graesser，1995；Zwaan & Hilliard，1998）。

读者如何对时间线索进行编码和表征，从而建构时间情境模型，主要包括两方面的研究：其一是记叙文中的时间顺序性对情境模型建构的影响；其二是记叙文中的时间延续性对情境模型建构的影响。尤其是第二个方面的研究，已成为当前研究热点之一。Anderson 等（1983）和 Zwaan（1996）分别提出了场景理论和强印象假设解释时间信息的作用机制。Zwaan 在 1996 年设计了系列实验验证了强印象假设。实验材料样例如下：

开幕式

1. 今天是玛瑞斯新画廊的开幕式。
2. 他邀请了城中所有的宾客。
3. 他们都是在艺术界中举足轻重的人物。
4. 所有的宾客都接受了邀请。
5. 看来开幕式将会十分成功。
6. 七点整，第一批宾客到来。
7. 他神采飞扬。
8. 他一边握手一边微笑。
9. 就在此时/一小时后/一天之后，他面色变得苍白。（关键句）

探测：判断上文是否出现过以下词语：**微笑**

10. 他完全忘记了邀请本地的艺术评论家。

11. 不用说，本地报纸的周末版对这个开幕式的评论是不友好的。

12. 他决定吃些镇静剂并在床上待上一天。

故事的前半部分描述某一个事件场景，该场景持续的时间长于1小时而短于1天，故事的第九句是关键句子，它描述了一个新的而与前一事件无因果关系的事件，这两个事件之间的时间短语所标示的距离有三种水平：短时（就在此时），接连发生；中时（1小时后），在场景持续范围之内；长时（1天之后），在场景持续时间之外。

如果根据场景理论的假设，读者阅读场景之内的时间间隔的事件，阅读时间应该没有差别，而当阅读超出场景以外的时间间隔的事件时，才会发生时间的转换与新情境模型的建立，从而导致阅读时间的增加。据此，该模型预测读者在阅读实验故事时，对于“1天之后，他脸色变得苍白”的阅读时间会增加，因为开幕式在那时已经结束。由于“就在此时”和“1小时后”仍处于开幕式的场景之中，因此这两种时间标记版本关键句的阅读时间应该没有差异。并且，由于长时标记（1天之后）的事件与前面的事件是处于不同的情境模型中，而短时标记与中时标记的版本中前后事件处于同一个情境模型内，因此前一种情况下的探测时间要慢于后两种情况。

而强印象假设则认为，两个相继叙述事件中，如果后一个事件有非常短的时间状语，如“就在那时”，读者就会默认前后事件是连续发生的，保持先前事件所建立的情境模型；如果有“1小时之后”或“1天之后”之类的时间状语，则表示时间间断，读者需要产生时间的转换并建构新的情境模型，这种时间转换是由两个事件之间的间断性时间标记引起的，而与两个事件落在同一个场景与否没有关系。Zwaan（1996）的实验结果表明，间断性时间短语产生了时间转换并导致建构新的情境模型，这与场景理论不符。

Zwaan的研究是富有启发性的，Anderson（1983）提出的场景假设，实际上是认为时间转换发生在场景之间，即后一个句子在时间上如果超越了前面句子的场景，可能会发生时间转换；而场景内的前后句子的间断性时间标记不会引起读者的时间转换。Zwaan（1996）的实验结果证明，即使在同一场景内的时间中，如果后一句包含非连续的时间信息，那么，被试还是发生了时间转换。Zwaan（1996）的强印象假设实际上是一种间断性时间转换假设，它主张只要前后句子由于有间断性的时间短语而出现了时间上的间断，就会引起时间转换，而与场景无关。然而，根据Zwaan（1996）的设计得出的结果，能否确证不连续的时间标记会产生时间转换，还值得商榷。因为在Zwaan的实验设计中，中时条件下的间断性时间短语的时间间隔与故事场景的时间跨度比较接近，尽管还没有超出场景，但是已经接近了该场景的边界，例如对于“开幕式”这个场景来说，中时条件“1小时后”尽管还没有超出场景，但是已经接近了该场景的边界，在这种情况下，这个中时时间跨度已经成为该场景中有意义的时间间断，因此导致时间转换的产生，而不是像Zwaan所理解的那样，仅仅有时间间断性标记就会产生时间转换。实际上，对于发生在同一场景的两个事件，即使它们之间有表示间断性的时间标记，但如果这些间断与整个场景相比非常小，不具有重要意义，读者就会遵循“经济”的原则，在阅读后一个事件时不产生实质性的时间上分离的心理表征，也就是不发生时间转换。所以两个事件之间时间间断标记是否引起读者的时间转换，可能会受间断时间在它所处的场景中地位的影响，时间间隔在场景跨度所占的比例越大，就越重要，产生时间转换的可能性就越大。如果这个设想成立，那么，可用一个间断性十分明确而时间跨度较短的时间标记作为中时条件，如上例的中时条件用“几分钟后”（a few minutes later）来代替 Zwaan 实验中的中时条件“1 小时后”（an hour later），就不会产生时间转换；相反，如果前面句子构成的场景的持续时间比较长，大大超于后一句的间断时间，那么 Zwaan（1996）实验中能产生时间转换的间断时间标记（如“1 小时之后”）在这种场景中可能不会出现时间转换。也就是说，Zwaan 研究中的所谓中时时间短语，可能不能孤立地作为引起前后句时间转换的充分条件，而要以整个场景的时间跨度作参照系。如果这种设想正确，那么强印象假设就要被修正。

本研究准备探讨同一个场景中前后时间之间间断性时间跨度与场景时间跨度的关系是否影响时间转换的发生，从而检验时间转换的场景假设与强印象假设。

二、实验

实验 1

（一）目的

探讨在与 Zwaan 实验材料相似长度的场景中，如果缩短间断性时间的跨度，读者是否会产生时间的转换。

在 Zwaan 的实验中，阅读材料的时间标记有三种变化：短时（如“就在这时”）、中时（如“1 小时后”）与长时（如“1 天之后”），但中时时间短语所标示的时间距离已接近场景以外的时间，这样可能促使读者产生时间转换。按照本研究的设想，场景内的间断性时间短语是否引起读者的时间转换是以整个场景的时间跨度作参照系，那么，如果缩短中时时间短语所表示的时间长度，使中时时间跨度与场景时间跨度的差异相对扩大，可能就会出现以下结果：短时 = 中时 < 长时。

（二）方法

1. 被试

从华南师范大学一年级本科学生中随机选取 30 人作为被试，男女各半。裸视或矫正视力正常，母语均为汉语，无阅读障碍。

2. 实验材料

15 个实验故事和 18 个填充故事。每个实验故事由 13 句组成，头 7 句介绍主角和场景，场景时间跨度 2 小时左右，与 Zwaan 的研究材料大致相同，第 8 句描述主角进行的一个特定动作，第 9 句是关键句，描述一个相继发生的无关事件。关键事件与上一事件的时间距离有三种变化：短时条件（就在此时），中时条件（几分钟后）与场景以外的长时条件（1 天之后）。后面的句子描述了与初始场景无关的结尾。填充故事由 8 ~ 15 句话组成。

3. 评定实验

为保证我们的设想"在 Zwaan 的实验设计中，中时条件下的间断性时间短语的时间间隔（1 小时）与故事场景的时间跨度（2 小时左右）比较接近"的可靠性，我们对实验 1 的材料进行等级评定。

30 名不参加正式实验的大学生参与了评定。评定时发给每位学生一本小册子，里面有 15 篇实验故事，一篇文章占一页。评定时要求被试仔细地阅读文章，然后翻开下一页。下一页有一个问题，要求对阅读文章中含有时间副词的那句话的合理性进行评定，共有 1 ~ 7个等级供评定者选择（"1"代表完全不可能，"7"代表完全可能）。将所有的实验材料划分为三个系列，在每一系列的材料中，分别有 1/3 的文章中包含时间副词"1 小时之后"，1/3 包含"2 小时之后"，而另外 1/3 的文章包含时间副词"1 天之后"，确保每一时间副词类型的文章在同一系列中只出现一次。

结果表明，对本实验所用材料，时间副词"1 小时之后"与"2 小时之后"的条件下，评定者判定相关的事件或行为更可能发生，前者 $M = 5.92$，后者 $M = 5.83$；时间副词"1 天之后"的条件下，相关的事件或行为发生的可能性较低，$M = 1.99$。方差分析表明，材料类型主效应显著，$F(2, 58) = 224.53$，$p < 0.001$。其中"1 小时之后"与"2 小时之后"条件下对相关事件或行为发生的可能性评定没有显著差异，$t(29) = 0.99$，$p > 0.05$。上述两种条件均分别与"1 天之后"条件的评定有显著差异，前者 $t(29) = 16.09$，$p < 0.001$；后者 $t(29) = 15.33$，$p < 0.001$。这说明在 Zwaan 的实验设计中，中时条件下的间断性时间短语的时间间隔（1 小时）与故事场景的时间跨度（2 小时左右）确实比较接近。

4. 实验设计与程序

本实验采用单因素被试内设计。自变量因素为关键句子中时间短语的时间间隔，分为三个水平：短时条件"就在此时"；中时条件"几分钟后"（在同一场景内）；长时条件"1 天之后"（在场景之外）。两个因变量是关键句的阅读时间和探测词的反应时间。

实验在阅读实验室进行，使用计算机移动窗口技术，让被试按自己的速度阅读计算机屏幕上的故事，故事以句子为单位呈现在计算机屏幕上，被试用空格键来更新句子。每篇实验故事紧跟在关键句之后都立即呈现探测词，探测任务之前有"××××"提示，要求被试判断该词是否在上文中出现过，探测词是在关键句之前一句的倒数第一或第二个名词或动词，需要做"是"的反应；"K"代表"是"，"D"代表"否"。填充故事进行探测的位置与实验故事大致相同，其中 6 个填充故事需要"是"反应，12 个为"否"。每篇故事后都有一个阅读理解的是非题要求被试完成，以保证被试认真阅读故事。共 3 组实验材料，以拉丁方设计使自变量的各个水平在被试和材料上都达到平衡，使所有的被试都阅读全部 15 篇正式材料，接受 3 种实验处理。

（三）结果与分析

剔除超出平均数两个标准差的数据，所有剔除的数据不超过总数的 4%。实验结果见表 3 - 1。在以下实验中，F_1 均指以被试为随机误差的方差分析值，而 F_2 指以材料为随机误差的方差分析值。

表 3-1　不同时间标记条件下关键句的阅读时间和探测词的反应时（ms）

时间间隔条件	关键句阅读时间	探测词反应时
短时条件	1 570	1 355
中时条件	1 608	1 410
长时条件	1 747	1 536

以关键句的阅读时间为因变量进行方差分析，结果表明时间短语的时间间隔主效应显著：$F_1(2, 58) = 13.439$，$p < 0.05$；$F_2(2, 28) = 15.89$，$p < 0.05$。进一步进行多重比较，短时条件与中时条件关键句的阅读时间没有差异：$t_1(29) = 1.152$，$p > 0.05$；$t_2(29) = 1.587$，$p > 0.05$。而中时条件与长时条件关键句的阅读时间差异显著：$t_1(29) = 25.381$，$p < 0.05$；$t_2(14) = 26.371$，$p < 0.05$。

实验结果表明关键句子的阅读时间模式为：短时条件 = 中时条件 < 长时条件，符合实验预期，与 Zwaan 的理论推断结果不符。

以探测词反应时为因变量进行方差分析，结果表明时间短语的时间间隔主效应显著：$F_1(2, 58) = 10.605$，$p < 0.05$；$F_2(2, 28) = 11.455$，$p < 0.05$。进一步进行多重比较，短时条件与中时条件探测词的反应时没有差异：$t_1(29) = 1.906$，$p > 0.05$；$t_2(14) = 2.532$，$p > 0.05$；中时条件与长时条件探测词的反应时差异显著：$t_1(29) = 19.385$，$p < 0.001$；$t_2(14) = 17.616$，$p < 0.05$。

对探测词判断的错误率分别是：短时条件为 4%，中时条件为 4%，长时条件为 3%，经检验差异不显著；对阅读理解题的错误率分别是：短时条件为 3.45%，中时条件为 4.48%，长时条件为 4.02%，经检验差异不显著。

实验 1 的结果表明，当缩短场景内间断性时间跨度，即缩小中时跨度在整个场景时间跨度中所占的比例，则没有观察到中时间断性时间标记产生时间转换。这个结果符合实验预期，与 Zwaan 的理论推断结果不符。然而，对实验 1 的结果也可以解释为，由于场景内间断性时间（即中时）的跨度被大大缩短，读者可能将这种时间短语作为连续时间进行处理，因此没有发生时间转换。也就是说，实验 1 的结果不是由于中时的间距在整个场景时间跨度中所占的比例缩小而导致，而是由于中时绝对间距还没有达到引起时间转换的程度。下面实验 2 准备保持中时跨度不变，只是加大整个场景跨度，同样达到缩小中时跨度在整个场景时间跨度中所占比例的效果，考察在这种情况下读者是否还会出现时间转换，从而对实验 1 的结果作出确定性解释，对本研究的设想作出明确的检验。

实验 2

（一）目的

探讨在增大间断性时间短语所在场景的时间跨度的情况下，与 Zwaan 实验材料相似长度的间断性时间标记是否会引起时间的转换。

本实验设想，在 Zwaan 的实验中，实验故事的场景在 2 小时左右，在这种情况下，如“1 小时之后”等间断性时间状语会引起读者的时间转换。但是，如果将场景的时间延长，即使中时不变，中时的时间间隔在整个场景跨度中所占的比例也会缩小，在这种情况下，如果对于关键句子的阅读时间和探测词的反应延时的结果是短时条件 = 中时条件 < 长时条件，那么就验证了本研究的设想；如果出现的结果是短时条件 < 中时条件 = 长时条件，那么，还是支持了 Zwaan 的强印象假说。

（二）方法

1. 被试

从华南师范大学一年级本科学生中随机选出 30 人作为被试，男女各半。裸视或矫正视力正常，母语均为汉语，无阅读障碍。

2. 实验材料

包括 15 个实验故事和 18 个填充故事，其中对实验故事进行了改编，增大了场景的时间跨度，并且在故事的前一部分就提示了整个场景的时间跨度。故事举例如下：

备考 MPA

1. MPA 是公共关系管理硕士。
2. 在中国方兴未艾。
3. 小王有兴趣投身其中。
4. 为此他开始为期半年的准备。
5. 他为考上颇费心思。
6. 他先是找到许多学校的资料。
7. 留心比较各个培训班的优劣。
8. 他报名参加了清华大学的考前培训。(探测词)
9. 就在那时/一天之后/一年之后，他出了严重车祸。(关键句)

判断是否出现过以下词语：**培训**

10. 在医院里他显得无精打采。
11. 后来发现写日记能打发时间。
12. 出院时他写了好几本日记。

3. 实验设计与程序

采用单因素被试内设计。自变量因素为关键句子中时间短语的时间间隔，分为三个水平：短时条件“就在此时”，表示在同一场景内接连发生；中时条件“1 天之后”表示在同一场景内有一定长度的时间间隔，这个间隔大于或等于 Zwaan 的实验中时条件的时间间隔；长时条件“1 年之后”表示超出当前场景之外的时间间隔。因变量是关键句的阅读时间和探测词的反应延迟。

实验程序与实验 1 相同。

（三）结果与分析

剔除了超出平均数两个标准差的数据。所有剔除的数据量不超过总数的 4%。实验 2 结果见表 3 - 2：

表 3-2 不同时间间隔条件下对关键句的阅读时间和探测词的反应时（ms）

时间间隔条件	关键句阅读时间	探测词反应时
短时条件	1 693	1 462
中时条件	1 698	1 430
长时条件	1 829	1 565

以关键句子的阅读时间为因变量进行方差分析，结果表明时间短语的时间间隔主效应显著：$F_1(2, 58)=9.351$，$p<0.05$；$F_2(2, 28)=15.899$，$p<0.05$。进一步进行多重比较，短时条件与中时条件关键句的阅读时间没有差异：$t_1(29)=0.02$，$p>0.05$；$t_2(14)=0.033$，$p>0.05$；而中时条件与长时条件关键句的阅读时间差异显著：$t_1(29)=15.709$，$p<0.05$；$t_2(14)=27.213$，$p<0.05$。

实验结果证明关键句的阅读时间模式为：短时条件 = 中时条件 < 长时条件，符合本研究的基本设想。

以探测词反应时为因变量进行方差分析，结果表明时间短语的时间间隔主效应显著：$F_1(2, 58)=7.435$，$p<0.05$；$F_2(2, 28)=7.327$，$p<0.05$。进一步进行多重比较，短时条件与中时条件探测词的反应时没有差异：$t_1(29)=1.111$，$p>0.05$，$t_2(14)=0.905$，$p>0.05$；中时条件与长时条件探测词的反应时差异显著：$t_1(29)=10.877$，$p<0.05$，$t_2(14)=12.097$，$p<0.05$。

实验结果证明探测词反应时模式为：短时条件 = 中时条件 < 长时条件，符合实验预期。

同时，对探测词判断的错误率是：短时条件为 3%，中时条件为 4%，长时条件为 2%，经检验所有实验数据的错误率均不存在任何显著效应。阅读理解题的错误率分别是：短时条件为 4.21%，中时条件为 3.45%，长时条件为 4.23%，经检验差异不显著。

在本实验中，通过增大实验故事的场景时间跨度来降低间断性时间短语所标示的时间间隔在其中所占的比例，中时条件时间跨度比 Zwaan 的实验更大，实验结果仍然是场景内的间断性时间短语没有产生时间转换。这个结果进一步证明，实验 1 里中时条件下间断性时间短语没有产生时间转换是因为其标示的时间跨度所占整个场景跨度比例小，而不是由于间断性时间短语绝对间隔太小。间断性时间短语跨度所占整个场景跨度的比例越小，发生时间转换的可能性就越小，反之亦然。实验结果符合预期。

三、综合讨论

本研究在 Zwaan（1996）研究的基础上进一步探讨了间断性时间短语对时间转换的影响，结果表明，读者在处理间断性的时间短语进行时间转换时还会参照时间短语跨度与场景跨度的比例。Anderson（1983）的场景假设认为时间转换发生在场景之间，在同一场景内的前后句子的间断性时间标记不会引起读者的时间转换，只有当后一个句子在时间上超越了前面句子的场景，时间转换才可能发生。Zwaan（1996）的强印象假设则认为只要前后句子有间断性的时间短语，出现了时间上的间断，就会引起时间转换，而与场景无关。

Zwaan（1996）的实验表明即使在同一场景内的事件，如果后一句包含间断性的时间信息，读者还是会发生时间转换，结果支持强印象假设，而与场景假设不符。然而Zwaan实验中设定的三个时间间隔的中时条件（“1小时后”）在确定叙述事件是否发生在同一场景内（如对于“开幕式”）是模糊的，因此读者在中时条件下进行了时间转换很可能是由于读者认定场景已发生变化，而不是由于间断性时间短语的出现。我们的研究通过缩短Zwaan实验材料中时条件的时间间隔（如“几分钟之后”）和拉大场景跨度（如“1年以上”）两种方式将场景与间断性时间跨度结合起来考虑，缩短了间断性时间跨度在场景跨度中所占的比例，结果表明前后句子是否在同一场景内和前后句子是否有时间间隔都不是产生时间转换的充分条件，读者利用间断性的时间短语进行时间转换还会参照时间短语的跨度在整个场景中所占的比例：比例越大，越可能产生转换；比例越小，转换的可能性就越小。场景理论只考虑了场景因素，强印象假设只考虑了时间间隔因素，我们的研究将两者结合起来对时间转换进行考察，结果表明，场景转换了，时间并不一定转换，有时间间隔，即使在同一场景下也不一定产生时间转换。

此外，本实验也清楚地表明记叙文中的时间信息会影响情境模型的建构和更新，这与事件标记模型是一致的。根据事件标记模型，如果当前阅读的事件与情境模型的当前状态有共同的时间标记，这个事件就容易被整合进情境模型；如果时间标记不同，那么读者就会建构情境模型中新的时间标记，更新当前的情境模型。然而事件标记模型没有进一步探明当前情境模型得以更新的时程以及读者如何利用课文中的各种信息更新情境模型的机制，Zwaan（1996）从时间维度上对这些问题进行了探讨，提出了强印象假设。本研究也是以时间信息对情境模型的更新为出发点，修订和补充了强印象假设。因此这些研究实际上也是对事件标记模型的丰富和完善。

四、结论

根据本实验结果，可以得出以下结论：时间信息的间断性只是产生时间转换的必要条件之一，而不是充分条件；读者在处理间断性的时间短语进行时间转换时还会参照时间短语跨度与场景跨度的比例。间断性时间短语跨度所占整个场景跨度的比例越小，发生时间转换的可能性就越小，反之亦然。

第二节 文本阅读中时间信息加工的二阶段模型

一、理论概述

文本阅读中时间信息的加工对文本的理解极为重要，它作为情境模型的维度之一，已得到了很多研究者的关注。目前，关于文本阅读中时间信息加工的研究主要存在场景理论与强印象假设两种观点的争论。

场景理论是由Anderson，Garrod和Sanford在1983年提出。该理论认为，读者通过分离的信息组块（discrete chunks），如场景（scenario）等对情境进行表征。如果前后几个事件所隐含的时间信息处于同一场景范围内，读者对它们的表征不会产生任何障碍；但如果时间信息跨越了当前的场景范围，读者也觉察出时间信息发生了转变，则会发生情境模型的转变。如在他们的研究中，要求读者阅读有时间转变的短文，包括两种版本，一种是时间转换足够短，可以被理解为同一个情境模型中的转变，如“观看电影场景”中 10 分钟后的事件；另一种是时间转换足够长，足以产生新的情境，如“观看电影场景”中 7 个小时后的事件。Anderson 等（1983）用了几种方法检验了时间转变对情境模型建构的影响，如让被试给出故事的持续时间，记录被试回答问题的反应时或关键句的阅读时间，结果发现场景依存更多地发生在短时间转换条件下。对于长时间转换的短文，对问题的反应时和句子的阅读时间都比短时间转换条件下的时间要长。根据场景理论（Anderson et al.，1983），包含时间转换的关键句的阅读时间遵循了如下模式：短时（1 分钟）= 中时（1 小时）<长时（1 天）。

Zwaan 在 1996 年提出了与场景理论不同的强印象假设。该理论预测，尽管两个事件在时间顺序上是连续的，但如果中间有时间转换的话，第二个事件仍然很难被整合到情境模型中。他们认为，在记叙文中，无论时间间隔是否位于同一个场景中，只要存在时间间隔，读者就倾向于认为两者不属于同一个情境模型，因而阅读时间变长（Mandler，1986；Ohtsuka & Brewer，1992）。因此，强印象假设预测记叙文阅读中时间间隔应该存在这样的数据模式：短时（一会儿之后）<中时（1 小时之后）= 长时（1 天之后）。他运用句子阅读、探测词再认和启动范式等实验方法进行考察，结果支持强印象假设。

此外，Zwaan（1996）又提出了折中强印象假设与场景理论的混合理论。该理论认为，记叙文阅读中目标句阅读时间应该依存的模式是：短时（一会儿之后）<中时（1 小时之后）<长时（1 天之后）。Zwaan（1996）的研究虽然没有支持这个假设，但在 Ditman，Holcomb 和 Kuperberg（2008）的 ERP 研究结果得到了部分证明。

总结以上三种不同的理论假设，各自的预测数据模式是：

场景理论：短时 = 中时 < 长时
强印象假设：短时 < 中时 = 长时
混合理论：短时 < 中时 < 长时

在 Zwaan 之后还有一些相关的研究试图解决这一争论，但没有得到一致的结论。冷英、莫雷、韩迎春和黄浩（2004）为此完成了两个实验：实验 1 探讨在与 Zwaan 实验材料相似长度的场景中人们是否会忽略对较短的非连续性时间标记的处理；实验 2 探讨在时间跨度较大的场景中，与 Zwaan 实验材料相似长度的间断性时间标记是否会引起时间的转换。结果两个实验都支持场景理论。Speer 和 Zacks（2005）研究发现，阅读时间的延长是因为时间的变换导致情境模型的更新所带来的负担，而不是通达先前信息所带来的负担。但是在 Ditman 等（2008）进行的 ERP 研究中，通过采用重名惩罚（repeated name penalty）（Gordon & Scearce，1995；Swaap，Camblin，& Gordon，2004；Sanders & Gernsbacher，2004）区分了更新情境模型和通达先前信息两个过程：时间词（time word）作为更新情境模型的指标，回指词（repeated noun-phrase，NP anaphor）作为通达先前信息的指标。对于时间词，ERP 的 N400 波幅符合短（1 秒之后）<中（1 小时之后）<长（1 年之后）的模式，即混合模型的预期；但是回指词的 N400 波幅符合场景理论的预期。Ditman 等（2008）的结果反映一种趋势：加工时间词和更新情境模型符合强印象假设或者接近强印象假设，但是对先前词的通达则符合场景理论。

综合前人研究，其冲突主要集中在两方面：第一，情境模型中时间维度的加工到底是符合场景理论还是符合强印象假设？换言之，是否每个场景都存在一个时间范围？第二，引起阅读时间延长的原因是什么？Zwaan 和 Radvansky（1998）在研究中指出，更新和提取是影响情境模型建构和更新的两个因素。随后 Speer 和 Zack（2005）的研究证明引起阅读时间延长的原因是加工时间词和更新情境模型本身所带来的困难。但是 Ditman 等（2008）采用 ERP 的研究，证明了两个因素都是导致阅读时间延长的原因，但是两个部分的数据模式却不相同。

我们认为，场景理论和强印象假设从表面来看是相互矛盾的，但是如果仔细研究两个理论提出的实验方法，就会发现两个理论是不矛盾的。Anderson 等（1983）的研究主要采用的是 off - line 的实验范式，其中最具有说服力的数据是阅读后对问题的反应时。Zwaan（1996）的实验包含了三个实验，其中实验 1 记录了句中探测词的反应时和关键句，也就是包含时间词的句子的阅读时间，两个结果都支持了强印象假设理论。实验 2 是实验 1 的继续，进一步区分了引起阅读时间延长的原因，分别记录了探测词的反应时、时间词的阅读时间和关键事件的阅读时间，例如：

A moment/an hour/a day later，he turned very pale.（Zwaan，1996）

实验 1 将上句的阅读时间作为一个整体，但是实验 2 将 a moment/an hour/a day later 和 he turned very pale 两句话分别记录。实验 2 中包含两个小实验，第一个小实验的结果发现，时间词的阅读时间在三种条件下没有差异，但是后面关键事件的阅读时间符合强印象假设。第二个小实验进一步修改实验材料，将材料变为“A moment/an hour/a day went by，then，he turned very pale”，却发现时间词的阅读时间符合了强印象假设，但是后面关键事件的阅读时间在三种情况下则没有差异。也就是说，如果将关键句的阅读时间进行区分的话，两部分中总有一部分不符合强印象假设。

通过对以往问题的分析，我们认为，记叙文中时间信息的加工可以分为两个阶段：第一个阶段是加工时间词以及低水平的更新情境模型，符合强印象假设；第二个阶段是整合先前信息的过程，符合场景理论。在第一个阶段的阅读过程中，当遇到时间词时，读者就会更新情境模型，但是此时的认知加工处于一种比较消极的低水平状态，这与最低限度假设（minimalist hypothesis）或者记忆基础的文本加工观（memory - based text processing view）是一致的（McKoon & Ratcliff，1992；O'Brien，Rizzella，Albrecht，& Halleran，1998；Rateliff & McKoon，1994，1998）。此时并不是所有的信息都会被通达，只有那些对于保持最低连贯性所必需的先前信息才会得到通达与加工，并且保持情境模型最低水平的更新。此时时间词被加工了，但是维持的水平很低，在这一点上也和语言学中的句子结尾效应（wrap - up effect）相一致（Just & Carpenter，1987；Zwaan，1996；Balogh，Zurif，Prather，Swinney，& Finkel，1998；Hirotani，Frazier，& Rayner，2006），即读者在遇到时间词时不会立即更新情境模型而是直到句子的结束才会更新。此时时间信息的加工与强印象假设相一致，因为强印象假设的主要证据来自于句中探测词的反应时以及时间词的阅读时间，这两个部分都处于句子加工过程之中（Zwaan，1996）。但是在第二个阶段，读者就需要完全理解文章的意思，并且建构一个新的情境模型。文章的关键事件以及最后问题的反应时就能表示这样的阶段，同样，这也是场景理论最主要的证据。

因此，可以采用探测词的反应时以及时间词的阅读时间作为第一个阶段的指标，而采用最后问题的反应时以及后面关键事件的阅读时间作为第二个阶段的指标。这样，我们就可以解释 Zwaan 和 Anderson 等在关键句上的阅读时间差异，因为时间词对应的是第一个阶段，而关键事件对应的是第二个阶段。关键句是一个包含了两个部分（时间词和关键事件）并且对应两个阶段的句子，因此，关键句的阅读时间是两个理论的混合，所以有可能表现出任何一种数据模式，如场景理论（Anderson et al.，1983）、强印象假设理论（Zwaan，1996）或者混合理论（Ditman et al.，2008）。

据此，我们提出以下假设：①时间转换的加工机制包括两个阶段，我们称为二阶段模型，即最初的情境模型更新阶段和最后的信息整合阶段；②强印象假设对应于第一阶段，而场景理论则与第二阶段相关；③关键句的两个部分分别反映时间信息加工的两个不同阶段，时间词反映的是第一阶段的加工，而关键事件反映了第二阶段的加工。

为验证这些假设，我们设计了两个行为实验和一个眼动实验。采用 Zwaan（1996）的实验材料的编写方法自编实验材料，为了保证实验材料中故事发生的场景的持续时间合理，我们首先对每个故事在三种时间条件（“一会儿之后”、“1 小时之后”和“1 天之后”）下的合理性进行评定，让被试判断事件持续时间的合理性；然后再让另一部分被试对实验场景所持续的时间作评定，写出最长可能持续时间和最短可能持续时间，以此保证“一会儿之后”、“1 小时之后”是位于场景之内的，而“1 天之后”是位于场景之外的。

实验 1 采用 Zwaan（1996）的实验范式，在文章阅读的中间插入探测词，并且记录探测词的反应时，同时记录关键句（包含时间词和关键事件）的阅读时间，在每篇文章的最后有一个关于故事情境的问题，并且记录回答问题的反应时。

实验 2 进一步将关键句分为时间词和关键事件，分别记录两者的阅读时间，同时记录对文章最后问题的反应时。考虑到阅读的自然性（Zwaan，1996），我们取消了探测词任务。

实验 3 采用眼动方法整篇呈现实验材料，被试按手柄作反应。眼动实验中整篇呈现能够更好地记录被试正常阅读过程中的情况，与移动窗口范式相比更加自然，而且可以收集到更多的指标，本实验主要记录了阅读时间以及阅读次数等眼动指标。把时间词和关键事件作为两个兴趣区。

实验 1 和实验 2 采用 E-prime 编程，在电脑上采用自定义步骤移动窗口技术进行实验，实验 3 在 Eyelink 1000 机器上进行，采用 EB 编写程序，设定采样频率为 500 Hz。

二、实验

实验 1

（一）目的

本实验目的是验证场景理论和强印象假设都是成立的，强印象假设对应的是探测词的反应时，是前期的情境模型的消极和低水平的更新阶段，对应的数据模式是：短时 < 中时 = 长时；场景理论对应的是问题的反应时，是一种后期的整合阶段，对应的数据模式是：短时 = 中时 < 长时；关键句的阅读时间可能符合两者中的一种，也可能符合混合理论，不能作出准确预测。

（二）方法

1. 被试

华南师范大学本科学生 30 名，其中男生 14 人、女生 16 人，年龄在 22 ~ 25 岁之间。母语为汉语，视力或矫正视力正常，通过爱丁堡利手测试显示均为右利手，无任何精神疾病或神经紊乱。

2. 实验材料

按照 Zwaan 1996 年的格式自编实验材料和填充材料，实验材料 18 篇，填充材料 20 篇，每篇实验材料根据持续时间均有三个版本。每篇实验材料均由 11 个句子和 1 个标题组成，在文章的结束有一个关于文本主人公的问题。每篇短文的头 7 句介绍主角和场景（例如：参加一场数学考试），第 8 句描述主角进行的一个特定动作（例如：考试开始后还在大声喘气），第 9 句是关键句，描述了一个相继发生的无关事件（例如：笔没有水了），关键事件与上一事件的时间距离有短时条件（一会儿之后）、中时条件（1 小时之后）和长时条件（1 天之后）三种变化，后面的句子描述了与初始场景无关的事件，但其内容与前面的内容保持很好的连贯，在三种情况下都显得比较自然。20 篇填充材料由 8 ~ 15 个句子组成，其中有 8 篇含“一会儿之后”、6 篇含“1 小时之后”和 6 篇含“1 天之后”的时间信息。对文章最后问题的反应正确的按“J”键，错误的按“F”键，阅读实验材料和填充材料后按“J”和“F”键的概率均是相等的。

每个文本都有一个探测词再认任务，对于实验短文来说，探测词是文本第 8 句也就是关键句之前的那一句的名词或者动词。填充材料的探测词来自关键句前面几句之中的名词或者动词。每个被试在整个实验过程中会阅读 18 篇实验材料和 20 篇填充材料，18 篇实验材料中有 6 篇含“一会儿之后”、6 篇含“1 小时之后”、6 篇含“1 天之后”的时间转换信息。这样每篇实验材料的一个版本在一个被试那里只能出现一次，对所有的实验材料进行了拉丁方平衡，每个组合中填充材料保持不变，对填充材料也进行了拉丁方平衡。实验材料样例如下：

一场数学考试

张涛是数学系的一个学生/平时生活上总是丢三落四/结果很多事情都做得不好/今天上午十点钟有一场数学考试/早上起床的时候已经九点多了/简单地进行了洗漱/拿起书包

就向考场跑去/考试开始了他还在大口喘气/一会儿之后（1 小时之后/1 天之后），他突然发现笔芯没水了/

请判断上文中是否出现过以下词语：**喘气**

还好自己文具盒里面还有笔芯/下次不能再这样睡过头了

问题：张涛考试过程中一直很顺利吗？

在这个实验材料中，“喘气”就是探测词。

3. 评定实验

（1）实验 1。

我们参考 Anderson 和 Zwaan 的实验材料共编制了 20 个实验材料。为了保证我们实验材料中的“1 小时”和“一会儿”是在每个事件发生的场景之内，而“1 天”是在场景之外，对这 20 个实验材料中事件持续时间的合理性进行 5 级评定。32 名华南师范大学的本科生和研究生参与了评定测验，这些被试均没有参与后面的实验。

分别对每个事件在三种条件下的合理性进行方差分析，最后去掉了“朋友在一起参加生日会”和“一次约会”两个事件，因为这两个事件在“1 小时之后”和“1 天之后”两种条件下的差异不显著，将剩余的 18 个事件作为实验材料。剩余的事件中持续“1 小时之后”的合理性最大，$M = 3.87$，$SD = 0.12$；其次为“一会儿之后”，$M = 2.97$，$SD = 0.17$；持续“1 天之后”的合理性最低，$M = 2.18$，$SD = 0.16$。三种条件下的合理性差异显著，$F(2, 34) = 29.66$，$p < 0.001$。其中，两两之间的差异都显著，“1 小时之后”和“一会儿之后”之间差异显著，$F(1, 17) = 18.87$，$p < 0.001$；“1 小时之后”和“1 天之后”之间差异显著，$F(1, 17) = 87.15$，$p < 0.001$；“1 天之后”和“一会儿之后”之间差异显著，$F(1, 17) = 9.03$，$p < 0.01$。

这个评定说明事件持续 1 个小时的合理性是比较高的，在事件的持续范围之内，也就是在故事发生的场景之内。

（2）实验 2。

24 名华南师范大学的本科生和研究生参加了实验 2，实验 2 是针对实验 1 中选定的 18 篇实验材料，让被试写出事件可能持续的最长时间和最短时间，以此保证“一会儿之后”和“1 小时之后”是位于场景之内的，而“1 天之后”则是在场景之外的。结果见表3－3：

表 3－3　实验材料场景持续的最长时间和最短时间

故事场景	最短持续时间（分钟）	最长持续时间（小时）
一家人在餐馆吃饭	33.96	3.04
下班后到超市购物	17.00	2.50
和舍友看一场电影	44.65	2.81
参加一场数学考试	42.29	2.51

（续上表）

故事场景	最短持续时间（分钟）	最长持续时间（小时）
理一次头发	17.08	2.92
一场乒乓球赛	29.36	2.38
给婴儿洗澡	17.92	1.30
坐公车游览城市	62.71	6.75
游泳池游一次泳	28.04	2.54
参加一次婚礼	75.83	11.21
周末整理房间	24.38	5.31
和朋友逛公园	45.42	6.92
医生做一次手术	35.65	13.83
某新画廊的开幕式	29.78	4.20
听一次明星演唱会	69.57	3.78
参加一次环市长跑比赛	82.39	4.70
初中生写一次家庭作业	21.30	3.26
做一次晚饭	19.57	2.46
平均（*M*）	38.72	4.58

最长和最短的平均时间为2.61个小时，结合 Anderson 等（1983）和 Zwaan（1996）的判断标准，从评定结果可以看出，“1个小时”的持续时间可以认为处于场景之中，而“1天之后”是位于场景之外的。所以，所有18篇实验材料都是可以使用的。

（3）实验3。

为了保证研究得出的“时间词”加工的差异（“一会儿之后”、“1小时之后”和“1天之后”）确实是由于反应时间信息的加工，而不是句法理解困难造成的，实验3进一步对时间词与后续事件连贯性进行句法可接受性和语义可接受性的评定。30名没有参加正式实验的大学生参与了评定测验。评定测验是采用句法和语义5级可接受性评定，1表示句法或语义很难接受，5表示句法或语义非常容易接受。评定材料采用自定步速的逐句呈现方法，在关键句呈现之后对时间词和关键事件的连贯性作出句法和语义评定。结果发现，句法上三种时间词与后续事件连贯性的可接受性差异不显著，$F(2, 34)=1.126$，$p=0.336$，说明从句法加工的角度来说，不存在句法理解的困难；语义上三种时间词与后续事件连贯性的可接受性差异显著，$F(2, 34)=434.493$，$p<0.01$。事后多重比较发现，“一会儿之后”和“1小时之后”与关键事件的连贯性之间的差异不显著，但都显著高于“1天之后”，进一步分析关键事件的持续时间，18个事件中每个事件的可持续时间都远小于1天，所以在语义的连贯性上，“一会儿之后”和“1小时之后”通达得比较快，容易把关键事件整合进原来的情境模型中，而“1天之后”表示前文描述的时间已经加工完成，需要重新建构新的情境模型，但关键事件描述的事件与前文描述的事件是有关联的，

所以从语义的连贯性上来说有显著的差异。以上实验说明研究得出的差异确实是由于反应时间信息的加工，能说明二阶段加工效应。

4. 实验设计

实验为单因素三水平被试内设计，自变量为情境所持续的时间："一会儿之后"、"1小时之后"和"1天之后"；因变量有3个：关键句的阅读时间、探测词的反应时和最后问题的反应时。

5. 实验程序

实验电脑为IBM14，被试与显示器之间的距离大约为40 cm，字体大小为18号。实验采用移动窗口技术逐句呈现，被试按空格键阅读下一句话，每个屏幕只呈现一句话，指导语要求被试按照自己的正常速度进行阅读。在关键句后，屏幕会呈现"请判断上文中是否出现过以下词语"的界面，被试按空格键进入下一个界面，会出现"喘气"两个字，被试按"J"或"F"键反应，然后继续后面的句子。在文本结束之后会出现问题界面"文章阅读完毕，请判断问题是否正确，正确的按J键，错误的按F键"，然后是问题，如"张涛考试过程中一直很顺利吗?"要求被试尽量又快又准地按键作出反应。整个过程中要求被试的手指不要离开键盘。实验程序会自动记录关键句的阅读时间、对探测词的反应和反应时、对问题的反应和反应时。

填充材料和实验材料在进行拉丁方平衡后，随机出现。

（三）结果与分析

在正式分析数据之前，两名被试的数据由于问题或探测词的错误率在15%以上而被剔除，另外2.5个标准差以外的数据也删除，最终删除的数据不超过总数据的5%。最后，对剩余的数据进行被试检验（F_1）和项目检验（F_2）。用单因素重复测量方差分析检验三种时间转换条件下探测词和问题的反应时以及关键句的阅读时间差异，具体结果见表3-4：

表3-4　三种时间转换条件下探测词、问题的反应时和关键句的阅读时间（ms）与标准差

	短时条件（$M \pm SD$）	中时条件（$M \pm SD$）	长时条件（$M \pm SD$）
探测词	1 201.41 ±251.04	1 322.74 ±403.88	1 302.23 ±297.65
问题	2 023.85 ±428.88	2 032.79 ±479.69	2 364.38 ±625.64
关键句	1 445.05 ±539.17	1 436.99 ±497.25	1 593.84 ±667.62

对于探测词的反应时，在三种时间转换条件下差异显著，$F_1(2, 54) = 4.75$，$p < 0.05$，$F_2(2, 34) = 4.65$，$p < 0.05$。进一步的多重比较用最小显著差法LSD-t检验进行分析，结果发现：短时和中时条件差异显著，$t_1(27) = 2.63$，$p < 0.05$，$t_2(17) = 2.31$，$p < 0.05$；短时和长时条件差异显著，$t_1(27) = 3.44$，$p < 0.01$，$t_2(17) = 2.28$，$p < 0.05$；中时条件和长时条件差异不显著，$t_1(27) = 0.43$，$p = 0.67$，$t_2(17) = 1.46$，$p = 0.16$。该结果符合典型的强印象假设理论。

对于最后问题的反应时，在三种时间转换条件下差异显著：$F_1(2, 54) = 20.36$，$p < 0.001$，$F_2(2, 34) = 6.40$，$p < 0.01$。进一步的多重比较用最小显著差法LSD-t检验进行

分析，结果发现：短时条件和中时条件差异不显著，t_1（27）= 0.21，p = 0.84，t_2（17）= 0.45，p = 0.66；短时条件和长时条件差异显著，t_1（27）= 4.94，p < 0.001，t_2（17）= 3.01，p < 0.01；中时条件和长时条件差异显著，t_1（27）= 4.96，p < 0.001，t_2（17）= 3.25，p < 0.01，符合典型的场景理论。

对于关键句的阅读时间，在三种时间转换条件下差异显著，F_1（2，54）= 5.73，p < 0.01，F_2（2，34）= 29.74，p < 0.001。进一步的多重比较用最小显著差法 LSD - t 检验进行分析，结果发现：短时条件和中时条件差异不显著，t_1（27）= 0.18，p = 0.86，t_2（17）= 0.825 7，p = 0.42；短时条件和长时条件差异显著，t_1（27）= 2.92，p < 0.01，t_2（17）=7.04，p < 0.001；中时条件和长时条件差异显著，t_1（27）= 2.60，p < 0.05，t_2（17）= 5.61，p < 0.001，也符合典型的场景理论假设。

（四）讨论

实验 1 的结果验证了我们的预期，对于探测词的反应时，符合强印象假设的数据模式：短时 < 中时 = 长时；而对问题的反应时，则是符合场景理论的数据模式：短时 = 中时 < 长时。使用探测词是在句子阅读过程中进行探测的一种方法，探测词是篇章阅读中情境模型建构过程中的指标，反映的是当前情境模型的更新过程而不是最终情境模型完成时文本阅读的状态，因而，我们把这个阶段称为情境模型建构的早期阶段，也就是时间信息的加工和更新阶段。至于最后问题的反应时，我们认为，这反映了情境模型完成阶段的状态，因为此时文本已经完成阅读，情境模型已经建构完毕，信息已经完全通达，读者此时是一种完全的提取状态，而不是一种对当前情境模型的更新状态，因而，问题反应时是对最终模型的一种提取，我们将这个阶段称为情境模型建构的后期阶段。

同时，关键句的阅读时间也符合场景理论的数据模式，这一点和 Zwaan（1996）的结果不一致，但是和 Anderson 等（1983）的结果相一致。根据我们的假设，关键句包含时间词和关键事件两部分：时间词对应的是情境模型建构的早期更新和组织加工阶段，应符合强印象假设的数据模式；关键事件对应的是情境模型建构的后期提取和整合阶段，应符合场景理论的数据模式。这样，我们就需要进一步对关键句进行分析。另外，在实验 1 中，问题反应时的数据模式符合场景理论的假设，但是可能会有以下异议：问题出现在文本的最后，此时阅读已经结束，读者的注意力可能会离开当前的文本，那么对问题的反应时是否还能够反映出情境模型的第二个阶段？为了解决以上问题，我们进行了实验 2。

实验 2

（一）目的

通过分别记录关键句中的时间词和关键事件的阅读时间，验证时间词是对应情境模型更新的早期阶段，符合强印象假设的数据模式，即短时间 < 中时间 = 长时间；关键事件的阅读时间和最后问题的反应时是对应情境模型的后期整合阶段，符合场景理论的数据模式，即短时间 = 中时间 < 长时间。关键句的阅读时间是两个不同加工阶段的组合，所以可能出现任何一种数据模式的结果，从而整合 Zwaan（1996）的结果和 Anderson 等（1983）的结果。

（二）方法

1. 被试

华南师范大学 33 名本科生参与了实验 2，且均没有参加过实验 1。其中男生 15 人、女生 18 人，年龄在 22 ~ 25 岁之间。母语为汉语，视力或矫正视力正常，通过爱丁堡利手测试显示均为右利手，无任何精神疾病。

2. 实验材料

在实验 1 材料的基础之上作两个改变：第一，考虑到探测词任务可能会干扰阅读的正常过程，实验 2 取消了探测词的反应任务；第二，将关键句中的时间词和关键事件分开，分别记录两者的阅读时间。

3. 实验设计

实验为单因素三水平被试内设计，自变量为情境所持续的时间："一会儿之后"、"1 小时之后"和"1 天之后"；因变量有 3 个：时间词的阅读时间、关键事件的阅读时间和最后问题的反应时。

4. 实验程序

与实验 1 相同，但是没有探测词的反应任务。

（三）结果与分析

在正式分析数据之前，先根据实验 1 的标准删除不合格的数据，3 名被试的数据被删除，最终删除的数据不超过总数据的 5%。最后，对剩余的数据也进行被试检验（F_1）和项目检验（F_2）。用单因素重复测量方差分析检验三种时间转换条件下时间词和关键事件的阅读时间以及问题的反应时的差异，具体结果见表 3 - 5：

表 3 - 5　三种时间转换条件下时间词和关键事件的阅读时间以及问题的反应时（ms）与标准差

	短时条件	中时条件	长时条件
时间词	629 ± 115	673 ± 135	660 ± 128
关键事件	999 ± 309	1 034 ± 303	1 226 ± 380
问题	2 556 ± 817	2 528 ± 784	2 885 ± 922

结果发现，时间词的阅读时间在三种条件下的差异显著，F_1（2，58）= 4.48，$p < 0.05$，F_2（2，34）= 6.08，$p < 0.01$。进一步的多重比较用最小显著差法 LSD - t 检验进行分析，结果发现：短时条件和中时条件差异显著，t_1（29）= 3.01，$p < 0.01$，t_2（17）= 3.03，$p < 0.01$；短时条件和长时条件差异显著，t_1（29）= 2.07，$p < 0.05$，t_2（17）= 3.08，$p < 0.01$；但是中时条件和长时条件差异不显著，t_1（29）= 0.80，$p = 0.43$，t_2（17）= 0.39，$p = 0.70$，也就是符合短时条件 < 中时条件 = 长时条件的模式，这和强印象假设是一致的。

关键事件的阅读时间在三种条件下的差异显著，F_1（2，58）= 16.85，$p < 0.001$，F_2（2，34）= 9.15，$p < 0.01$。进一步的多重比较用最小显著差法 LSD - t 检验进行分析，结果发现：短时条件和中时条件差异不显著，t_1（29）= 1.36，$p = 0.19$，t_2（17）=

0.19，$p = 0.85$；短时条件和长时条件差异显著，t_1（29）= 4.54，$p < 0.001$，t_2（17）= 3.50，$p < 0.01$；中时条件和长时条件差异显著，t_1（29）= 4.15，$p < 0.001$，t_2（17）= 3.39，$p < 0.01$，也就是符合短时条件 = 中时条件 < 长时条件的模式，这和场景理论是一致的。

问题反应时在三种条件下的差异显著，$F_1(2, 58) = 8.58$，$p < 0.01$，F_2（2，34）= 6.73，$p < 0.01$。进一步的多重比较用最小显著差法 LSD－t 检验进行分析，结果发现：短时条件和中时条件差异不显著，t_1（29）= 0.35，$p = 0.73$，t_2（17）= 0.78，$p = 0.45$；短时条件和长时条件差异显著，t_1（29）= 3.04，$p < 0.01$，t_2（17）= 3.19，$p < 0.01$；中时条件和长时条件差异显著，t_1（29）= 3.66，$p < 0.01$，t_2（17）= 3.95，$p < 0.01$，也就是符合短时条件 = 中时条件 < 长时条件的模式，这和实验 1 的结果一致，也支持场景理论。

（四）讨论

实验 2 的结果验证了我们的实验预期，整合了场景理论与强印象假设之间的争议，场景理论对应的是关键事件的信息加工过程，而强印象假设对应的是时间词的信息加工过程。在情境模型建构的过程中，读者是分两个阶段来完成对文本的理解的，第一个阶段可以认为是信息的初级整合和组织阶段，这个阶段主要是当前情境模型的更新阶段，随着阅读的继续，当关键事件完成之后，读者建构了完整的情境模型，此时先前信息得到了通达，整个句子得到了理解。既然关键句包含了两个部分，而这两个部分对应了两个不同的阶段，那么关键句的阅读时间就可能出现倾向任何一个理论的数据模式，这也就解释了为什么 Zwaan（1996）和 Anderson 等（1983）测得的关键句的阅读时间不一致。

实验 2 虽然验证了情境模型中时间信息的加工包含两个过程，但是这两个过程在时间信息的加工过程中到底是处于一种什么样的状态呢？两者是处于比较积极、活跃和开放的状态呢，还是处于消极、被动和半封闭的状态呢？根据文本基础的加工观，我们假设在第一个阶段时，读者对信息只是进行了最低限度的更新，只有那些对于维持整个文本理解正常进行所必需的信息才会得到加工，情境模型此时的更新水平处于一个比较低的状态，只是完成了信息的组织和低水平的加工；而到了第二个阶段，读者需要整合先前阅读到的信息，完成对以前信息的理解，建构完整的情境模型，所以此时的状态比较积极，这也就解释了语言学上的句子结尾效应。为了验证这个假设，我们进行了实验 3，采用一种更自然的全篇呈现的阅读方式记录被试的眼动指标。

实验 3

（一）目的

本实验的目的是在整篇呈现的自然阅读条件下验证以下假设：情境模型建构的第一个阶段是先前信息的组织和当前模型的更新阶段，只需维持最低限度的激活水平，所以只有那些维持文本理解正常进行所必需的信息才会得到加工；情境模型建构的第二个阶段则完成了对先前信息的通达和整个情境模型的建构，是后期整合阶段，此时先前信息可以被很好地提取。

相应的结果预期为：对于关键事件区，回视路径时间、总阅读时间和总阅读次数这些反映后期认知加工过程的指标都应该表现出场景理论的数据模式，即短时间 = 中时间 < 长时间；而对于时间词区，这些后期指标可能会表现出场景理论的数据模型，也可能表现不出来。这两个感兴趣区的首遍阅读时间、首遍注视次数等反映前期加工的指标应该表现出强印象假设的数据模式，或者没有任何差异。

（二）方法

1. 被试

华南师范大学 32 名本科生参与了实验 3，且均没有参加过前面的实验。其中男生 15 人、女生 18 人，年龄在 22 ~ 25 岁之间。母语为汉语，视力或矫正视力正常，通过爱丁堡利手测验显示均为右利手，无任何精神疾病。

2. 实验材料

实验材料同实验 2。每篇文本都先做成 PPT，然后转化为图片，黑底白字，字体为 16 号宋体，1.4 倍行距，最后问题和正式文本有一行的空格，所有文本图片中关键句的位置保持不变，关键句前后的行数保持不变，这样确保所有图片的关键句的上下前后位置在整个实验中保持不变。实验材料以拉丁方的方式分成三组。所有实验材料的关键句的字数相同，关键句中的时间词和关键事件的字数也相同。

3. 实验设计

实验为单因素三水平被试内设计，自变量同实验 1 和实验 2；因变量为两个兴趣区（时间词兴趣区和关键事件兴趣区）的两类眼动指标。时间词兴趣区的边框上下位于行的中间，左右以包含句子为准，同样，关键事件兴趣区也是如此设置。

4. 实验程序

实验在 Eyelink 1000 上进行，Eyelink 1000 是加拿大 SR Research 公司所生产，实验设定采用率为 1 000 次/秒，眼动仪的追踪分辨率的阈限值为瞳孔直径的 0.2%，实验电脑分为主机和客机两台，客机连带的显示器呈现实验材料给被试看，实验眼动仪为 Tower 模式，在实验过程中眼动仪保持不变，被试和屏幕之间的间隔为 70 cm 左右，屏幕刷新率为 150 Hz。在整个实验过程中被试的头部也尽量保持不动，客机显示器为 21 英寸。主机为呈现给主试用来控制和观察整个实验进程的，每篇文章阅读完毕之后都要进行漂移检验（Drift Correct）以确定被试眼睛的注视点，主试通过漂移检验过程控制实验的进程。被试眼睛的注视和运动情况是通过头盔上两个微型红外摄像机输入计算机，我们只记录被试右眼的数据。

实验开始时，首先呈现欢迎画面，然后按手柄任意键进入练习阶段，练习材料随机出现，被试阅读完文章后按手柄 2 号键（右柄有四个键，2 号是最右边的）和 5 号键（左键）对最后的问题作出反应，正确的按右键，错误的按左键。然后进入下一个界面。每篇文章出现之前都要进行一次校准以确保被试眼动轨迹的精确性，每次校准都包括刻度检验（Calibration，C）、效度检验（Validation，V）和漂移检验（Drift，D）。在刻度检验中，九个校准点（白色的小圆点）会依次随机出现在屏幕的中心或者周围；当校准点出现的时候，要求被试注视该点，主试通过主机按空格键让该点消失，下一个校准点出现时，再让被试将眼睛移动到下一个校准点那里。刻度检验之后紧接着做效度检验，仍然出现九个点，程序和刻度检验一样。如果效度检验成功，接着进行一次漂移检验，一个校准点会出现在屏幕的正中心，要求被试注视校准点，当注视点和校准点重合时，主试就可以按空格键确定完成漂移检验。漂移检验之后进入正式实验，指导语要求被试认真阅读屏幕上呈现的文章，并回答文章最后的问题，并且要求被试从前往后仔细阅读，如果被试先看问题再看文章，主试应提醒被试从前往后阅读。如果被试在实验过程中要求眼睛休息，或者被试的眨眼过于频繁，就让被试停止实验闭上眼睛休息，但是头部保持不动，重新开始时要进行刻度检验、效度检验和漂移检验。实验材料和填充材料随机呈现。

（三）结果与分析

在对结果分析前，应根据已有研究先对数据进行如下整理（Rayner，Liversedge，& White，2006；白学军，胡笑羽，闫国利，2009）：由于时间词的兴趣区是从这句话的第一个字开始的，所以部分被试的时间词的眼动指标没有收集到，第一步应先删除没有记录到的空白数据，空白数据共占所有数据的 13.4%。第二步删除无效的被试的数据，共有 2 个被试的数据被完全删除。第三步删除 2.5 个标准差以外的数据，并删除阅读时间小于 80 ms的数据，有效数据中删除数量不超过总有效数据的 5%。

眼动分析采用的 5 种指标为：首遍阅读时间、首遍注视次数、回视路径时间、总阅读时间、总注视次数。首遍阅读时间（first run dwell time）是早期加工指标，指在阅读注视点落到另一个区域之前，对当前兴趣区上注视点完成第一遍阅读的总时间（Juhasz & Rayner，2003；Kliegl，Grabner，Rolfs，& Engbert，2004；闫国利，田红杰，白学军，& Rayner，2006）。首遍阅读时间的快慢表明被试对阅读信息的加工速度。首遍注视次数（first run fixation count）也是早期加工指标，指当前区域中第一遍阅读时注视点的数量，信息越难加工，第一遍阅读时注视点的数量就越多（Lefton，Nelson，Johnson，& Fisher，1979；Loftus，1972）。回视路径时间（regression path time，有时也称 go - past time）是晚期加工指标，指注视点转移到新目标前加工当前目标和重读之前部分的时间之和，它是揭示及时语义和句法整合过程的可靠指标之一，有利于分析句子的精细加工过程（陈庆荣，邓铸，谭顶良，2008；陈庆荣，谭顶良，邓铸，徐晓东，2010；Calvo，2001；Liversedge，1998；Rayner，Warren，Juhasz，& Liversedge，2004）。总阅读时间（IA dwell time）是当前兴趣区上所有注视点持续时间的总和（白学军、张兴利、史瑞萍，2004）；总注视次数（fixation count）是该区域的所有注视点个数，是反映阅读情况的一个重要指标（沈德立等，2010）。

1. 时间词区的数据分析

时间词区是指记叙文中的时间词，如“一会儿之后”、“1 小时之后”和“1 天之后”，主要以这几个词上的所有注视点为单位进行分析。具体采取的指标有首遍阅读时间、首遍注视次数、回视路径时间、总阅读时间、总注视次数。对这一兴趣区的眼动指标进行单因素重复测量方差分析，结果见表 3 - 6：

表 3-6　时间词兴趣区在三种条件下的眼动指标

	短时条件	中时条件	长时条件
首遍阅读时间	279 ±11	277 ±9	272 ±10
首遍注视次数	1.25 ±0.05	1.23 ±0.05	1.16 ±0.04
回视路径时间	294 ±11	298 ±13	300 ±13
总阅读时间	309 ±12	312 ±11	422 ±25
总注视次数	1.39 ±0.06	1.37 ±0.05	1.77 ±0.11

注：时间单位为 ms，注视次数单位为次。

在首遍阅读时间、首遍注视次数、回视路径时间上，三种时间条件之间差异不显著，被试检验（F_1）和项目检验（F_2）的 F 值分别为：$F_1(2, 60) = 2.56$，$p = 0.78$，$F_2(2, 34) = 1.20$，$p = 0.31$；$F_1(2, 60) = 1.89$，$p = 0.16$，$F_2(2, 34) = 0.14$，$p = 0.87$；$F_1(2, 60) = 0.08$，$p = 0.92$，$F_2(2, 34) = 0.59$，$p = 0.56$。

总阅读时间在三种条件下差异显著，$F_1(2, 60) = 23.02$，$p < 0.001$，$F_2(2, 34) = 4.59$，$p < 0.05$。进一步的多重比较用最小显著差法 LSD－t 检验进行分析，结果发现：短时和中时条件下差异不显著，$t_1(30) = 0.23$，$p = 0.82$，$t_2(17) = 6.78$，$p = 0.73$；短时和长时条件下差异显著，$t_1(30) = 5.88$，$p < 0.001$，$t_2(17) = 59.78$，$p < 0.05$；中时和长时条件下差异显著，$t_1(30) = 4.67$，$p < 0.001$，$t_2(17) = 66.67$，$p < 0.05$。这一结果符合场景理论的数据模式，即短时 = 中时 < 长时。

总注视次数在三种条件下差异显著，$F_1(2, 60) = 11.98$，$p < 0.001$，$F_2(2, 34) = 4.85$，$p < 0.05$。进一步的多重比较用最小显著差法 LSD－t 检验进行分析，结果发现：短时和中时条件下没有差异，$t_1(30) = 0.37$，$p = 0.72$，$t_2(17) = 0.017$，$p = 0.85$；短时和长时条件下差异显著，$t_1(30) = 3.78$，$p < 0.01$，$t_2(17) = 0.29$，$p < 0.05$；中时和长时条件下差异显著，$t_1(30) = 3.58$，$p < 0.01$，$t_2(17) = 0.27$，$p < 0.05$。该结果仍符合场景理论的数据模式。

2. 关键事件区的数据分析

关键事件区是指记叙文中的时间词（如“一会儿之后”、“1 小时之后”或“1 天之后”等）之后紧跟着的一句话中的事件，主要以紧接着的这句话的时间词上的所有注视点为单位进行分析，如《一场数学考试》这篇文章的关键事件区为“笔芯没水了”。具体采取的指标也有首遍阅读时间、首遍注视次数、回视路径时间、总阅读时间、总注视次数。对这一兴趣区的眼动指标进行单因素重复测量方差分析，结果见表 3-7：

表 3-7　关键事件兴趣区在三种条件下的眼动指标

	短时条件	中时条件	长时条件
首遍阅读时间	621 ±31	584 ±30	588 ±29
首遍注视次数	2.47 ±0.67	2.41 ±0.62	2.40 ±0.52

（续上表）

	短时条件	中时条件	长时条件
回视路径时间	880 ±43	890 ±50	1 121 ±76
总阅读时间	797 ±35	775 ±35	935 ±52
总注视次数	3. 26 ±0. 15	3. 16 ±0. 15	3. 92 ±0. 22

注：时间单位为 ms，注视次数单位为次。

在首遍阅读时间和首遍注视次数上，三种时间条件之间差异不显著，被试检验（F_1）和项目检验（F_2）的 F 值分别为：$F_1(2, 60) = 1.01$，$p = 0.34$，$F_2(2, 34) = 0.25$，$p = 0.78$；$F_1(2, 60) = 0.28$，$p = 0.75$，$F_2(2, 34) = 0.45$，$p = 0.64$。

回视路径时间在三种条件下的差异显著，$F_1(2, 60) = 12.54$，$p < 0.001$，$F_2(2, 34) = 4.53$，$p < 0.05$。进一步的多重比较用最小显著差法 LSD－t 检验进行分析，结果发现：短时条件和中时条件下的差异不显著，$t_1(30) = 0.22$，$p = 0.83$，$t_2(17) = 39.77$，$p = 0.43$；短时条件和长时条件下差异显著，$t_1(30) = 3.98$，$p < 0.001$，$t_2(17) = 67.62$，$p < 0.05$；中时条件和长时条件下差异显著，$t_1(30) = 4.13$，$p < 0.001$，$t_2(17) = 97.38$，$p < 0.05$。该结果符合场景理论的数据模式。

总阅读时间在三种条件下差异显著，$F_1(2, 60) = 10.67$，$p < 0.001$，$F_2(2, 34) = 3.89$，$p < 0.05$。进一步的多重比较用最小显著差法 LSD－t 检验进行分析，结果发现：短时条件和中时条件下的差异不显著，$t_1(30) = 0.83$，$p = 0.41$，$t_2(17) = 38.18$，$p = 0.53$；短时条件和长时条件下差异显著，$t_1(30) = 3.08$，$p < 0.01$，$t_2(17) = 102.86$，$p < 0.05$；中时条件和长时条件下差异显著，$t_1(30) = 4.08$，$p < 0.001$，$t_2(17) = 124.28$，$p < 0.02$。该结果也符合场景理论的数据模式。

总注视次数在三种条件下差异显著，$F_1(2, 60) = 13.60$，$p < 0.001$，$F_2(2, 34) = 4.94$，$p < 0.05$。进一步的多重比较用最小显著差法 LSD－t 检验进行分析，结果发现：短时条件和中时条件下的差异不显著，$t_1(30) = 0.83$，$p = 0.42$，$t_2(17) = 0.27$，$p = 0.18$；短时条件和长时条件下差异显著，$t_1(30) = 3.79$，$p < 0.01$，$t_2(17) = 0.45$，$p < 0.05$；中时条件和长时条件下差异显著，$t_1(30) = 4.46$，$p < 0.001$，$t_2(17) = 0.566$，$p < 0.05$。该结果同样符合场景理论的数据模式。

（四）讨论

在实验 3 中，每句话阅读后不会逐句消失，读者可以反复回到前面重读之前的内容。在这样的情况下，被试只需要保持最低的通达水平就可以了，而将理解和建构情境模型的任务留在句子最后。本实验很明确地证明了这一点，对于时间词区来讲，在首遍阅读时间、首遍注视次数等反映前期加工的指标上都是没有差异的，而在总阅读时间，总注视次数这些反映后期加工过程的指标上的数据模式符合场景理论。对于关键事件区来讲，首遍阅读时间和首遍注视次数也是没有差异的，而在总阅读时间、总注视次数这些反映后期加工过程的指标上也存在显著性差异，符合场景理论的数据模式。这些结果说明对于时间词区和关键事件区，都可以发现前期加工是一个比较消极的最低限度激活的过程，而后期加工则是情境模型整合阶段，已实现了先前信息的通达和完成了情境模型的建构。

实验3中还得出一个有趣的结果：时间词区的回视路径时间在三个水平之间没有差异，而关键事件区的回视路径时间存在差异。回视路径时间反映的是整个情境模型建构的过程，应该表现出后期加工的数据模式，这在关键事件区中表现出来，但是在时间词区中却没有表现出差异，这点似乎与我们的假设以及前两个实验的结果不一致。时间词是和强印象假设相对应，也就是和情境模型建构的早期阶段相对应，而回视路径时间符合后期加工的数据模式，所以我们得出这样的结果也是合理的。这也进一步说明在前期阶段，情境模型的更新水平处于一个比较低的状态，只是完成了信息的组织和低水平的加工。

在实验1和实验2中，时间词的阅读时间是符合强印象假设的，而在眼动实验中，时间词的总阅读时间和总注视次数却符合场景理论，这是因为在移动窗口范式中，读者只有读完一句话并且对其形成初步的理解之后才能按键进入下一句话，而在进入下一句话的时候上一句话已经看不到，所以读者每阅读一句话，在按空格之前都需要对这一句话有所了解，此时的阅读时间反映的是情境模型建构的状态，所以符合强印象假设。但是在眼动范式中，文章整篇呈现，读者在阅读时间词和关键事件的时候可以先不了解意思而只是进行非常低水平的认知，眼睛就直接跳过这一区域，当发现难以理解关键事件后可以再次返回对前面的时间词进行加工，直到完全了解这一句话并建构情境模型为止，此时对时间词和事件句的阅读就已经到了文本阅读的后期阶段，也就是说此时总阅读时间和总注视次数都是后期加工的指标。同样，在移动窗口范式中，句子结尾效应（sentence wrap - up effect）很难被完全地表现出来，而在眼动范式下，句子结尾效应可以完全表现出来。

三、综合讨论

针对记叙文中时间信息加工的两个主要争议，即场景理论和强印象假设理论，本研究提出了三个实验假设并且通过三个实验验证了假设。实验1中探测词的反应时符合强印象假设的数据模式，而问题的反应时则符合场景理论的数据模式，在同一个研究中得出了以往两个研究的数据模式，证实以往的研究并不是相互矛盾的。探测词能够反映出情境模型建构的过程，是当前模型的指标（Zwaan，1996；冷英等，2004）。在以往的研究中，最后的问题一般被用来检测被试是否完整地理解了文本的内容，是从问题的正确率方面进行分析。在本研究中，我们不只分析了正确率，同时将反应时作为理解文本的一个指标，问题都是根据故事中主人公所做的事情而设计，因而可以反映出读者对于文本的理解程度。实验1的结果可以说明对时间信息的理解既包含情境模型的建构阶段，又包含情境模型的完成阶段，情境模型的建构是一个前期阶段，对文本的完全理解应该是处于后期阶段。在实验1的结果中，关键句的阅读时间也是符合场景理论的，这个结果和Anderson等的结果是一致的，但是和Zwaan（1996）的结果是不同的。因此，我们进行了实验2来解释两者之间的差异。

在实验2中，我们把包含时间词和关键事件的关键句分开呈现，预期这两个句子分别对应强印象假设理论和场景理论，同时也反映了情境模型建构的两个不同阶段：早期的情境瞬间转变和已有模型更新阶段以及后期的情境模型整合和信息通达阶段。实验结果完全符合我们的预期，并且可以解释以下两个与此相关的问题：

（1）与 Zwaan 研究结果的差异问题。仔细研究 Zwaan 的结果会发现，Zwaan（1996）实验 2a 和 2b 都是分别记录了时间词和关键事件的阅读时间，Zwaan 预期两句话的数据模式都应该是符合强印象假设的，但是实验 2a 和 2b 的研究结果都是两句话中只有一句符合强印象假设，即使在关联词上作了改变也仍然不能做到都符合强印象假设，而且有靠近场景理论的趋势：实验 2a 中的时间词三个水平之间差异都不显著，短时间和中时间的差异为 40 ms，中时间和长时间的差异为 49 ms。但是实验 2b 中关键事件的阅读时间三个水平之间差异虽不显著，短时间和中时间的差异为 71 ms，中时间和长时间的差异为 59 ms，但是结合我们的实验结果，可以认为，如果时间词对应于强印象假设理论，而关键事件对应于场景理论的话，那么 Zwaan 的结果就非常接近我们的结果。Zwaan 对关键句中关联词的改变可能是导致他的数据没有表现出符合场景理论数据模式的原因，Zwaan 自己也承认关联词让句子看起来有些不自然。

（2）Speer，Zack，Rinck 和 Ditman 等关于时间转变会引起阅读时间变长的原因探讨问题（Ditman et al.，2008；Rinck & Weber，2003；Speer & Zack，2005）。在情境模型中，空间、主人公和时间词的转变都会引起阅读时间的增加，但是 Rinck 和 Weber（2003）认为这是由于通达记忆中的先前信息所导致；Speer 和 Zack（2005）认为这是由于更新情境模型本身所带来的负担导致了阅读过程中关键句的阅读时间变长；Ditman 等（2008）则认为这是因为两者都对阅读时间的延长起作用。本研究的实验 2 证明了情境模型建构的两个阶段，这两个阶段都存在导致情境模型中关键句阅读时间延长的因素，这一点和 Ditman 等（2008）的结果是一致的。本研究还进一步区分了两个因素各自在哪个阶段起作用：情境模型更新和时间变化本身所带来的负担在第一个阶段起作用，通达和整合先前信息所带来的负担则在第二个阶段起作用。

实验 3 采用更自然的整篇呈现的阅读方式探讨在整个阅读过程中两个阶段所起的作用。在眼动实验中，读者可以随时翻阅和回视已经读过的内容，工作记忆中不需要储存前面所有的信息，很多信息甚至可以被跳过，在后面阅读时如果出现问题才需要重读。眼动范式还可以搜集到更多的阅读指标，能够更加准确地反映情境模型建构的过程。结果证明了我们的预期，情境模型建构的第一个阶段是一个消极的低水平的最低限度更新阶段，第二个阶段才是情境模型最终形成的阶段。这个结果和语言学中关于句子结尾效应的研究相一致，也与最低限度假设理论或者记忆基础的文本加工观相一致。

句子结尾效应是 Just 和 Carpenter 在 1980 年提出的，在心理语言学的眼动研究中被很多研究者所关注（Hill & Murray，2000；Rayner，Kambe，& Duffy，2000；Rayner，Sereno，Morris，Schmauder，& Clifton，1989；Hirotani，et al.，2006；Rayner，1998）。Zwaan（1996）用该效应来解释实验 2a 中不符合强印象假设数据模式的时间词部分。句子结尾效应是指当一个句子的结尾有一个逗号或者是时间段时，句子更容易被理解为是一个没有完成的过程或者是文本表征的更新。Rayner 等（2000）指出，句子结尾效应的作用是确保从句中的内容已经被很好地理解了，句子内部所有的问题都已经解决了。句子结尾效应反映了结尾时句子中还有多少信息需要加工（Hirotani et al.，2006）。句子结尾效应的存在说明了读者在阅读句子的时候会将句中的一部分信息留到句子结束时才加工，这一点和本研究提出的记叙文中时间加工的两阶段模型一致，即情境模型中第一个阶段的加工是低水平加工，第二个阶段的加工才是解决句子中所有信息的通达和建构完整的信息模型。

两阶段模型和最低限度假设也是一致的。最低限度假设理论认为，在自然阅读状态下，读者不会在阅读过程中即时地进行整合、推理以形成文章的整体表征，阅读的信息加工主要属于自动化加工（McKoon & Ratliff，1992）。这种观点认为文本阅读中背景信息激活的条件是局部连贯性的中断，自然阅读中只要局部连贯性不中断，长时记忆中的相关信息就不会被激活，因此不与当前阅读的信息进行整合，文章的整体心理表征不是随着阅读不断建构的，而是在阅读后才形成的（王瑞明，邓文君，莫雷，2008；王瑞明，2006；迟毓凯，莫雷，管延华，王穗萍，2004；王瑞明，莫雷，冷英，2003；黄浩，2002）。最低限度假设理论是记忆基础的文本加工观的一个理论，因而本研究的结论也可以说是和记忆基础的文本加工观相一致。时间信息加工的两阶段模型认为，第一个阶段就是处于低水平的最低限度的激活，只有到了第二个阶段，读者需要提取整合文本中所有信息的时候，才会激活记忆中储存的所有信息，建构完整的情境模型。

记叙文中的时间信息是情境模型中一个非常重要的维度，以场景理论和强印象假设理论为代表的两个观点的争论长期没有得到解决。本研究试图综合两个理论的观点，并提出一个可以包容两个观点的两阶段模型理论。但要真正理解时间维度的加工还有很长的道路要走，其中一个思路是从 ERP 的角度进一步深化研究，如果我们的两阶段模型是成立的，那么在 ERP 的不同时间段的生理学指标上应该有所不同，即在关键句上反映前期加工过程的 N400 可以对应于第一个阶段，即低水平的信息加工和情境模型更新阶段，反映后期整合的 P600 应该能够对应于第二个阶段的加工，即情境模型的后期整合和先前信息的通达阶段。

从跨维度角度看，时间信息的加工是一个两阶段的加工过程。情境模型的其他维度又如何呢？Rinck 和 Weber（2003）的结果曾经证明在主人公和空间变化时引起关键句阅读时间增加的原因是对先前记忆中信息的通达，但是 Speer 和 Zack（2005）的研究却表明时间词所引起的情境模型的更新才是引起理解负担增加的原因，而 Ditman 等（2008）的研究则证明了这两个因素都是存在的。这是一个很有争议的结果，未来的研究需要进一步探明其原因。

最后，本研究是在事件标记模型的大背景下从情境模型的角度探讨时间信息的加工问题的。近年来，具身认知（embodied cognition）观点逐渐被人们所认可（何先友，李英迪，2009；Zwaan，2008；官群，2007；Kelter，Kaup，& Claus，2004）。具身认知理论认为，认知是一种高度具身的、情境化的活动（Anderson，2003）；认知是从身体与环境的相互作用中产生的，依赖于某种类型的经验。据此，他们提出，心理模拟是语言理解的一种手段，可通过再入情境（re-situating）来实现。在具身认知的心理模拟观下，对心理的认知过程需要重新进行考虑，这将为心理语言学的发展带来契机，这是一个很值得深入研究的领域。

四、结论

根据本实验结果，可以初步得出如下结论：

（1）记叙文中时间信息的加工包含两个阶段：第一个阶段是时间信息的加工和情境模

型更新阶段，符合强印象假设理论的数据模式；第二个阶段是情境模型建构完成和先前信息的通达阶段，符合场景理论的数据模式。

（2）时间信息加工的第一个阶段是低水平加工，对信息只维持最低限度的激活；第二个阶段的加工是对先前所有信息的整合和通达，是情境模型的完成阶段。

（3）时间信息转变造成阅读时间增加的原因包括两个方面：一个是时间信息本身和情境模型更新所带来的负担，主要表现在第一个阶段；一个是对记忆中先前信息通达和整合所带来的负担，主要表现在第二个阶段。

第三节　记叙文阅读中时间心理表征的建构：动态观还是静态观

一、理论概述

在文本阅读理解中，读者如何建构情境模型（situation model）的问题是当前国内外阅读研究的核心和焦点。Zwaan 等在 1998 年不仅提出了三种情境模型，即当前模型（current model）、整合模型（integrated model）和完全模型（complete model），而且明确提出情境模型的加工存在四个典型的过程：①读者正在阅读的句子所描述的当前情境模型的建构（constructing）；②当前模型并入到先前句子所描述的整合模型，即更新（updating）；③从长时工作记忆中带到整合的或最终模型的一部分所进行的加工，即提取（retrieving）；④在短时工作记忆缓冲器中，保持长时工作记忆中整合模型部分的提取线索，即展望（foregrounding）。在这四个过程中，新近句子中的情境信息究竟是如何被已有的情境信息加工与整合的问题吸引了研究者的关注。

Kelter，Kaup 和 Claus（2004）指出，一个新句子是否导致了不同的新加工过程是由这个句子是进一步详细描述主角当前的情境还是暗示了转变成另一个情境决定的。如果这个新句子详细描述当前的情境，新信息就很容易被加入到这个当前的模型中。当新句子没有明显的时间转换副词，而是继续描述情境的延续时，情况就会变得复杂起来，是保持当前模型还是建构新的模型？对于这个问题的解释还存在着理论争议，主要表现为两种理论观点：静态观（static views）和动态观（dynamic views）。

静态观认为，读者是用一系列独立分散的模型来表征文本中的事件的，独立分散的模型之间的延续与不延续取决于这些模型之间的联结力。记叙文中描述的事件共享的指标越多，事件表征间的联系就越强。当两个事件同时发生，或者在文章描述中邻近发生时，就假定两个事件共享同一时间指标。因此，当读者为描述情境延续的句子建构表征时，这个表征就与前面描述的事件表征紧密相连。相反，有明显时间转换的句子与前面表征的联系就弱。但是除了联系强度的差异，更新加工过程的结果是一样的，即形成一些虽不同但可能彼此相关的事件表征。

而动态观来源于心理模型最初的想法，Craik（1943）和 Johnson－Laird（1983）认为，在言语理解中，心理模型的建构与非言语认知是相同的。Zwaan，Yaxley 和 Madden 等（2003）认为，在言语理解中，心理模型建构也是动态表征的，换言之，读者会在心里模仿文章中所描述的事件的经历。

Palmer（1978）和 Freyd（1987）认为，动态心理表征的时间结构有一个描述性功能。它是内部编码各自知觉到或构思的事件状态的时间结构。动态表征很自然地就被认为是一个时间上的连贯性表征。只要每一个新的句子是一个情境连续性句子，人们都会认为叙述性"现在"是连续向前移动的。当一个新的句子表明了时间转换时，先前建构的动态表征就会停止，一个新的动态表征就产生了。因此，在描述中被跳过的时间间隔就没有被表征。

动态观表明了必须区分两种更新事件：追踪（tracking）和新的开始（fresh start）。当新的句子是情境连贯性句子时，追踪就发生了，它使给定的动态表征得以继续进行下去。当新的句子暗示了时间转换时，一个新的开始就进行了。新的开始促使指定的动态表征的终止和一个新的动态表征的产生。

Kelter，Kaup 和 Claus 等（2004）做了三个实验。实验 1 和实验 2 的实验材料是在记叙文阅读理解条件下描述三个连续性事件：第一事件、中间事件和第三事件。中间事件有两个版本，持续时间长或短，然后有一句简短的填充句，接着是第三事件。两个实验结果都发现了时间距离效应（temporal distance effect），支持了动态观。

Kelter 等（2004）的实验虽然有力地支持了心理表征的动态观点，然而其实验材料中的填充句是一个简短的句子，因此，他们实际探讨的是在短时工作记忆中动态的心理表征。

在 Kelter，Kaup 和 Claus 等（2004）的实验材料中，填充句都是一个比较简短的句子，根据情境模型理论，这时读者建构了当前模型，把前面两个事件的信息储存在短时工作记忆中，使得读者在阅读首尾呼应句时比较容易提取先前信息，由此中间事件的持续时间长短对首尾呼应句的阅读时间有影响。根据 Graesser 等（1994）、O' Brien 等（1998）和 Cook 等（1998）的研究结果，在文本阅读中，当填充句增加到三句甚至更多时，读者会把前面两个事件的的信息储存在长时工作记忆当中。假如把填充句增加到四句的话，根据情境模型理论，这时读者就建构了整合模型，把前面两个事件的信息储存在长时工作记忆中，因此，在阅读首尾呼应句时对前面信息的提取难度会加大。可能出现的结果是中间事件的持续时间长短对首尾呼应句的阅读时间没有影响。那么根据该假设得出的推论是：第一，在三个连续的事件中，如果把前面两个事件的信息储存在短时工作记忆中，建构了当前模型，则支持动态观；第二，如果把前面两个事件的信息储存在长时工作记忆中，建构了整合模型，则支持静态观。

本研究的目的就是探讨这一设想的合理性。

二、实验

实验 1

实验 1a

（一）目的

在中文条件下，重复 Kelter，Kaup 和 Claus 等（2004）的实验 1，目的是探讨在连续性事件下是否存在时间距离效应。

（二）方法

1. 被试

被试为华南师范大学本科生 30 名，男女各半，所有被试裸视或矫正视力正常，母语均为汉语，无阅读障碍。

2. 实验材料

阅读材料首先描述故事场景，然后描述主角特定的行为（第一事件），随后提到了目标物（target entity）。目标物是明显的短暂的事件或者是主角行为的成分。在下一个句子中，描述主角移动到另一个地方，在这个地方他/她进行另外一个行为（中间事件）。对于每篇文章，该中间事件有持续时间长、短两个版本，持续时间短的版本是指描述行为通常不用花费太长时间（如“把面包放在盘子上”），而持续时间长的版本是指描述行为通常花费时间相应较长（如“烤面包”）。下一个句子是填充句（filler sentence），描述的是行为的终止或结果，还引发了一个新的事件的开始（第三事件）。在接下来的一个句子中详细说明一个新事件（anaphoric sentence，首尾呼应句），该句子是与上面句子相呼应的目标物。首尾呼应的表达或者包含了先前用来描述事件的相同的名词，或者包含一个动词名词化的名词。这个动词是在目标事件中首先提到的核心词。下面是本实验材料的一个样例：

圣诞节前夕的准备

在圣诞节期间，史杜比太太总是完全地把自己投入到她的家庭中去。在圣诞节的前一天，她和她的丈夫正在一起装饰起居室。当史杜比先生正在树下面编木笼时，史杜比太太用音乐符号和闪亮的装饰物把树装饰得很可爱。然而，史杜比先生不喜欢这些装饰，并且直截了当地这样说。

第一事件

结果，史杜比太太大发脾气，把剩下的装饰物扔到史杜比先生的脚上。

中间事件

她走进厨房，拿了一些面包放到圣诞盘子上。（持续时间短）

她走进厨房，烤了一些面包放到圣诞盘子上。（持续时间长）

第三事件

做了这些之后，厨房充满了圣诞节甜蜜的气味。（填充句）

现在她为自己的大发脾气感到内疚。（首尾呼应句）

3. 评定实验

为保证实验设想的可靠性，我们对实验材料进行了评估。34 名不参加正式实验的被试对材料中的中间事件的持续时间长短进行评估。共有 20 篇实验文章，一半被试评定 A 组 10 篇中间事件持续时间长和 B 组 10 篇中间事件持续时间短的故事，而另一半被试评定 A 组 10 篇中间事件持续时间短和 B 组 10 篇中间事件持续时间长的故事。评定结果显示有 16 篇实验文章持续时间有显著差异，$t\ (33)=3.544$，$p=0.003$，因此正式实验采用这 16 篇文章。

4. 实验设计与程序

采用单因素二水平（持续时间长/短）被试内实验设计，16 篇实验文章和 24 篇填充文章混合，随机呈现。采用移动窗口技术来呈现文章，通过练习两遍后，进行正式实验。

（三）结果与分析

首先根据被试对问题作出判断的正确率，删除总正确率低于 80% 的被试数据，以确保所有的分析及结果推论都建立在被试认真阅读并能理解句子的基础上。据此，共删除 5 名被试数据。然后删除首尾呼应句平均阅读时间在 2.5 个标准差之外的极端数据，删除数据为总数据的 3.5%。t_1 均指被试为随机变量，t_2 均指项目为随机变量进行的 t 检验结果。实验结果如表 3－8 所示：

表 3－8　中间事件持续时间长短条件下首尾呼应句的平均阅读时间（ms）

	M	*SD*
持续时间短	1 417	317
持续时间长	1 554	371

t 检验结果发现，被试间检验差异显著，而项目间检验达到边缘显著，t 值分别为：t_1（24）=2.679，p=0.031；t_2（15）=1.151，p=0.095。结果表明，中间事件持续时间的长短对首尾呼应句的阅读时间有影响，即首尾呼应句的阅读时间在中间事件持续时间短的情况下比在持续时间长的情况下要短，这与记叙文理解的动态观是一致的，即读者对文章进行了追踪。因此在一个连续性的动态心理表征中，读者表征了连续性叙述的事件。当第一个事件的时间距离与主角的当前“现在”（now）较远时，他们就需要更多的时间来理解目标事件。实验结果与 Kelter，Kaup 和 Claus（2004）的实验 1a 一致。

实验 1a 的结果只是在被试检验中发现中间事件持续时间长短之间有显著差异，但在项目检验中只是达到边缘显著差异，这说明实验 1a 的结论还不是很有说服力，为此，在实验 1b 中运用另一种研究范式对该问题进行进一步研究。

实验 1b

（一）目的

采用目标词探测的研究范式，进一步探讨中间事件持续时间长短对第一事件信息通达的影响。

（二）方法

1. 被试

被试为华南师范大学本科生 28 名，男女各半，所有被试裸视或矫正视力正常，母语均为汉语，无阅读障碍。

2. 实验材料

与实验 1a 相似，采用实验 1a 的 16 篇实验文章。但有两点不同：第一，目标物总是某个物体（如一个瓶子、一个袋子或一扇特殊的窗户），它存在于第一个事件的主角的活动中；第二，呈现了填充句子后，探测词的呈现代替了首尾呼应句，探测词是目标物体的名称。共有24篇填充文章，有20篇文章的探测词是填充文章中有提到过的，另外20篇文章的探测词是填充文章中所没有提到过的。因此，在实验中总共有50%肯定和50%否定的探测词，在每篇文章之后，都有一个两个字的词语让被试来作出判断，以测试被试是否理解。

3. 实验设计与程序

与实验1a相似，不同的是用探测词代替首尾呼应句，要求被试又快又准地对探测词作出反应。

（三）结果与分析

剔除了对探测词作出反应的正确率低于80%的数据以及超出平均数2.5个标准差之外的数据，共剔除无效被试3名，所有剔除的数据量不超过总数的4%。实验结果见表3-9：

表3-9　中间事件持续时间长短条件下探测词的平均反应时间（ms）

	M	*SD*
持续时间短	1 086	214
持续时间长	1 280	193

*t*检验结果发现，不管是被试间检验，还是项目间检验，持续时间长短之间都有显著差异，*t*值分别为：$t_1(24)=3.080$，$p=0.028$；$t_2(15)=2.316$，$p=0.032$。这一结果说明，中间事件的持续时间对探测认知任务的反应时间有显著影响，在持续时间短的情况下，探测词的反应时间显著短于在持续时间长的情况下的反应时间。

结果与实验1a相似，在中间事件持续时间长的条件下比持续时间短的条件下，被试需要花费更多的时间去认知目标物的名称。这一结果支持了中间事件持续时间长短对先前事件信息的获得有影响，而不是因为某些整体过程影响了先前事件信息的通达。

实验1a与实验1b的结果都支持了Kelter，Kaup和Claus（2004）的前两个实验结果。但是在这些实验材料中，填充句都是一个比较简短的句子，这时读者把前面两个事件的信息储存在短时工作记忆中，使得读者在阅读首尾呼应句时对先前信息比较容易提取，由此不难推断中间事件持续时间长短对首尾呼应句的阅读时间有影响。然而，当填充句不再是一个简单的句子而是包含多个句子时，是否还能得出同样的结果呢？这时读者把前面两个事件的信息已经储存在长时工作记忆中，使得读者在阅读首尾呼应句时对前面信息的提取难度加大。可能出现的结果是中间事件持续时间的长短对首尾呼应句的阅读时间没有影响。为此，我们设计了实验2探讨这一问题。

实验 2

实验 2a

（一）目的

在中文条件下，采用首尾呼应句探测的研究范式，当把填充句增加为 4 句时，进一步探讨中间事件持续时间长短对第一事件信息通达的影响。探讨该条件下是支持动态观还是支持静态观。

（二）方法

1. 被试

被试为华南师范大学本科生 40 名，男女各半，所有被试裸视或矫正视力正常，母语均为汉语，无阅读障碍。

2. 实验材料

实验材料采用实验 1a 的 16 篇实验文章，唯一不同的是把实验 1a 中的填充句由原来的 1 句增加到 4 句。

3. 实验设计与程序

与实验 1a 相同。

（三）结果与分析

剔除正确率低于 80% 和平均数 2. 5 个标准差之外的数据，共剔除 4 名无效被试。所有剔除的数据量不超过总数的 4 %。实验结果见表 3 - 10：

表 3 - 10　中间事件持续时间长短条件下首尾呼应句的平均阅读时间（ms）

	M	*SD*
持续时间短	1 827	413
持续时间长	1 841	446

t 检验结果发现，被试间与项目间变量均没有达到显著水平，*t* 值分别为：t_1（35）= 0. 278，p = 0. 538；t_2（15）= 0. 271，p = 0. 561。实验结果表明，当填充句不再是一个简短的句子而是几个句子时，没有发现时间距离效应，即中间事件的持续时间长短对首尾呼应句的阅读时间没有影响。这说明当第一事件进入长时工作记忆后，建构了整合模型，读者在加工第三事件时对第一事件信息的通达难度加大，此时支持了静态观。

实验 2b

（一）目的

实验 2b 采用目标词探测的研究范式，考察当前两个事件的信息进入长时工作记忆之后，中间事件持续时间长短是否对第一事件信息通达产生影响。

（二）方法

1. 被试

被试为华南师范大学本科生 40 名，男女各半，所有被试裸视或矫正视力正常，母语均为汉语，无阅读障碍。

2. 实验材料

实验材料采用实验 2a 的 16 篇实验文章，唯一不同的是把首尾呼应句改成目标探测词。

3. 实验设计与程序

与实验 1b 相同。

（三）结果与分析

剔除正确率低于 80% 和平均数 2.5 个标准差之外的数据，共剔除 5 名无效被试。所有剔除的数据量不超过总数的 5 %。实验结果见表 3－11：

表 3－11　中间事件持续时间长短条件下探测词的平均反应时间（ms）

	M	*SD*
持续时间短	985	423
持续时间长	1 021	436

t 检验结果发现，被试间与项目间变量均没有达到显著水平，*t* 值分别为：t_1（34）= 0.148，$p = 0.813$；t_2（15）= 0.136，$p = 0.827$。实验结果表明，中间事件的持续时间长短对探测句的反应时间没有影响。实验结果支持了静态观。

在实验 2 中，中间事件是用模糊性概念的词语来表明持续时间长短。这是否会对实验结果产生影响呢？由此得出的结论是否正确呢？为了验证实验 2 的结论，设计了实验 3，用明确的时间副词（如“10 分钟/1 个小时”）代替模糊性概念的词语（如“拿/烤”）来表明持续时间的长短，其他条件与实验 2 相同。

实验 3

实验 3a

（一）目的

在中文条件下，采用首尾呼应句探测的研究范式，探讨当用明确的时间副词来表明持续时间的长短时，中间事件持续时间长短对第一事件信息获得的影响，此时支持动态观还是静态观。

（二）方法

1. 被试

被试为华南师范大学本科生 40 名，男女各半，所有被试裸视或矫正视力正常，母语均为汉语，无阅读障碍。

2. 实验材料

实验材料采用实验 2a 的 16 篇实验文章，唯一不同的是用明确的时间副词代替模糊性概念的词语。

3. 实验设计与程序

与实验 2a 相同。

（三）结果与分析

剔除正确率低于 80% 和平均数 2.5 个标准差之外的数据，共剔除 3 名无效被试。所有剔除的数据量不超过总数的 4 %。实验结果见表 3－12：

表 3－12　中间事件持续时间长短条件下首尾呼应句的平均阅读时间（ms）

	M	*SD*
持续时间短	1 782	422
持续时间长	1 851	439

通过 t 检验结果发现，被试间与项目间变量均没有达到显著水平，t 值分别为：t_1（36）= 0.346，p = 0.631；t_2（15）= 0.251，p = 0.745。实验结果表明，当用明确的时间副词代替模糊性概念的词语来表明持续时间的长短时，连续性事件不存在时间距离效应。读者把前面两个事件的信息储存在长时工作记忆中时，建构了整合模型。本实验支持静态观。

实验 3b

（一）目的

在中文条件下，采用目标探测词的研究范式，探讨当用明确的时间副词来表明持续时间的长短时，中间事件持续时间长短对第一事件信息获得的影响，此时是支持动态观还是支持静态观。

（二）方法

1. 被试

被试为华南师范大学本科生 40 名，男女各半，所有被试裸视或矫正视力正常，母语均为汉语，无阅读障碍。

2. 实验材料

实验材料采用实验 3a 的 16 篇实验文章，唯一不同的是用目标探测词代替首尾呼应句。

3. 实验设计与程序

与实验 2b 相同。

（三）结果与分析

剔除正确率低于 80% 和平均数 2.5 个标准差之外的数据，共剔除 5 名无效被试。所有剔除的数据量不超过总数的 5 %。实验结果见表 3 – 13：

表 3 – 13 中间事件持续时间长短条件下首尾呼应句的平均阅读时间（ms）

	M	*SD*
持续时间短	826	435
持续时间长	913	441

t 检验结果发现，被试间与项目间变量均没有达到显著水平，t 值分别为：t_1（34）= 0.134，$p = 0.806$；t_2（15）= 0.127，$p = 0.815$。实验 3b 的结果也验证了实验 3a 的结果，说明当用明确的时间副词代替模糊性概念的词语来表明持续时间的长短时，连续性事件不存在时间距离效应。读者把前面两个事件的信息储存在长时工作记忆中时，建构了整合模型。该实验也支持静态观。Zwaan 等提出的事件标记模型实际上就是对心理表征的静态观的研究。通过实验结果，他们认为，读者理解文本中的事件是用一系列独立分散的模型来进行表征的，独立分散的模型之间是否延续取决于这些模型之间的联结力。记叙文中描述的事件共享的指标越多，事件表征间的联系就越强。当两个事件同时发生，或者在文章描述中邻近发生时，就假定两个事件共享同一时间指标。因此当读者为描述情境延续的句子而建构表征时，这个表征就与前面描述的事件表征紧密相连。相反，有明显时间转换的句子模型与前面表征的事件联系较弱。

三、综合讨论与结论

该实验通过对目标事件的阅读时间和探测认知任务的反应时间的测量，目的是为了探究在记叙文的阅读理解中，读者从时间维度上如何表征连续性的事件。对此存在两种对立的观点：静态观和动态观。该实验研究是基于这两种观点来进行的。根据动态观，当开始阅读描述几个事件的文本时，读者体验第一个句子描述的事件并建构一个动态表征，当下一个句子是一个情境延续句子时，他们就继续更新完善先前的模型，这种更新是对一个给定动态表征的延续，称之为跟踪。如果一篇文章用一系列连续的情境延续句子描述渐渐发生的事件，即保持连续跟踪，该事件就被逐渐编码到一个连贯的动态表征中。当一个新句子包含了一个时间转换，前面建构的动态表征就不再连续，一个新的动态表征就开始了。而静态观认为，在阅读情境连续性事件时，读者会一个接一个地建构独立的静态心理表征，事件间的不同时间间距没有任何表征意义，即不存在时间距离效应，两个表征之间的联结强度取决于几个事件在不同维度上共享的指标数量。

该研究的前两个实验对动态心理表征作了比较全面的研究。实验 1 考察被试阅读描述性背景下的三个连续事件（第一事件、中间事件和第三事件）的故事，然后在某一特定时间测试被试从过去事件中所获得的信息。在中文条件下，实验 1a 探讨在中间事件持续时间长或短的条件下对首尾呼应句阅读时间的影响；实验 1b 探讨在中间事件持续时间长或短的条件下对探测词反应时间的影响。实验 1a 和实验 1b 的结果均发现：当第一事件在时间上与当前叙述性“现在”（第三事件）相距遥远时，读者需要更多时间来获得先前描述事件的要素，这是通过运用不同测量方法来获得信息的，是通过不同种类的目标物和不同的详细描述相关中间事件持续时间的方法来检验的。因而，时间距离对获得主角过去某些信息的影响能够很好地得以验证。读者把前面两个事件的信息储存在短时工作记忆中，因而在阅读第三事件时比较容易提取先前信息，即连续性事件存在时间距离效应，读者建构了当前模型。这两个实验结果支持了心理表征的动态观。这与 Kelter，Kaup 和 Claus 等（2004）的实验 1 和实验 2 的结果是一致的。

应该注意到，在该研究的实验 1a 和实验 1b 以及 Kelter，Kaup 和 Claus 等（2004）的实验 1 和实验 2 的实验材料中，因为填充句都是一个简短的句子，读者把前面两个事件的信息储存在短时工作记忆中，所以当读者在阅读第三事件时对先前的信息比较容易提取。

Graesser 等（1994）、O’Brien 等（1998）和 Cook 等（1998）的研究表明：在文本阅读中，当填充句增加到 3 句甚至更多时，读者把前面两个事件的信息储存在长时工作记忆当中。因此在实验 2 和实验 3 中，保持前一个条件不变的情况下，把填充句增加到 4 句，读者把前面两个事件的信息储存在长时工作记忆中，阅读首尾呼应句或目标探测词时对前面信息的提取难度加大。实验 2 和实验 3 的设计就是为了验证是否还存在时间距离效应，在这种条件下是否还支持动态观。

实验 2 把填充句增加到 4 句，而其他条件与实验 1a 相同，这样读者会把前面三个事件的信息储存在长时工作记忆中，对信息的提取难度加大。实验 2 包括两个分实验，进一步探讨当信息储存在长时工作记忆中时能否得出与实验 1 一致的结果。实验 2a 采用首尾呼应句的研究范式，探讨中间事件持续时间的长短对第一事件信息的提取是否有影响。实验 2b 采用探测词的研究范式，探讨中间事件持续时间的长短对第一事件信息的提取是否有影响。实验 2a 和实验 2b 的结果均表明中间事件持续时间的长短对第一事件信息的提取没有产生影响，即不存在时间距离效应，表明读者把前面两个事件的信息储存在长时工作记忆中，对先前信息的提取难度加大，建构了整合模型。因此实验 2 结果支持了静态观。这与该研究的实验 1 以及 Kelter，Kaup 和 Claus（2004）的实验 1 和实验 2 的结果不一致。

在实验 2 中，中间事件是用模糊性概念的词语来表明持续时间长短。这是否会对实验的结果产生影响？得出的结论是否正确？为了验证实验 2 的结论，该研究设计了实验 3，用明确的时间副词（如“10 分钟/1 个小时”）代替模糊性概念的词语（如“拿/烤”），来表明持续时间的长短，其他条件与实验 2 相同。实验 3 包括两个分实验：实验 3a 采用的是首尾呼应句的研究范式，而实验 3b 采用的是探测词的研究范式，考察中间事件的持续时间长短对第一事件信息的提取是否有影响。实验 3a 和实验 3b 的结果表明：当用明确的时间副词代替模糊性概念的词语来表明持续时间的长短时，连续性事件不存在时间距离效应。读者把前面两个事件的信息储存在长时工作记忆中时，建构了整合模型。实验结果支持静态观，因为静态观认为：在阅读情境连续性事件时，读者会一个接一个地建构三个独立的静态心理表征，三个事件间的不同时间间距没有任何表征意义，即不存在时间距离效应。

该研究在前人对心理表征的动态观与静态观研究的基础上，进一步探讨了在记叙文阅读理解中读者如何建构心理表征。该研究的贡献在于把心理表征的动态观与静态观两种观点区分开来，而前人的研究要么是支持动态观要么是支持静态观。该研究发现，在文本阅读中，当读者把前面三个事件的信息储存在短时工作记忆中，会产生时间距离效应，此时支持动态观；当读者把前面三个事件的信息储存在长时工作记忆中，不会产生时间距离效应，此时支持静态观。

该研究是从时间信息维度上探讨在记叙文的阅读理解中心理表征的建构，但是根据Zwaan，Langston，Graesser 和 Radvansky 提出的事件标记模型（event - indexing model)，读者不仅从时间维度建构情境模型，还从其他维度如空间、因果关系、动机和主客体等来整合事件，建构情境模型。本研究只是从一个维度上进行了探讨，还需从其他维度或结合其他维度进行考量，因为在现实阅读中往往是几种维度信息共同发生作用。该研究只是单纯地从时间维度来考察心理表征的建构是不够的，未来的研究方向应该多考虑从其他维度如空间、因果关系等来考察心理表征的建构。此外，该研究实验 2 和实验 3 对静态观的证明都是基于差异不显著的结果，是一种阴性的证明，因此，未来的研究需要寻找一种能直接证明的方法来验证我们的观点。

第四节　记叙文中倒叙事件的时间表征

一、理论概述

随着文本阅读中情境模型研究的深入，时间信息的表征越来越受到研究者们的关注，研究的技术模型也从单一句子模型发展到多句子模型乃至短文模型。短文模型的研究主要围绕着时间信息的连续性和顺序性两个维度展开。在现实生活中，事件总是按时间顺序向前发展的，人们所体会到的“此时此刻”（now point）也在不断向前推进。在文本阅读过程中，读者同样预期描述世界中的“此时此刻”是连续向前的。时间连续性的中断将引起时间维度的转换，从而导致句子阅读时间的延长（Zwaan，1996；Bestgen & Vonk，2000；Speer & Zacks，2005 ）。这表明，读者在阅读过程中倾向于建构一个与其经验世界相一致、以时间为顺序的时间结构表征。当文本描述事件的当前时间解释为“此时此刻”时，文本情境使人身临其境，因此在心理上较易于通达。而当文本描述事件的当前时间与事件发生的时间距离越远，读者对该事件的通达就越困难。Kelter 与 Claus 等（2005）通过考察照应句的阅读时间探讨了读者在阅读含有多个事件的记叙文的过程中所建构的时间表征模型。结果发现，对事件 E_1 的通达显然受到持续事件 E_2 持续时间长短的影响，出现了时间距离效应。这表明，当文本中包含多个事件时，读者在阅读加工过程中所建构的时间表征形式与其现实时间结构相一致，即存在以事件发生的时间先后为顺序的表征模型。

以往研究中的实验短文绝大部分都采用顺叙手法描述，即文本中各事件的叙事时间与其事件发生时间（也称为故事时间）是一致的。然而在写作过程中，作者常常有意识地把事件的自然时序加以调整，使之发生错位，以达到增强艺术效果的目的。倒叙就是这样一种艺术处理。“倒叙俗称‘倒插笔’，是一种把后发生的事放在前边讲，先发生的事放在后边说的写法（杨艾娟，2000）。”把先发生的事件放在后边说，我们称之为倒叙事件。

那么，在倒叙文章的阅读过程中，倒叙事件的时间信息是如何被加工的呢？读者在理解加工这类文章时会建构怎样的时间表征？对此，Kelter 与 Claus 等（2006）作了初步的探讨，他们运用含有倒叙事件的记叙文为实验材料，每篇短文的事件描述顺序为：E_2—E_3—E_1—E_4，其中 E_1 为倒叙事件，以是否产生时间距离效应为判别依据检验了两种假设：时间顺序假设和背景信息假设。时间顺序假设认为，读者在阅读过程中对事件的时间表征进行了组织和建构，把倒叙事件按发生的时间先后恰当地整合到其所建构的时间表征的相应位置，形成一个以时间为顺序的时间表征结构，表现为 E_1—E_2—E_3—E_4 模式。如果被试对倒叙事件的时间表征为该模式，那么照应句的阅读时间则受到事件 E_2 持续时间长短的影响，将出现时间距离效应。背景信息假设认为，把倒叙事件整合到当前的时间表征主要是为了维持文章的局部连贯，具体来说，倒叙信息是为紧跟在它前面的事件服务的，它为前面事件的理解提供了相关的背景信息，如原因、主人公目标、特征或其他方面的信息。倒叙事件虽然发生在前，但读者在阅读该事件时并没有将其发生的时间点迁移到一个更早的阶段，即事件 E_2 之前，而仅仅是保留在其被描述时的时间点上。因此，形成的时间表征为 E_2—E_3—E_1—E_4 模式。该模式表明，对倒叙事件 E_1 的通达不受事件 E_2 持续时间长短的影响，因此不出现时间距离效应。Kelter 与 Claus 等的实验结果支持了时间顺序假设。

然而，正如 Kelter 等所指出的，实验结果没有支持背景信息假设，而表现出对时间顺序假设的一致偏好，这还需要进一步的探讨。语言学的观点认为，事件 E_1 作为倒叙事件出现在 E_3 之后，这一安排并非是偶然的，更不是作者的失误，而是有其目的所在。换句话说，事件 E_1 出现在 E_3 之后是作为背景信息对 E_3 起补充说明作用。因此，E_1 与 E_3 是紧密相连的（Lascarides & Asher，1993）。叙事学理论也提出，任何一个叙事文本都可以区分出叙事时间和故事时间两种时间顺序，它们可能一致，也可能不一致。一维的话语时间不可能与多维的故事时间完全平行，两者之间常出现不协调的形式，即时间倒置（热奈特，1990）。作为时间倒置的一种形式，倒叙这一语言现象在我们的日常生活中也颇为常见，例如，在电视新闻的深度报道中就常常使用倒叙手法，从而达到对重大新闻事件的追本溯源、分析比较，以揭示事物的本质，从思想观念上给人以启示的媒体效果（刘红明，2003）。这些研究表明，对倒叙事件的理解与前一事件有着紧密的联系。这是本研究关注倒叙事件与其前一事件的背景关系，并把它作为一个重要变量进行操作的原因之一；另外，在 Kelter 等的研究中，对倒叙事件的时间表征为什么没有和 E_3 整合在一块，而是迁移到一个更早的阶段，即 E_2 之前，支持了时间顺序假设？我们认为可能是实验材料本身的缺陷造成的。倒叙事件与前一事件的背景关系是背景信息假设的核心，正是因为倒叙事件对前一事件进行了补充、说明或解释才使得这两个事件紧密相连，引导着读者在理解的过程中对它们进行整合，使其一起获得加工。具体地说，他们的实验结果之所以没有支持背景信息假设，原因可能在于倒叙事件 E_1 对 E_3 的补充说明作用模糊不清或者两者之间的背景关系不够突出，从而使背景信息假设失去了重要的支持条件。现以 Kelter 等的实验材料样例进行分析，其材料如下：

背景　Heike 和 Franke 两人正在法国南部度假。

傍晚，两人走在海滨的林荫道上，想欣赏海边日落的美景。

E_2　但是，他们却开始争吵了起来。

为 Franke 母亲的事，他们吵了近 5 分钟/3 小时。（持续句）

E_3　现在他们俩都很生气。

E_1　争吵前，他们还甜蜜地坐在一家极富情调的小餐厅，彼此非常恩爱。

Franke 甚至还向 Heike 保证说要戒烟。

E_4　如今，他们正向投住的旅店走去，彼此谁都不开口说话。（前测句）

Franke 真后悔当初承诺过要戒烟。（照应句）

因为闹别扭，气氛很压抑，他想抽支烟。

从样例中我们可以发现：事件 E_3 过于简洁，且并未很好地体现出倒叙事件 E_1 与 E_3 之间的背景关系，事件 E_1 对 E_3 的补充、说明或解释作用不够明显、突出。事件 E_3 过于简洁，容易导致读者把它看作是事件 E_2 的一部分，即把 E_2 和 E_3 整合为一个事件，在此我们称之为 E_2'。这样，当读者读到倒叙事件 E_1，时间信息的转换使文章出现局部连贯的中断时，为了维持连贯，读者激活了先前信息——事件 E_2'，把 E_1 和 E_2'（即 E_2 和 E_3）进行整合，致使事件 E_1 的通达受到 E_2 持续时间的影响，出现时间距离效应。在这种情况下，时间距离效应的出现在支持时间顺序假设的同时也在一定程度上验证了背景信息假设，也就是说，事件 E_1 是作为 E_2' 的背景信息与 E_2' 整合在一起获得加工。更为重要的是，E_1 与 E_3 之间的背景关系不够突出，可能导致读者不易把 E_1 看作 E_3 的背景信息并和 E_3 整合在一起。因此，当事件 E_1 的时间转换使文本的局部连贯出现中断时，事件 E_3 的信息不能很好地维持连贯。依据最低限度连贯理论，在自然阅读条件下，如果当前阅读信息能够与读者工作记忆中所保持着的文本信息进行整合，维持连贯性，则文本先前已经进入长时记忆的相关信息就不会被即时通达，只有在当前信息的加工出现了局部连贯性中断的情况下，读者才会激活长时记忆的信息进行整合（Mckcoon & Ratclif，1992）。在 Kelter 与 Claus 等的材料中，倒叙事件与前一事件之间模糊的背景关系致使两个事件的整合出现困难，文本理解的局部连贯性发生中断。这时，为了维持文本理解的连贯性，读者会进一步激活已进入长时记忆的事件 E_2 的信息，实现 E_1 与 E_2 的整合。因此，事件 E_2 的持续时间同样可能影响 E_1 的通达，出现时间距离效应。如果这种设想成立，那么 Kelter 与 Claus 等的实验结果所表现出对时间顺序假设的一致偏好就为实验材料所致。

本研究拟在 Kelter 等的研究基础上，通过增强材料中事件 E_1 和 E_3 之间的背景关系，使事件 E_1 对 E_3 的补充、解释、说明作用更加突出，为支持背景信息假设提供更加有利的条件，进一步检验时间顺序假设和背景信息假设的合理性。我们的基本设想是，在阅读倒叙文章的过程中，读者对倒叙事件的时间表征可能存在两种模式：E_1—E_2—E_3—E_4 表征和 E_2—E_3—E_1—E_4 表征，读者形成的时间表征受倒叙事件与前一事件之间背景关系突出程度的影响；如果倒叙事件 E_1 与前一事件 E_3 之间的背景关系模糊不清，那么，当倒叙事件的时间转换使得文本加工的局部连贯性出现中断时，事件 E_3 的信息将不能很好地维持连贯性，读者因此激活已进入长时记忆的事件 E_2 的信息，实现 E_1 与 E_2 的整合，这样，对事件 E_1 的加工也就迁移到一个更早发生的时段——E_2 之前，建构的时间表征模式表现为 E_1—E_2—E_3—E_4；如果突出事件 E_1 与 E_3 之间的背景关系，倒叙事件将作为前一事件 E_3 的补充、说明或解释与 E_3 整合在一起获得加工，这时，读者对倒叙事件的时间表征将保留在其被描述的位置，建构一个突出背景作用的时间表征模式，表现为 E_2—E_3—E_1—E_4。

因此，本研究以语言学中关于倒叙事件的背景作用理论为基础，通过严格控制倒叙事件与前一事件的背景关系，进一步探讨记叙文中倒叙事件的时间表征。

二、实验

实验 1

（一）目的

在 Kelter 等（2006）的研究中，时间距离效应是检验时间顺序假设和背景信息假设的重要依据。本研究是在他们的研究基础之上，进一步探讨倒叙事件的背景作用对其时间表征的影响，所以时间距离效应同样是验证实验假设的基本前提。因此，实验 1 采用修改后的材料，目的在于检验新材料在突出 E_1 和 E_3 之间的背景关系之后是否适合作为实验 2 和实验 3 的材料，即确保突出了背景关系后的顺序结构的新材料仍然出现时间距离效应，为接下来的实验提供前提。

（二）方法

1. 被试

星海音乐学院 30 名本科生参与该实验，所有被试均裸眼或矫正视力正常，母语为汉语，无阅读障碍。

2. 实验材料

24 篇主题不同的短文，其中正式实验材料 12 篇，填充材料 12 篇。为了实验的需要，实验 1 的短文采用顺叙手法，但内容主题与实验 2 基本相同。短文包含 4 个事件，其结构如下：在简短的背景介绍之后，4 个事件按时间顺序连续描述。事件 E_1 为目标事件，由两个句子组成，第二句中包含了一个目标词；事件 E_2 为持续事件，其持续时间清楚地体现在第二句中；每篇文章的持续句均有两个版本：长持续时间（1～8 小时，$M = 3.2$ 小时）、短持续时间（5 分钟～1 小时，$M = 27$ 分钟），两个版本的差异体现在时间副词的不同；事件 E_3 是填充事件；事件 E_4 是结尾事件，该事件也有两句，其中第一句为前测句，第二句为照应句，照应事件 E_1 的目标词。短文的结构和基本内容与 Kelter 等的研究中实验 1 的材料基本相似，不同的是新材料丰富了事件 E_3，提高了事件 E_3 的独立性，同时加强了 E_1 与 E_3 之间的联系。材料样例如下：

背景　Heike 和 Franke 两人正在法国南部度假。

傍晚，两人走在海滨的林荫道上，想欣赏海边日落的美景。

E_1　他们来到一家极富情调的小餐厅，甜蜜地坐在一块儿，非常恩爱。

Franke 甚至还向 Heike 保证说要戒烟。

E_2　后来，两人争吵了起来。

为 Franke 母亲的事，两人足足吵了 5 分钟/3 小时。（持续句）

E_3　两人都非常生气，板着脸，与刚到餐厅时的甜蜜情形截然不同。

E_4　他们默不作声，各自朝旅馆走去。（前测句）

Franke 真后悔当初承诺过要戒烟。（照应句）

因为闹别扭，气氛很压抑，他想抽支烟。

12 篇正式阅读材料随机分为 A、B 两组，每组各 6 篇。用 A 组 6 篇材料的长持续时间版本与 B 组 6 篇材料的短持续时间版本组成第一套实验材料（A_1B_2），再用 A 组 6 篇材料的短持续时间版本和 B 组 6 篇材料的长持续时间版本组成第二套实验材料（A_2B_1）。同时，30 名被试也随机分成两半，一半阅读材料 A_1B_2，一半阅读材料 A_2B_1。正式材料和填充材料按随机混合顺序呈现。这样所有的被试都阅读了全部 24 篇短文，长持续时间和短持续时间条件各半，两种条件同等地出现在各篇文章中。

3. 评定实验

为了保证修改后的新材料的确增强了事件 E_3 的独立性并突出了事件 E_1 和 E_3 的联系，我们对实验材料事先进行了等级评定实验。共有 24 名一年级研究生参与了评定，他们不参加正式实验。评定的材料装订成册，人手一册，共有 22 篇不同主题的小短文，文章采用倒叙手法。每篇短文阅读完之后要求被试根据事件 E_1 与 E_3 的补充说明关系就两者的联系程度进行评定。评定采用 5 点量表，1 代表"很不紧密"，5 代表"非常紧密"。将所有短文分为两个系列，每个系列中分别有 11 篇原材料（背景关系模糊版本，简称为"模糊版本"）和 11 篇修改后的材料（背景关系突出版本，简称为"突出版本"）。根据事件 E_2 的持续时间，每篇短文还分长持续时间和短持续时间两个版本，共 44 篇。对文章呈现的顺序不但作了"ABBA"的平衡，而且保证每一主题的文章在同一系列中只出现一次。

评定结果表明，实验材料在修改之后确实增强了事件 E_1 和 E_3 之间的联系，事件 E_1 补充、说明或解释 E_3 的可能性明显更大，$M_{突出} = 3.73$，$M_{模糊} = 2.36$，$t(42) = 8.97$，$p < 0.01$。从评定材料中我们选择了不同主题的 12 篇修改后的短文作为实验 1 的正式材料（$M = 4.01$，$SD = 0.27$），显然，它们更加突出了事件 E_1 和事件 E_3 之间的背景关系。

4. 实验设计与程序

实验采用单因素被试内设计，自变量为事件 E_2 的持续时间，分长、短两个水平；因变量为照应句的阅读时间。

实验 1 的逻辑是如果在突出了事件 E_1 与事件 E_3 的背景关系后仍然出现时间距离效应，那么，事件 E_2 在持续时间长的条件下照应句的阅读时间就会显著长于持续时间短的条件下照应句的阅读时间。

实验 1 采用移动窗口技术，由被试自定步调按键逐句进行阅读。为保证被试能够认真阅读，每篇文章阅读完之后，屏幕上会提示文章阅读完毕并呈现一道阅读理解题，要求被试根据阅读文本内容判断其正误，然后按键“J”（正确）或“F”（错误）作出反应。程序自动记录被试阅读前测句和照应句的时间。

（三）结果与分析

为避免极端数据对实验结果的影响，我们剔除了 500 ~ 5 000 ms 范围之外的数据，剔除数据占总数据的 0.97%。所有被试的阅读理解题的正确率都超过 80%，说明所有数据都是建立在被试认真阅读基础上的有效数据。不同持续时间条件下照应句和前测句的阅读时间见表 3 – 14：

表 3 – 14　不同持续时间条件下照应句和前测句的平均阅读时间（ms）与标准差

因变量	长持续时间	短持续时间
照应句	2 439（482）	1 878（364）
前测句	1 937（437）	1 955（385）

对照应句和前测句的平均阅读时间分别进行方差分析，结果显示，在照应句的阅读时间上，长持续时间条件在被试检验方面显著长于短持续时间条件，项目检验边缘显著，$F_1(1, 22)=10.3$，$p<0.01$，$F_2(1, 28)=2.99$，$p<0.09$，出现时间距离效应。在前测句的阅读时间上，不同持续时间条件下的阅读时间差异不显著，$F_1(1, 22)=0.01$，$p>0.05$，$F_2(1, 28)=0.39$，$p>0.05$。这一结果表明，照应句阅读时间上出现的时间距离效应不是前测句溢出效应导致的。

实验 1 结果说明在突出事件 E_1 与 E_3 的背景关系后在顺叙文本中仍然出现时间距离效应，这为探讨倒叙文本中是否同样出现时间距离效应奠定了基础。

实验 2

（一）目的

运用突出了事件 E_1 与 E_3 的背景关系后的实验材料，进一步检验时间顺序假设和背景信息假设的合理性，从而揭示在含有倒叙事件的记叙文中时间结构的表征形式。

（二）方法

1. 被试

星海音乐学院 32 名本科生，所有被试均裸眼或矫正视力正常，母语为汉语，无阅读障碍。

2. 实验材料

32 篇主题不同的记叙文，实验材料和填充材料各 16 篇。实验短文的结构与实验 1 基本相同，不同的是文章采用倒叙写法，事件的描述顺序为：E_2—E_3—E_1—E_4。根据实验变量事件 E_2 的持续时间（A）、事件 E_1 与 E_3 的背景关系（B）及它们的水平数，我们进行了完全拉丁方平衡：16篇正式材料分为A_1B_1、A_1B_2、A_2B_1、A_2B_2四个系列，每个系列各4篇；同时，32名被试随机分成4组，每组8人，分别阅读材料$A_1B_1A_1B_2A_2B_1A_2B_2$、$A_1B_2A_2B_1A_2B_2A_1B_1$、$A_2B_1A_2B_2A_1B_1A_1B_2$与$A_2B_2A_1B_1A_1B_2A_2B_1$。这样，所有被试都阅读全部16篇正式实验材料，且每种条件同等地出现在每个系列的不同位置。材料样例如下：

背景模糊

背景	Heike和Franke两人正在法国南部度假。
	傍晚，两人走在海滨的林荫道上，想欣赏海边日落的美景。
E_2	但是，两人却争吵了起来。
	为Franke母亲的事，两人足足吵了5分钟/3小时。(持续句)
E_3	他们俩都非常生气。
E_1	争吵之前，两人还在一家极富情调的小餐厅，甜蜜地坐在一块儿，非常恩爱。
	Franke甚至还向Heike保证说要戒烟。
E_4	他们默不作声，各自朝旅馆走去。(前测句)
	Franke真后悔当初承诺过要戒烟。(照应句)
	因为闹别扭，气氛很压抑，他想抽支烟。

背景突出

背景	Heike和Franke两人正在法国南部度假。
	傍晚，两人走在海滨的林荫道上，想欣赏海边日落的美景。
E_2	但是，两人却争吵了起来。
	为Franke母亲的事，两人足足吵了5分钟/3小时。(持续句)
E_3	两人都非常生气，板着脸，与刚到餐厅时的甜蜜情形截然不同。
E_1	争吵之前，两人还在一家极富情调的小餐厅，甜蜜地坐在一块儿，非常恩爱。
	Franke甚至还向Heike保证说要戒烟。
E_4	他们默不作声，各自朝旅馆走去。(前测句)
	Franke真后悔当初承诺过要戒烟。(照应句)
	因为闹别扭，气氛很压抑，他想抽支烟。

3. 实验设计与程序

2×2被试内设计，自变量有两个：一个是事件E_2的持续时间，分长、短两种水平；另一个为事件E_1与E_3的背景关系，分突出和模糊两种水平。因变量为照应句的阅读时间。

实验2的逻辑是如果时间距离效应不仅受到事件E_2持续时间的影响，而且受到事件E_1与E_3的背景关系的影响，那么照应句的阅读时间上应该出现事件持续时间与背景关系显著的交互作用，即在事件E_1与E_3背景关系模糊时，事件E_2持续时间长的条件下照应句的阅读时间显著长于持续时间短的条件下照应句的阅读时间，而在两者背景关系突出时，事件 E_2的持续时间长、短条件之间照应句的阅读时间差异不显著。

实验程序与实验 1 相同。

（三）结果与分析

分别记录照应句和前测句的阅读时间以及回答阅读理解题的准确率。剔除阅读时间在 500～5 000 ms 范围之外的极端数据，照应句和前测句的删除数据分别占总数据的 1.67% 和 2.14%。由于计算机程序问题，2 名被试的数据不能成功读取，其余所有被试回答问题的准确率均高于 80%，因此最后采用来自 30 名有效被试的数据。被试在不同条件下的阅读时间见表 3－15：

表 3－15　不同持续时间条件下不同版本照应句和前测句的平均阅读时间（ms）与标准差

因变量	背景模糊		背景突出	
	长	短	长	短
照应句	2 455（599）	2 124（711）	2 214（614）	2 210（614）
前测句	2 228（690）	2 105（533）	2 347（877）	2 280（685）

对照应句的平均阅读时间进行 2×2 重复测量方差分析，结果发现，持续时间的主效应不显著，$F_1(1, 31)=1.91$，$p>0.05$，$F_2(1, 29)=0.99$，$p>0.05$；背景关系的主效应被试检验显著，项目检验边缘显著，$F_1(1, 31)=4.15$，$p<0.04$，$F_2(1, 29)=3.39$，$p<0.07$；持续时间与背景关系的交互作用显著，$F_1(1, 31)=6.25$，$p<0.01$，$F_2(1, 29)=5.06$，$p<0.05$。进一步的简单效应分析发现，当事件 E_1与 E_3之间的背景关系模糊时，事件 E_2的持续时间影响了倒叙事件 E_1的通达，与短持续时间条件相比，长持续时间条件下照应句的阅读时间显著更长，$F_1(1, 31)=1.95$，$p<0.05$，$F_2(1, 29)=2.33$，$p<0.03$。但是，当阅读背景突出版本时，长短持续时间条件下照应句的阅读时间无显著差异，$F_1(1, 31)=0.03$，$p>0.05$，$F_2(1, 29)=0.10$，$p>0.05$。该结果与本研究的设想一致。

本研究也记录了前测句的阅读时间，其目的是为了排除照应句阅读时间的差异是前测句的溢出效应的可能性。对前测句的方差分析结果显示，持续时间的主效应不显著，$F_1(1, 31)=2.15$，$p>0.05$，$F_2(1, 29)=2.71$，$p>0.05$；背景关系的主效应不显著，$F_1(1, 31)=1.33$，$p>0.05$，$F_2(1, 29)=0.88$，$p>0.05$；交互作用也不显著，$F_1(1, 31)=0.73$，$p>0.05$，$F_2(1, 29)=0.14$，$p>0.05$。这一结果表明，照应句的阅读时间在不同条件下的差异是持续时间与背景关系交互作用的体现，而不是前测句溢出效应的结果。

实验 2 的结果支持了背景信息假设，与本研究的基本假设一致：被试在阅读背景模糊版本的材料时，对事件 E_1的通达受到事件 E_2持续时间的影响，表现出时间距离效应，即长持续时间条件下照应句的阅读时间要比短持续时间条件下的阅读时间显著较长，与 Kelter等（2006）的研究结果一致；然而，在突出事件 E_1与 E_3之间的背景关系之后，时间距离效应却消失了，被试对事件 E_1的通达并未受到事件 E_2持续时间的影响，换言之，对

倒叙事件 E_1 的时间表征并未迁移到 E_2 之前。正如背景信息假设提出的那样：作者把事件 E_1 放在 E_3 之后，这种时间倒置的处理是有意识、有目的的，倒叙事件对它前面的事件起补充说明或解释的作用。正是由于它们之间的这种紧密联系，使得读者在读到倒叙事件时能够和前面的事件整合在一起，维持其局部连贯性，同时对事件 E_1 引起的时间转换作出合理的解释，保证阅读加工流畅向前。

实验 3

（一）目的

实验 3 采用探测再认技术，用探测词代替实验 2 的照应句，探测词为事件 E_1 中提到的某个事物或动作。采用这一范式的原因是：第一，与阅读句子相比，目标词的再认任务对被试提出了更高的要求，为了对探测词作出尽可能既快又正确的反应，被试不仅会激活保持在工作记忆中的信息，同时也会激活长时记忆中的相关信息，从而提高了文本信息整体建构的可能性；第二，探测词作为一项实验任务放置在 E_4 之后，它提示被试文章已经阅读完毕，从而引导被试整合所有事件并从篇章的角度对探测词作出判断。这样，实验 3 就在一定程度上为支持时间顺序假设创造了有利条件，从而进一步检验时间顺序假设和背景信息假设的合理性。

（二）方法

1. 被试

华南师范大学 28 名本科生参与实验，所有被试均裸眼或矫正视力正常，母语为汉语，无阅读障碍。

2. 实验材料

32 篇不同主题的记叙文，其中实验材料 16 篇、填充材料 16 篇，材料的分配同实验 2。文章的内容与实验 2 基本相同，所不同的是本实验考察的是探测词的反应时间，代替了之前的照应句阅读时间。材料样例如下：

背景模糊

背景	苏拉一段时间以来一直受到失眠的困扰，这让她很烦恼。 这天晚上她又失眠了。
E_2	她捧着一本书躺在床上，她在床上看了半个小时书。
E_3	苏拉依然没有半点睡意。
E_1	因为在上床之前她为自己泡了一杯牛奶，牛奶里混了几滴安眠剂。
E_4	苏拉烦躁地在床上翻来覆去睡不着， 她开始闭上眼睛数羊羔，一只，两只，三只……
探测词	**安眠剂**

背景突出

背景	苏拉一段时间以来一直受到失眠的困扰，这让她很烦恼。 这天晚上她又失眠了。
E_2	她捧着一本书躺在床上，她在床上看了半个小时书。
E_3	苏拉依然没有半点睡意，心里直纳闷：怎么药都不起作用了？
E_1	因为在上床之前她为自己泡了一杯牛奶，牛奶里混了几滴安眠剂。
E_4	苏拉烦躁地在床上翻来覆去睡不着， 她开始闭上眼睛数羊羔，一只，两只，三只……
探测词	**安眠剂**

3. 实验设计与程序

运用2（事件E_2持续时间：长/短）×2（背景关系：模糊/突出）被试内设计，因变量为探测词反应时间与正确率。

实验3的逻辑与实验2相同，只是因变量变为对探测词的反应时与正确率，而不是照应句的阅读时间。

实验程序与实验2相似，只是在读者读完前测句后呈现的是探测词而不是含有目标实体的照应句。探测词以28号字呈现在屏幕中央，要求被试分别对它们作出快而准的“是”或“否”的反应。

（三）结果与分析

实验程序分别记录前测句的阅读时间、探测词反应时及正确率、回答阅读理解问题的正确率。因为所有被试回答问题的正确率均在80%以上，故他们的数据均为有效数据。删除反应时在500～5 000 ms范围之外的极端数据，前测句和探测词的删除数据分别占总数据的1.33%和1.58%。被试在不同条件下对前测句的阅读时间与探测反应时结果见表3－16与表3－17：

表3－16　不同条件下前测句的阅读时间（ms）与标准差

背景模糊		背景突出	
长	短	长	短
1 675（580）	1 482（474）	1 547（530）	1 572（645）

表3－17　不同条件下探测词的平均反应时（ms）和正确率（%）

背景模糊				背景突出			
长		短		长		短	
反应时	正确率	反应时	正确率	反应时	正确率	反应时	正确率
2 128（514）	85	1 868（492）	79	1 816（522）	82	1 810（512）	83

首先，我们对前测句的阅读时间进行 2×2 重复测量方差分析结果发现，实验 3 的模式与实验 2 基本相似：持续时间主效应不显著，$F_1(1, 31)=1.57$，$p>0.05$，$F_2(1, 27)=0.13$，$p>0.05$；背景关系主效应不显著，$F_1(1, 31)=1.76$，$p>0.05$，$F_2(1, 27)=1.63$，$p>0.05$；交互作用不显著，$F_1(1, 31)=0.83$，$p>0.05$，$F_2(1, 27)=1.67$，$p>0.05$。

对探测反应时的方差分析结果发现，事件 E_2 的持续时间长短主效应边缘显著，$F_1(1, 31)=3.57$，$p<0.06$，$F_2(1, 27)=3.20$，$p<0.08$；背景关系的主效应被试检验显著，项目检验边缘显著，$F_1(1, 31)=4.13$，$p<0.04$，$F_2(1, 27)=3.01$，$p<0.09$；交互作用被试检验显著，项目检验边缘显著，$F_1(1, 31)=4.01$，$p<0.05$，$F_2(1, 27)=3.24$，$p<0.08$。进一步的简单效应分析发现，对于背景模糊版本，长持续时间条件下探测词的反应时显然要比短持续时间条件下的反应时长，$F_1(1, 31)=1.94$，$p<0.05$，$F_2(1, 27)=1.57$，$p<0.06$；但对背景关系突出版本，长持续时间条件与短持续时间条件对探测词的反应时差异不显著，$F_1(1, 31)=0.04$，$p>0.05$，$F_2(1, 27)=1.16$，$p>0.05$。

实验 3 的结果与实验 2 基本一致：在丰富事件 E_1 并突出 E_1 与 E_3 之间的背景关系之后，没有出现时间距离效应，说明被试并没有将倒叙事件按其发生的时序整合到 E_2 之前，而是与 E_3 整合在一起，表现为 E_2—E_3—E_1—E_4 的时间结构模式。

三、综合讨论

本研究在 Kelter 与 Claus 等研究的基础上，通过突出倒叙事件与其前面事件之间的补充说明或解释关系，进一步检验了时间顺序假设和背景信息假设，探讨在文本阅读的过程中倒叙事件的时间表征。实验结果澄清了时间顺序假设和背景信息假设成立的条件：读者在阅读倒叙事件时并不一定把该事件迁移到一个更早的发生时段，即 E_2 之前，表现为事件 E_1—E_2—E_3—E_4 的时间顺序模式，而是有可能仅仅是保留在其被描述时的时点上，与其前面的事件实现整合，维持文本理解的局部连贯，事件 E_2 的持续时间长短并不影响读者对事件 E_1 的通达，表现为事件 E_2—E_3—E_1—E_4 的时间顺序模式。在倒叙文章阅读中，读者究竟形成何种时间表征形式还取决于倒叙事件与前一事件背景关系的强弱。具体来说，事件 E_1 对 E_3 的补充说明作用越突出，读者把 E_1 和 E_3 整合在一块的可能性就越大，从而受到事件 E_2 持续时间的影响也就越小，因此倾向于形成突出背景作用的时间表征，即 E_2—E_3—E_1—E_4；如果事件 E_1 对 E_3 的这种补充说明作用较弱或模糊不清，读者在阅读到倒叙事件时与前面事件的整合将产生困难，导致文本理解的局部连贯性中断。为了维持局部连贯性，保证理解的顺利进行，读者激活了更早信息——E_2 作进一步的整合，使得对事件 E_1 的通达受到 E_2 的影响，出现时间距离效应，表现为 E_1—E_2—E_3—E_4 的时间表征。

近些年来，情境模型的研究一直是一个热点话题。20 世纪 90 年代，Zwaan 提出了事件标记模型，该模型指出：时间维度的转变将引发情境模型的更新，强调了时间信息在文本阅读过程中的重要作用（Zwaan，Lanfston，& Graesser，1995；Zwaan，Magliano，& Graesser，1995）。自此，文本中时间信息的表征越来越受到人们的关注，研究角度也从单句子和多句子模型发展到短文模型。对短文模型的研究主要集中在两方面：时间连续性和时间顺序性，研究的材料大部分是采用顺叙手法。那么，当文本中含有倒叙事件时，时间的顺序性又是如何表征的呢？这方面的研究相对较为欠缺。在记叙文中，叙事时序是事件展开的先后顺序，它通常与故事的自然时序相一致，即顺叙。然而，一维的话语时间不可能与多维的故事时间完全平行，两者之间常出现不协调的形式——时间倒错（王文华，2007）。关于倒叙事件的时间表征，Kelter 与 Claus 等提出了时间顺序假设和背景信息假设。这两种假设看似观点相左，但在它们的基础上推导出来的时间表征结构模式 E_1—E_2—E_3—E_4和 E_2—E_3—E_1—E_4却并不是非此即彼的绝对关系。热奈特的叙事时序理论提出，考察时间倒错首先要确定一个参照对象——“第一叙事”，即叙事话语中按顺序排列的时间层次，而任何时间倒错与它插入其中、嫁接其上的叙事相比均构成一个时间上的“第二叙事”（热奈特，1990）。E_2、E_3、E_4作为第一叙事，它们不论是在背景信息假设还是在时间顺序假设看来都表现出一致的表征模式：E_2—E_3—E_4。从这一点来说，本研究的结果在一定条件下支持了背景信息假设，但是也在一定程度上验证了时间顺序假设的观点，即读者在阅读的过程中倾向于建构一个与其经验世界相一致、以时间为顺序的时间结构表征。那么，作为“第二叙事”的倒叙事件又是如何表征的呢？我们认为它受到倒叙事件与其前面事件之间背景关系的影响。倒叙作为时间倒错的一种，它普遍存在于我们日常的口头或书面叙述应用中。人们能够认识倒叙事件的安排并非是随意的，知道它与当前描述的主线不相干却对描述主体的某一事件的理解极为重要。例如，在动态新闻中，深度报道的倒叙部分就承载着对事件前因后果的娓娓陈述，对背景知识的详细介绍，或对当事人的深入采访（刘红明，2003）。因此，本研究在突出了倒叙事件的这种背景作用之后，发现读者对倒叙事件的时间表征保留在其被描述的位置并与前面的事件整合在一起获得加工，而不是移至 E_2之前。

值得一提的是，本研究是以时间距离效应为指标检验时间顺序假设和背景信息假设的合理性，即若出现时间距离效应则支持时间顺序假设，否则支持背景信息假设。实验材料在突出事件 E_1 与 E_3 的背景关系之后发现，在不同持续时间条件下照应句的阅读时间或探测词的反应时间没有显著差异，从而认为实验结果支持了背景信息假设。这一结果虽然在一定程度上说明了倒叙事件与其前面事件之间的背景关系是影响倒叙事件时间表征的一个重要因素，但时间距离效应的缺失也不排除是其他因素的作用。例如，实验材料是否在突出事件 E_1与 E_3之间的背景关系的同时也引入或改变了情境模型的其他维度，从而引发在情境模型的表征上削弱了持续时间的时间距离效应？或者是在对事件 E_3作更为丰富的描述的同时也增加了该事件的话语时间，话语时间的改变是否会对事件 E_2的故事时间的表征造成影响，造成时间距离效应的缺失呢？我们需要对此进行更为深入的探究。

四、结论

本研究可以初步得出以下结论：倒叙事件与前面事件之间的背景关系是影响倒叙事件时间表征的一个重要因素：当这种补充说明关系足够突出时，被试对倒叙事件的时间表征将保留在其被描述的位置，表现为 E_2—E_3—E_1—E_4的表征模式；当倒叙事件与前面事件的背景关系模糊时，出现时间距离效应，其表征为 E_1—E_2—E_3—E_4模式。

参考文献

1. 白学军，胡笑羽，闫国利．中文阅读的副中央凹—中央凹效应：词 n 的语义透明度对词 $n-1$ 加工的影响．心理学报，2009，41（5）：377～386.

2. 迟毓凯，莫雷，管延华，王穗苹．当前西方文本阅读研究的主要共识与争议．心理科学，2004，27（4）：937～939.

3. ［法］热奈特，G. 叙事话语：新叙事话语．王文融译．北京：中国社会科学出版社，1990.

4. 官群．具身认知观对语言理解的新诠释——心理模拟：语言理解的一种手段．心理科学，2007，30（5）：1252～1256.

5. 何先友，李英迪．记叙文中时间信息加工的内部机制．华南师范大学学报（社会科学版），2009（1）：122～129.

6. 黄浩．影响时间转换因素实验研究．华南师范大学硕士学位论文，2002.

7. 冷英，莫雷，韩迎春，黄浩．记叙文时间转换机制．心理学报，2004，36（1）：9～14.

8. 刘红明．试论电视新闻的叙事时间与叙述视角．广西社会科学，2003（9）：189～191.

9. 王瑞明．文本阅读中信息的协调性整合研究．华南师范大学博士学位论文，2006.

10. 王瑞明，邓文君，莫雷．显示驱动和情节驱动对时间信息表征的影响．应用心理学，2008，14（1）：22～28.

11. 王瑞明，莫雷，冷英．情景模型中的时间信息表征研究．应用心理学，2003，9（1）：47～53.

12. 王文华．谈热奈特的叙事时序理论．云南财经大学学报，2007（22）：133～134.

13. 杨艾娟．关于倒叙的质疑．重庆师专学报，2000（3）：92～93.

14. Anderson, M. L. (2004). *Embodied Cognition: A Field Guide Artificial Intelligence.* www. elsevier com/locate/artin.

15. Anderson, A., Gsrrod, S. C., & Sanford, A. J. (1983). The accessibility of pronominal antecedents as a function of episode shifts in narrative text. *Quarter Journal of Experimental Psychology*, 35(A): pp. 427 – 440.

16. Balogh, J., Zurif, E., Prather, P., Swinney, D., & Finkel, L. (1998). Gap – filling and end – of – sentence effects in real – time language processing: Implications for modeling sentence comprehension in Aphasia. *Brain and Language*, 61: pp. 169 – 182.

17. Bestgen, Y., & Vonk, W. (2000). Temporal adverbials as segmentation markers in discourse comprehension. *Journal of Memory and Language*, 42(1): pp. 74 – 87.

18. Claus, B., & Kelter, S. (2006). Comprehending narratives containing flashbacks: Evi-

dence for temporally organized representations. *Journal of Experimental Psychology: Learning, Memory, and Cognition*, 32(5): pp. 1031 – 1044.

19. Cook, A. E., Halleran, J. G., & O'Brien, E. J. (1998). What is readily available during reading? A memory – based view of text processing. *Discourse Processes*, 26: pp. 109 – 129.

20. Craik, K. J. W. (1967). *The Nature of Explanation.* Cambridge, England: Cambridge University Press.

21. Ditman, T., Holcomb, P. J., & Kuperberg, G. R. (2008). Time travel through language: Temporal shifts rapidly decrease information accessibility during reading. *Psychonomic Bulletin & Review*, 15: pp. 750 – 756.

22. Dowty, D. R. (1986). The effects of aspectual class on the temporal structure of discourse: Semantics or pragmatics? *Linguistics and Philosophy*, 9: pp. 37 – 61.

23. Ericsson, K. A., & Kintsch, W. (1995). Long – term working memory. *Psychological Review*, 102: pp. 211 – 245.

24. Fleischman, S. (1990). *Tense and Narrativity: From Medieval Performance to Modern Fiction.* Austin T X: University of Texas Press.

25. Freyd, J. J. (1987). Dynamic mental representations. *Psychological Review*, 94(4): pp. 427 – 438.

26. Garrod, S. C., & Sanford, A. J. (1990). Referential processing in reading: Focusing on roles and individuals. In D. A. Balota, G. B. Flores d'Arcais, & K. Rayner (Eds.). *Comprehension Processes in Reading.* Hillsdale, NJ: Erlbaum, pp. 465 – 485.

27. Givón, T. (1992). The grammar of referential coherence as mental processing instructions. *Linguistics*, 30(1): pp. 5 – 55.

28. Glenberg, A. M., Meyer, M., & Lindem, K. (1987). Mental models contribute to foregrounding during text comprehension. *Journal of Memory and Language*, 26: pp. 69 – 83.

29. Gordon, P. C., & Scearce, K. A. (1995). Pronominalization and discourse coherence, discourse structure andpronoun interpretation. *Memory & Cognition*, 23: pp. 313 – 323.

30. Graesser, A. C., Singer, M., & Trabasso, T. (1994). Constructing inferences during narrative text comprehension. *Psychological Review*, 101(3): pp. 371 – 395.

31. Hill, R. L., & Murray, W. S. (2000). Commas and space: Effects of punctuation on eye movements and sentence parsing. In A. Kennedy, R. Radach, D. Heller, & J. Pynte (Eds.). *Reading as A Perceptual Process.* Oxford: Elsevier, pp. 565 – 590.

32. Hirotani, M., Frazier, L., & Rayner, K. (2006). Punctuation and intonation effects on clause and sentence wrap – up: Evidence from eye movements. *Journal of Memory and Language*, 54: pp. 425 – 443.

33. Hopper, P. J. (1979). Aspect and Foregrounding in Discourse. In T. Givón (Ed.). *Syntax and Semantics. Vol. 12: Discourse and Syntax.* New York: Academic Press, pp. 213 – 241.

34. Johnson – Laird, P. N. (1983). *Mental Models.* Cambridge, England: Cambridge University Press.

35. Just, M. A., & Carpenter, P. A. (1987). *The Psychology of Reading and Language Comprehension.* Needham Heights, MA: Allyn & Bacon.

36. Kelter, S., & Claus, B. (2005). How do readers deal with flashbacks in narratives? In *Proceedings of the Twenty - seventh Annual Conference of the Cognitive Science Society*, pp. 1126 - 1131.

37. Kelter, S., Kaup B., & Claus B. (2004). Representing a described sequence of events: A dynamic view of narrative comprehension. *Journal of Experimental Psychology Learning, Memory, and Cognition*, 30(2): pp. 451 - 464.

38. Kintsch, W., & van Dijk, T. A. (1978). Toward a model of text comprehension and production. *Psychological Review*, 85(5): pp. 363 - 394.

39. Komeda, H., & Kusumi, T. (2006). The effect of a protagonist's emotional shift on situation model construction. *Memory & Cognition*, 34: pp. 1548 - 1556.

40. Lascarides, A., & Asher, N. (1993). Temporal interpretation, discourse relations, and commonsense entailment. *Linguistics and Philosophy*, 16: pp. 437 - 493.

41. Mandler, J. M. (1986). On the comprehension of temporal order. *Language and Cognitive Processes*, 1: pp. 309 - 320.

42. Mckoon, G., & Ratcliff, R. (1992). Separating activation versus compound cue accounts of priming mediated priming revisited. *Journal of Experimental Psychology: Learning, Memory, and Cognition*, 18: pp. 1155 - 1172.

43. McKoon, G., & Ratcliff, R. (1992). Inference during reading. *Psychological Review*, 99(3): pp. 440 - 466.

44. Murray, J. D., Engle, R. (2005) Accessing situation model information: memory - based processing versus here - and - now accounts. *The Journal of Psychology*, 139: pp. 261 - 272.

45. O'Brien, E. J., Rizzella, M. L., Albrecht, J. E., & Halleran, J. G. (1998). Updating a situation model: A memory - based text processing view. *Journal of Experimental Psychology: Learning, Memory, and Cognition*, 24(5): pp. 1200 - 1210.

46. Ohtsuka, K., & Brewer, W. F. (1992). Discourse organization in the comprehension of temporal order in narrative texts. *Discourse Processes*, 15: pp. 317 - 336.

47. Palmer, S. (1978). Fundamental aspects of cognitive representation. In E. Rosch, & B. B. Lloyd (Eds.). *Cognition and Categorization.* Hillsdale, NJ: Erlbaum, pp. 259 - 303.

48. Rateliff, R., & McKoon, G. (1994). Retrieving information from memory: Spreading activation theories versus compound cue theories. *Psychological Review*, 101: pp. 177 - 184.

49. Rateliff, R., & McKoon, G. (1998). A retrieval theory of priming in memory. *Psychological Review*, 95: pp. 385 - 408.

50. Rayner, K., Kambe, G., & Duffy, S. A. (2000). The effect of clause wrap - up on eye movements during reading. *Quarterly Journal of Experimental Psychology*, 53(A): 1061 - 1080.

51. Rayner, K., Sereno, S. C., Morris, R. K., Schmauder, A. R., & Clifton, C. (1989). Eye movements and on - line language comprehension processes. *Language and Cognitive Processes*,

4(special issue): pp. 21 – 49.

52. Rinck, M., & Weber, U. (2003). Who when where: An experimental test of the event – indexing model. *Memory & Cognition*, 31: pp. 1284 – 1292.

53. Sanders, T. J. M., & Gernsbacher, M. A. (2004). Accessibility in text and discourse processing. *Discourse Processing*, 37: pp. 79 – 89.

54. Swaab, T. Y., Camblin, C. C., & Gordon, P. C. (2004). Electrophysiological evidence for reversed lexical repetition effects in language processing. *Journal of Cognitive Neuroscience*, 16: pp. 715 – 726.

55. Speer, N. K., & Zacks, J. M. (2005). Temporal changes as event boundaries: Processing and memory consequences of narrative time shifts. *Journal of Memory and Language*, 53(1): pp. 125 – 140.

56. ter Meulen, A. G. B. (2000). Chronoscopes: The dynamic representation of facts and events. In J. Higginbotham, F. Pianesi, & A. C. Varzi (Eds.). *Speaking about Events*. New York: Oxford University Press, pp. 151 – 168.

57. van der Meer, E., Beyer, R., Heinze, B., & Badel, I. (2002). Temporal order relations in language comprehension. *Journal of Experimental Psychology: Learning, Memory, and Cognition*, 28(4): pp. 770 – 779.

58. van Dijk, T. A., & Kintsch, W. (1983). *Strategies of Discourse Comprehension*. New York, NY: Academic Press.

59. Zwaan, R. A. (1996). Processing narrative time shifts. *Journal of Experimental Psychology: Learning, Memory, and Cognition*, 22: pp. 1196 – 1207.

60. Zwaan, R. A. (2008). Time in language, situation models and mental simulations. *Language Learning*, 58: pp. 13 – 26.

61. Zwaan, R. A., & Hilliard, A. E. (1998). Constructing multidimensional situation models during reading. *Scientific Studies of Reading*, 2: pp. 199 – 220.

62. Zwaan, R. A., Lanfston, M. C., & Graesser, A. C. (1995). The construction of situation models in narrative comprehension: an event – indexing model. *Psychological Science*, 6: pp. 292 – 297.

63. Zwaan, R. A., Madden, C. J., Yaxley, R. H., & Aveyard, M. E. (2004). Moving words: Dynamic representations in language comprehension. *Cognitive Science*, 28(4): pp. 611 – 619.

64. Zwaan, R. A., Magliano, J. P., & Graesser, A. C. (1995). Dimensions of situation model construction in narrative comprehension. *Journal of Experimental Psychology: Learning, Memory, and Cognition*, 21: pp. 386 – 397.

65. Zwaan, R. A., & Radvansky, G. A. (1998). Situation models in language comprehension and memory. *Psychological Bulletin*, 123: pp. 162 – 185.

第四章 时间与空间维度情境模型的建构与提取

第一节 时间信息在情境模型建构中的作用

一、理论概述

在文本阅读过程中，读者究竟是如何建构情境模型的问题是当前文本阅读与理解研究的热点之一。Zwaan（1995）的事件标记模型指出，时间信息与空间信息是读者用以解释情境的两个最重要的维度。当某人离开某个特定的地点，或过了足够长的时间后（如“1天以后”），被试就会建构一个新的情境模型来表征新的情境。以往情境模型的研究或是研究情境模型中的空间关系，或是运用空间关系来研究情境模型的其他维度是如何建构的。因此，空间关系是以往研究中研究得最多的一种信息，而对时间信息的关注相对少得多。但如果考虑到语言理解中时间信息的重要性，那么，对文章中时间信息加工的实证研究则是十分必要的。这是因为文章中的每一个句子必须包括所描述事件发生的绝对或相对的时间信息。被试要准确表征文章所描述的情境，就必须知道所描述的事件是何时发生的，才能建构完整的情境模型。

近年来，情境模型中时间信息的作用引起了研究者的关注。根据Zwaan（1996）提出的强印象假设，当发生较短的时间转换时（如“一会儿后”），被试不会创建新的情境模型，他们仍把时间转换后的情境与转换前的情境看成是功能上相同的情境。然而，当发生较长的时间转换后（如“1天后”），被试就会创建新的情境模型。Radvansky和Zwaan等（1998）运用认知心理学中扇效应研究中通用的提取干扰范式考察了被试能否把一系列相关的句子整合到基于时间的情境模型中去。该研究的做法是让大学生在计算机上以自己的速度阅读并记住18个发生在一次晚会上的事件，然后接受快速再认测验。运用提取干扰范式来评判被试是否把这些事件整合到情境模型中，两个实验结果都表明，几个不同的事件如果发生在相同的时间段，被试对这些事件就能建立基于时间的情境模型。

Rinck和Hahnel等（2001）的研究不仅成功重证了Bransford，Barclay和Franks（1972）的经典研究（对描述3个事件的单一句子，被试也能建构事件的时间组织的情境模型），而且通过运用不一致实验程序（inconsistency paradigm）考察了被试是如何利用时间信息建构、更新和提取情境模型的。该程序的基本做法是，被试阅读一篇包含某个关键信息的短文（主人翁在某建筑物里面或外面），在几个句子后会出现一个与前文一致或不一致的关键句子（主人翁走进该建筑物），测量该关键句子的阅读时间，以判定被试是否检测到相关的信息。如果检测到，那么在不一致条件下关键句子的阅读时间应更长，因为不能把不一致的信息整合到情境模型中。结果发现，被试阅读时间不一致句子的时间显著长于时间一致句子的时间，表明被试确实在记叙文的情境模型中表征了时间信息。

以上的几项研究表明，被试在篇章阅读过程中，可以利用时间信息建构基于时间组织的情境模型。这些研究对于深入探讨情境模型的实质具有重要的理论意义。然而，目前关于时间情境模型的研究隐含着这样一个假设：只有发生在同一场景的不同事件才能整合到一个情境模型中。那么，对于一系列孤立的发生在不同场景的事件是否也可以整合到同一个情境模型中呢？本研究拟对此问题进行深入的研究。此外，已有的研究探讨都是相对的时间信息（如张三在李四前 20 分钟到达火车站），而未对绝对的时间信息（如 2001 年 8 月 3 日）进行研究，本研究还将探讨绝对的时间信息在情境模型建构中的作用。

本研究运用的提取干扰范式最初应用于认知心理学关于扇效应的研究，所谓扇效应是指随着与记忆探测中某个概念的联系数量的增加，提取时间也增加。如果几个相关的事实涉及的是几个情境，存储在不同的情境模型中，那么在记忆提取时，所有包含在记忆探测中的概念的情境模型都将被激活，多个情境模型的激活会导致竞争和提取干扰，结果出现扇效应。不相关的情境模型激活越多，反应时就越长，因为这些模型包含记忆探测中的概念。与此相反，当两个或更多的相关事实指向同一个情境，并且能整合到同一个情境模型中，那么，就不会发现扇效应，或扇效应会大幅度降低，因为在记忆提取中，没有其他可竞争的表征导致干扰。

本研究的目的是通过使用相同的研究方法考察是否可以观察到基于时间的情境模型组织。实验的逻辑是，如果被试能够把一系列有一定重叠的事实整合到一个共同的情境模型中，那么，提取干扰效应就会减弱或消除。这种情况下，描述一系列事件的句子都发生在同一个时间段，称之为相同时间条件。相反，如果一系列有一定重叠的事实不能整合成一个情境模型，那么就会发生干扰效应。这种条件是描述某些事件的句子发生在几个时间段，称之为不同时间条件。所以，基于时间的情境模型的证据应该是时间条件与扇效应水平有显著的交互作用，即在不同时间条件下有显著的扇效应，而在相同时间条件下扇效应则明显减弱或消失。

二、实验

实验 1

（一）目的

探讨在有明确空间信息条件下被试能否建构基于绝对时间信息的情境模型。

（二）方法

1. 被试

36 名华南师范大学本科二年级学生，男女各 18 人，被试视力或矫正视力正常。

2. 实验材料

18 个描述某人在某时做某事的句子。为了避免被试建构基于人物的情境模型与基于时间的情境模型的竞争，每个句子的人物是不一样的，我们按照英语字母顺序和中国人习惯的取名方法，给18个句子的人物进行取名。18个句子描述的活动都是发生在运动场的事件，这为建构情境模型提供了明确的空间关系。18个句子中的活动和时间构成2种关系，每种关系中有3种对应（3种扇水平）：从时间上看，第一种是一个时间对应1种活动，第二种是一个时间对应2种活动，第三种是一个时间对应3种活动；从活动上看，第一种是一种活动对应1个时间，第二种是一种活动对应2个时间，第三种是一种活动对应3个时间。一个时间对应几种活动的句子构成相同时间条件，一种活动对应不同时间的句子构成不同时间条件。2种条件都包含3种扇水平，其中扇水平1是由“艾春花4月5日练习单杠、毕东平6月4日练习跳远、卡秋莎8月23日练习铅球、林一鸣1月15日练习跳高”4个结构完全相同的句子构成，随机指定2句为相同条件下的扇水平1，另2句为不同条件下的扇水平1。因此，有理由认为作为比较基线的扇水平1是相同的。相同时间条件和不同时间条件的扇水平2都分别包括4个句子，扇水平3则分别包括6个句子。材料模式如下所示：

艾春花4月5日练习单杠
毕东平6月4日练习跳远
陈碧珊3月18日练习哑铃
邓夏雨3月18日练习举重
厄华林5月6日练习举重
范青云7月12日练习举重
耿春燕7月12日练习标枪
黄松云7月12日练习短跑
句国平9月13日练习短跑
卡秋莎8月23日练习铅球
林一鸣1月15日练习跳高
马春林11月3日练习铁饼
倪菊萍11月3日练习跨栏
欧建国1月9日练习跨栏
彭云微12月6日练习跨栏
丘倩倩12月6日练习双杠
任国庆12月6日练习接力
宋大忠10月7日练习接力

单杠	4月5日
跳远	6月4日
哑铃	3月18日
举重	5月6日
标枪	7月12日
短跑	9月13日
铅球	8月23日
跳高	1月15日
铁饼	11月3日
跨栏	1月9日
双杠	12月6日
接力	10月7日

3. 实验程序

实验全部在赛扬333电脑上进行。实验分为两个阶段，第一阶段为学习阶段，第二阶段为快速再认测验阶段。在学习阶段，让被试阅读材料中的18个单句，要求他们尽快记住所有这些句子，并明确告诉被试所有句子描述的活动都是发生在运动场的。所有句子都是由电脑逐句随机呈现在屏幕的正中间，呈现速度由被试按空格键自行控制。被试第一轮学习完18个单句后，进行第一轮测试。对所学的每个句子提出关于时间和事件的两个问题，如“艾春花4月5日干什么?”“艾春花什么时候练习单杠?”因此，共有36个问题。被试在键盘上输入答案进行回答。如果回答正确，则自动进入下一个问题；如果回答错误，则程序显示错误，并提供正确答案。一轮测验结束后，被试休息3分钟，接着进行第二轮的学习和测验，直到被试对每个问题的回答连续两轮完全正确，即完成学习阶段。实验程序自动记录各个单句的学习轮数。接着，进行第二阶段的快速再认测验。快速再认测验材料为第一阶段学习过的18个单句和由该18个单句打乱时间和事件组合构成的18个未学习过的单句，如“艾春花4月5日练习哑铃?”“毕东平6月4日练习单杠?”因此，共有36句探测句。随机逐句呈现探测句，要求被试左手的食指轻放在“F”键上，右手的食指轻放在“J”键上，被试判断呈现的句子是学习过的还是没有学习过的。如果是学过的句子则按“F”键，没学过的则按“J”键，实验程序记录被试的反应时和错误率。每一种条件下的反应时是该条件下的句子的平均反应时，即扇水平1反应时是2个句子的平均反应时，扇水平2反应时是4个句子的平均反应时，扇水平3反应时是6个句子的平均反应时。整个实验平均约需40分钟。

（三）结果与分析

1. 学习18个句子的轮数比较

实验1统计了被试学习18个句子所需的轮数，结果发现，被试记住18个句子平均需要5.53轮。2（时间条件）×3（扇水平）的方差分析结果发现，扇水平有显著的主效应，$F(2, 35)=21.171$，$p<0.001$。扇水平越高，被试所需的学习轮数越多。

2. 被试对探测句的平均反应时和错误率结果

表4-1　被试对探测句的平均反应时（ms）和错误率（%）

条件	学习过的句子						未学习过的句子					
	扇水平1		扇水平2		扇水平3		扇水平1		扇水平2		扇水平3	
	反应时	错误率	反应时	错误率	反应时	错误率	反应时	错误率	反应时	错误率	反应时	错误率
同一时间	3 223	2.08	3 277	4.17	3 238	4.63	3 058	4.17	3 351	7.64	3 313	6.48
不同时间	2 489	1.39	3 255	4.17	3 527	4.64	2 331	5.56	3 267	7.64	3 406	6.95

对表4-1中反应时数据进行重复测量的方差分析，结果发现，扇水平的主效应显著，$F(2, 35)=10.91$，$p<0.001$；时间条件的主效应达到边缘显著的水平，$F(1, 35)=3.861$，$p<0.057$；更能说明问题的是时间条件与扇水平之间的交互作用显著，$F(2, 35)=11.25$，$p<0.001$。简单效应检验发现，在同时间条件下，扇水平之间无显著差异，$F(5, 210)=0.233$，$p>0.05$；而在不同时间条件下，扇水平之间有极显著的差异，$F(5,210)=4.484$，$p<0.001$。

实验1的平均错误率为4.96%，对错误率MANAVO分析结果表明，学习过与未学习过的句子之间有显著的主效应，$F(1, 35)=5.884$，$p<0.05$；被试对学习过的句子的再认判断的错误率显著低于未学习过的句子再认判断的错误率。扇水平的主效应不显著，$F(2,35)=2.995$，$p>0.05$；其他主效应和交互作用都不显著。这说明实验1的反应时数据是可靠的。

实验1重复发现了被试在阅读一系列有一定重叠的事实过程中建构了基于时间的情境模型的证据。在相同时间条件下，被试把发生在同一时间的几个事件整合到一个情境模型中，因此没有发现扇效应。而在不同时间条件下，被试不能把发生在不同时间的几个事件整合到一个情境模型中，只能建立几个不同的情境模型，因此在提取其中的某个概念时，不同的情境模型都被激活，从而对提取产生了干扰，出现了扇效应。Radvansky和Zwaan认为，情境模型的建构不仅需要相同的时间框架，而且需要相同的空间框架。他们的研究中被试学习的18个句子都是发生在一个晚会上的事件，这为被试建构情境模型提供了相同的空间框架。本实验中被试学习的18个句子都是发生在运动场上的事件，因此，“运动场”为被试建构情境模型提供了相同的空间框架。

实验1探讨的是基于相同的绝对时间信息的情境模型建构问题，那么对事前没有预先设定的时间信息，即相对的时间信息，被试是否同样可以建构基于时间信息的情境模型呢？实验2对这个问题再进行探讨。

实验2

（一）目的

探讨在有明确的空间信息条件下被试能否建构基于相对时间信息的情境模型。

（二）方法

1. 被试

40名华南师范大学本科二年级学生，男女各20人，被试的视力或矫正视力正常。1名被试未能完成学习任务，因此正式被试为39名。实验2的被试未参加过实验1。

2. 实验材料

实验2材料选自Radvansky等1998年的研究，这些材料与实验1材料的不同之处是，实验1中运用的是绝对的时间信息，所有的活动发生在运动场；而实验2的时间信息是相对的，如“当掀开窗帘时，建筑师正在系领带”，所有的活动发生在一次晚会上。与Radvansky等研究不同的是没有明确告诉被试这些活动发生的地点，这也是与实验1另一个不同之处。实验材料见下：

当掀开窗帘时，建筑师正在系领带
当音乐停止时，银行家正在看手表
当警报响起时，木工正在弄眼镜
当警报响起时，医生正在系鞋带

当雷声响起时，工程师正在系鞋带
当花瓶掉在地上时，农民正在系鞋带
当花瓶掉在地上时，杂货店老板正在脱外套
当花瓶掉在地上时，监狱长正在擦鼻子
当茶壶发出响声时，律师正在擦鼻子
当照相机闪光时，机械师正在咬嘴唇
当窗户破裂时，钳工正在展眉
当电话铃响时，牧师正在耸肩
当电话铃响时，售货员正在搅咖啡
当关上门时，教师正在搅咖啡
当碎纸飞起时，警察正在搅咖啡
当碎纸飞起时，小提琴家正在弄烟斗
当碎纸飞起时，作家正在吹气球
当微波炉发出响声时，动物学家正在吹气球

3. 实验程序

实验程序同实验1。

（三）结果与分析

被试学习18个句子所需轮数的统计结果发现，记住18个句子平均需要4.886轮。2（时间条件）×3（扇水平）的方差分析结果发现，只有扇水平变量有显著的主效应，$F(2, 38)=3.621$，$p<0.05$。扇水平越高，被试所需的学习轮数越多。

被试对探测句的平均反应时和错误率见表4－2：

表4－2　被试对探测句的平均反应时（ms）和错误率（%）

条件	学习过的句子						未学习过的句子					
	扇水平1		扇水平2		扇水平3		扇水平1		扇水平2		扇水平3	
	反应时	错误率	反应时	错误率	反应时	错误率	反应时	错误率	反应时	错误率	反应时	错误率
同一时间	2 079	2.56	2 214	5.77	2 352	5.56	1 975	3.21	2 973	7.05	2 270	7.27
不同时间	1 954	3.21	2 744	3.85	2 836	5.14	2 495	3.85	2 947	7.05	3 026	6.42

对表4－2中的反应时进行重复测量的方差分析，结果表明，句子学习与否的主效应显著，$F(1, 38)=4.790$，$p<0.05$；被试对学习过的句子的再认判断显著快于未学习过的句子。时间条件有显著的主效应，$F(1, 38)=15.668$，$p<0.001$；扇水平也有显著的主效应，$F(2, 38)=26.117$，$p<0.01$；最重要的结果是，时间条件与扇水平两个变量之间有显著的交互作用，$F(2, 38)=3.133$，$p<0.05$。简单效应检验发现，在同时间条件

下，扇水平之间无显著差异，$F(2, 116) = 1.387$，$p > 0.05$；在不同时间条件下，扇水平之间有显著差异，$F(2, 116) = 13.304$，$p < 0.001$。这一结果不仅与读者建构基于时间的情境模型的思想一致，而且与实验 1 结果也非常吻合。

实验 2 的平均错误率为 5%，对错误率 MANAVO 分析结果发现，所有主效应和交互作用都不显著。

实验 2 结果表明，即使是相对的时间信息，在相同时间条件下，未发现显著的扇效应，而在不同时间条件下，则发现显著的扇效应，这说明在有明确空间信息的条件下，即使没有被告知事件发生的空间信息，被试同样可以建构基于时间信息的情境模型。那么，情境模型的建构是否必须具备相同的时空框架这一条件呢？是否具备了相同的时间框架就可以建构情境模型呢？实验 3 将探讨这一问题。

实验 3

（一）目的

探讨无明确空间信息条件下被试能否建构基于绝对时间信息的情境模型。

（二）方法

1. 被试

36 名华南师范大学本科二年级学生，男女各 18 人，被试视力或矫正视力正常。他们都未参加过实验 1、2。

2. 实验材料

实验 3 的材料模式与实验 1 相同，唯一不同的是实验 3 的句子描述的活动没有一个明确的空间框架。详细内容见下：

艾春花 4 月 5 日买彩电
毕东平 6 月 4 日复习功课
陈碧珊 3 月 18 日售票
邓夏雨 3 月 18 日打球
厄华林 5 月 3 日打球
范青云 7 月 12 日打球
耿春燕 7 月 12 日看书
黄松云 7 月 12 日上网
句国平 9 月 13 日上网
卡秋莎 8 月 23 日考试
林一鸣 1 月 15 日去上海
马春林 11 月 3 日游泳
倪菊萍 11 月 3 日跑步
欧建国 1 月 9 日跑步
彭云微 12 月 6 日跑步

丘倩倩12月6日看电视
任国庆12月6日逛街
宋大忠10月7日逛街

3. 实验程序

实验程序同实验1。

（三）结果与分析

表4-3　被试对探测句的平均反应时（ms）和错误率（%）

条件	学习过的句子						未学习过的句子					
	扇水平1		扇水平2		扇水平3		扇水平1		扇水平2		扇水平3	
	反应时	错误率	反应时	错误率	反应时	错误率	反应时	错误率	反应时	错误率	反应时	错误率
同一时间	1 937	2.08	1 993	2.08	2 332	3.24	1 982	4.17	2 088	4.86	2 260	5.56
不同时间	1 496	2.78	2 386	6.94	2 383	3.71	1 890	6.94	2 272	5.56	2 260	6.01

对表4-3中反应时进行重复测量的方差分析（MANAVO），结果表明，扇水平的主效应显著，$F(2, 35)=15.185$，$p<0.001$，其他变量的主效应不显著。扇水平与时间条件两个变量之间有显著的交互作用，$F(2, 35)=5.890$，$p<0.004$，其他的交互作用都不显著。简单效应检验结果发现，对于学习过的句子，在相同时间条件下，扇水平之间无显著差异，$F(2, 105)=2.256$，$p>0.05$；而在不同时间条件下，扇水平之间有显著差异，$F(2, 105)=10.079$，$p<0.001$；对于未学习过的句子，相同时间条件和不同时间条件下的扇水平都无显著的差异，$F(2, 105)=0.990$，$F(2, 105)=1.687$，$p>0.05$。

实验3的平均错误率为3.98%。对错误率进行MANAVO分析，结果发现，只有学习过与未学习过的句子之间有显著的主效应，$F(1, 35)=5.187$，$p<0.05$；其他主效应和交互作用都不显著。被试对学习过的句子再认判断的错误率显著低于未学习过的句子再认判断的错误率。

实验3的结果进一步表明，被试在阅读发生在同一绝对时间段的几个事件的过程中，建构了基于时间组织的情境模型。在不同时间条件下，发现了明显的扇效应，而在相同时间条件下，则没有明显的扇效应。这一结果与被试是根据同一的绝对时间段把几个有一定重叠的事件整合进情境模型中的设想是非常吻合的。当共享某个概念（如“跑步”）的几个事件在相同时间条件下整合到一个共同的情境模型后，未能发现扇效应；而当共享某个概念的几个事件发生在不同时间条件下，就不能整合到一个情境模型中，因此在随后提取其中任何一个事件时，几个相关的情境模型都会被激活，从而对提取产生了干扰，导致了扇效应的出现。这一结果不仅与实验1结果一致，也与Radvansky等（1998）的研究结果一致。更重要的是，实验3扩展了Radvansky等以及本研究前两个实验的结论。Radvansky

等认为，相同的时空框架是整合情境模型所必需的，即只有发生在特定时空条件下的事件才能整合进情境模型中。对基于时间信息的整合而言，需要相同的空间背景为基础。但是实验3的结果表明，在没有相同的空间信息条件下，相同的时间框架足以使读者建立基于时间的情境模型。

为什么在缺乏相同的空间信息条件下，相同的时间信息足以使被试建构基于时间的情境模型呢？这实际上牵涉到情境模型本质的认识问题。一个为多数人认同的观点是“情境模型是文章所描述的情境的表征，而不是文章本身的表征”。换言之，情境模型是一种心理表征。我们认为，作为一种心理表征的情境模型可以表征在相同时空框架中发生的事件，也可以通过对发生在不同空间中的事件以某种方式（如事件的时间、人物等）在心理上进行重新组织，建立一种简便、经济的心理表征。第一种表征更多地与现实事件发生的情境一致，可称之为现实定向的情境模型（reality－oriented situation models），这类情境模型已得到了比较多的研究；第二种表征更多地与人们心理上经过重组后的情境一致，可称之为心理定向的情境模型（mental－oriented situation models），迄今为止，这类模型还未引起研究者的重视。实验3探讨的可能是第二类情境模型。未来的研究应从时间信息以外其他维度深入探索第二类模型。

三、综合讨论

本研究中的三个实验都一致表明被试能够把一系列相关的信息整合进基于相同时间信息的情境模型中。当几个相关的事件发生在相同的时间，不管是相同的绝对时间，还是相同的相对时间，都未能发现显著的提取干扰效应。而当几个相关的事件发生在不同的时间时，就发现了显著的提取干扰效应。这些结果说明，发生在相同时间的几个事件出现了整合，而发生在不同时间的几个事件妨碍了整合，从而导致提取干扰效应的出现。

实验1的结果验证和扩展了Radvansky和Zwaan等（1998）的研究结果，也与他们提出的被试要建构情境模型需要建立一个时空框架的思想一致。当几种信息非常明显地具有同一时空框架时，就发生了信息的整合。实验2的结果表明，在有明确的空间信息但未告诉被试的情况下同样发现被试建构了情境模型的证据。实验3则发现在没有确定的空间信息条件下，同样出现信息的整合，发现了被试建构情境模型的明显证据。时间信息本身足以使被试自发地建构情境模型，整合随机出现的片段信息。这与情境模型的建构需要相同的时空框架作为基础的思想不一致。这涉及情境模型的本质及其界定，我们提出了现实定向和心理定向两类情境模型思想，用以解释实验3的结果。这一思想的合理性尚需进一步的理论分析和实验验证。但不管如何，本研究能清楚表明即使在人为的、不自然的阅读条件下，同样可以观察到时间信息在情境模型建构中的作用。

Zwaan（1995）提出的事件标记模型指出，被试在理解所读文章的过程中，对时间信息的跟踪是他们理解的一个重要部分。如果监测到所读文章在时间上出现了间断，被试就会投入更多的加工，而当时间信息发生大的转换时，对时间信息的加工也会出现中断。这一过程就会导致当前模型的转换或创建一个新的情境模型来表征转换后的情境模型。本研究结果与该模型的设想一致。

本研究同时也表明，被试对阅读材料中的时间信息是非常敏感的。他们能自发地利用这些信息来建构情境模型。Radvansky 和 Zwaan 等（1998）的研究表明，当所读材料中时间信息与被试有关的世界知识一致时，读者就能建构基于时间信息的情境模型，而当被试的世界知识与阅读材料中的时间信息不一致时，就不能建构基于时间的情境模型。本研究没有控制读者的世界知识，但也发现了被试建构基于时间的情境模型，可能两者是一致的。未来的研究需要进一步探讨在情境模型建构中被试的世界知识与阅读材料中时间信息的关系。

在以往扇效应的研究中，研究者认为，当信息在主题上存在某种联系时，就会减弱扇效应。有联系的主题信息之所以有助于整合信息，是因为被试能利用实验前获得的知识形成额外的联结，也就是说，被试能利用语义知识建立概念间额外的联结。当激活沿着网络扩散时，这些额外的联结所形成的通路提高了在极短的时间内证实某一事实的概率。本研究中人物、事件和时间概念都是随机组合的，因此可以排除不是因为实验前的联结而造成的。

四、结论

根据本研究结果，可以得出以下结论：

（1）发生在相同时间段的几个相关事件能整合在同一个情境模型中，提取其中某个概念时没有发现显著的扇效应；而发生在不同时间段的几个相关的事件不能整合进同一个情境模型，而是建立几个情境模型来表征这些事实，提取其中某个概念时发现显著的扇效应。

（2）在没有明确的空间框架条件下，时间信息足以使被试建构基于时间信息的情境模型。

第二节　时间情境模型提取过程的实质初探：激活与抑制

一、理论概述

以往研究者对情境模型的五个维度开展了多项研究，其中关于时间维度的几项研究表明，人们在语篇理解过程中，利用时间信息建构了基于时间的情境模型。何先友和曾祥炎（2002）在 Radvansky 等（1998）的研究基础上，运用扇效应技术进一步探讨了被试能否建构基于相对时间信息的情境模型以及在有无空间信息两种条件下，被试能否建构基于绝对时间信息的情境模型。该研究结果表明，不论有无空间信息，而且不管是相对时间还是绝对时间，只要几个相关事件发生在相同的时间段，被试就将几个相关事件整合进了基于这一相同时间段的情境模型中，因而没有发生提取干扰，扇效应不显著。而如果几个相关事件发生在不同时间段，被试建立了几个情境模型，提取时就会产生干扰，就会出现显著的扇效应。

被试能够建构基于时间信息的情境模型的发现丰富了情境模型时间维度的研究，对进

一步发现篇章理解过程中的一般规律有重要推动作用。但基于时间信息的情境模型的提取过程究竟是如何进行，所发现的扇效应是如何产生的呢？

研究者对情境模型提取过程中产生的扇效应的一般描述是，在形成多个彼此独立而又相互联系的情境模型的条件下，对其中一个情境模型的提取激活了与之相关的其他几个情境模型，多个情境模型的激活产生了竞争和干扰，相互竞争和干扰的情境模型越多，提取目标情境模型所需要的时间就越长，从而产生扇效应。我们所关心的问题是，在对目标情境模型的提取过程中，是否仅仅激活了与之相关的其他几个情境模型，或者说与目标情境模型相关的其他几个情境模型是否一直处于激活状态？有意遗忘和提取—练习的诸多研究（Bjork，1989；Neumann，1992；Zacks，Radvansky，& Hasher，1996；Anderson & Bjork，1994；Anderson & Spellman，1995）表明，长时记忆提取过程中涉及了基于提取的抑制（retrieval - based inhibition），即因为目标项目的提取导致了其他项目的抑制。这一抑制过程包括目标项目表征的激活和对一开始可能也被激活但不适宜的与目标项目表征产生竞争的表征的抑制。在对目标项目提取过程中，是否也包括了对相关其他情境模型的抑制而不仅仅是激活呢？这也是长时记忆提取的抑制观与激活观争论的关键所在。

本研究采用记忆提取研究中常用的负启动实验范式来探讨时间情境模型提取过程的实质。负启动效应最早是在 Stroop 色词实验中被发现的（Dalrymple - Alford & Budayr，1966），20 世纪 80 年代中期以来，负启动现象越来越受到认知心理学研究者的关注（Lowe，1979；Tipper & Cranston，1985；Neill & Valdes，1992），它是指当前一个刺激中的干扰项作为后一个刺激中的目标呈现时的抑制作用，表现为当上次显示（启动显示）中被忽略的干扰项成为下次显示（探测显示）中的目标时，被试对该目标的反应时增加（张丽华，胡领红，2006）。Radvansky 和 Zwaan（1998）首次运用负启动实验范式探讨了情境模型中的时间信息提取。本研究采用的负启动技术与 Radvansky 等研究的技术相同，被试记忆发生在不同时间段的多个事件，形成了多个不同的情境模型，提取其中一个情境模型时，其他情境模型便是无关但会干扰目标情境模型提取的项目。如果目标情境模型提取过程中没有对这些项目进行抑制，仅仅是激活，那么目标情境模型的提取可能会促进对这些项目随后的提取。反之，如果无关情境模型得到了抑制，随后提取这些情境模型的反应时将会增加，出现负启动效应。在负启动的实验范式中，一般有两个显示，前一个称为启动显示，后一个称为探测显示，每种显示均包含目标和干扰物两类刺激，要求被试对目标进行反应，同时忽略干扰刺激（即干扰物）。实验一般分为实验组和控制组两种条件，在实验条件下，探测显示的目标与启动显示的干扰物有关，在控制条件下，这两种显示的刺激无关（张丽华，白学军，2006）。据此，我们设置两种条件：实验条件和控制条件。在实验条件下，启动项目是首先被提取的情境模型，目标项目是与目标情境模型产生竞争的其他干扰情境模型；控制条件目标项目与实验条件目标项目相同，启动项目与目标项目无关但又与实验条件下的启动项目有相同的扇水平。这样，两种条件下目标项目提取上的差异就不能归于启动项目提取难度上的差异。根据激活观，实验条件下，在提取启动句时，会激活与之相关的情境模型（目标句），而控制条件下，由于启动句与目标句是不相关的，提取启动句时，目标句将不会得到激活。那么在随后的目标句提取中，实验条件下对目标句的反应将会快于控制条件下对目标句的反应，即会发现易化效应或正启动。而根据抑制观，实验条件下，为了提取启动句，与之相关的情境模型（目标句）在激活后会被抑制，而控制条件下，目标句不会被激活也不会被抑制，那么在随后的目标句提取中，实验条件下对目标句的反应将会慢于控制条件下对目标句的反应，即会发现负启动。

二、实验

（一）目的

探讨时间情境模型提取过程中是仅有激活还是既有激活又有抑制。

（二）方法

1. 被试

华南师范大学本科二年级学生28名，男女各半，母语均为汉语，无阅读障碍。

2. 实验材料

实验材料分为学习句子和再认测验句子。学习句子与何先友等研究中使用的材料相同（何先友，曾祥炎，2002），即18个描述某人在某时做某事的句子。为了避免被试建构基于人物的情境模型与基于时间的情境模型的竞争，每个句子中的人物是不一样的，并按照英语字母顺序和中国人习惯的取名方法，给18个句子的人物进行取名。18个句子中的活动和时间构成2种关系，每种关系中有3种对应（3种扇水平）：从时间上看，第一种是一个时间对应1种活动；第二种是一个时间对应2种活动；第三种是一个时间对应3种活动；从活动上看，第一种是一种活动对应1个时间，第二种是一种活动对应2个时间，第三种是一种活动对应3个时间。一个时间对应几种活动的句子构成相同时间条件，一种活动对应不同时间的句子构成不同时间条件。两种条件都包含3种扇水平，其中扇水平1是由“艾春花4月5日练习单杠、毕东平6月4日练习跳远、卡秋莎8月23日练习铅球、林一鸣1月15日练习跳高”4个结构完全相同的句子构成，随机指定2句为相同时间条件下的扇水平1，另2句为不同时间条件下的扇水平1。因此，有理由认为作为比较基线的扇水平1是相同的。除去同时作为扇水平2和扇水平3的句子，相同时间条件和不同时间条件的扇水平2都分别包括2个句子，两种时间条件下的扇水平3也分别包括2个句子。同时，这18个句子也构成了实验条件和控制条件下的启动句和目标句。如：实验条件下的启动—目标对是“厄华林5月6日练习举重”—“陈碧珊3月18日练习哑铃”，那么控制条件下的启动—目标对是“欧建国1月9日练习跨栏”—“陈碧珊3月18日练习哑铃”。如上所述，根据激活观，在提取“厄华林5月6日练习举重”时，激活了与之相关的情境模型，即以“3月18日”和“7月12日”为基础的情境模型。这样，实验条件下对“陈碧珊3月18日练习哑铃”的反应会快于控制条件下对“陈碧珊3月18日练习哑铃”的反应，即会发现易化效应或正启动。而根据抑制观，在对“厄华林5月6日练习举重”进行提取时，被试需要抑制相关的非目标情境模型，即以“3月18日”和“7月12日”为基础的情境模型，因为“陈碧珊3月18日练习哑铃”得到了抑制，那么随后对实验条件下“陈碧珊3月18日练习哑铃”的提取将会比控制条件下花费更长的时间，即会发现负启动。

再认测验句子为18个学习单句和由该18个单句打乱时间和事件组合构成的18个未学习过的单句，每个句子出现6次，这样总共形成了216个再认探测句子。再认探测句中

包含了实验条件和控制条件下的启动—目标对各 32 个。其余的句子在实验中作为填充句出现，不构成启动—目标对。

3. 实验程序

实验分为两个阶段：第一阶段为学习阶段，第二阶段为快速再认测验阶段。在学习阶段，让被试阅读材料中的 18 个单句，要求他们尽可能快地记住所有这些句子，所有句子都是由电脑逐句随机呈现在屏幕的正中间，呈现速度由被试按空格键自行控制。被试第一轮学习完 18 个单句后，进行第一轮测试。对所学的每个句子提出关于时间和事件的两个问题，如“艾春花 4 月 5 日干什么？”“艾春花什么时候练习单杠？”因此共有 36 个问题。被试在键盘上输入答案进行回答。如果回答正确，则自动进入下一个问题；如果回答错误，则程序显示错误，并提供正确答案。接着进行第二轮的学习和测验，直到被试对每个问题的回答连续两轮完全正确，即完成学习阶段。实验程序自动记录各个单句的学习轮数。接着，进行第二阶段的快速再认测验。随机逐句呈现探测句，但保证目标句在相应的启动句后出现。要求被试左手的食指轻放在“F”键上，右手的食指轻放在“J”键上，被试判断呈现的句子是学习过的还是没有学习过的。如果是学过的句子按“J”键，没学过的则按“F”键，实验程序记录被试的反应时和错误率。

（三）结果与分析

删除反应时低于 500 ms 而高于 8 000 ms 的数据，同时对每个被试两个标准差外的数据也予以删除，有 3 名被试中途退出实验，1 名被试的数据由于程序原因难以读取，另外有 1 名被试的数据都在 500 ms 以下，予以删除。最后对 23 名被试的数据进行了统计分析。

1. 不同扇水平条件下对探测句的平均反应时及错误率比较

表 4－4 不同扇水平条件下对探测句的平均反应时（ms）及错误率（%）

时间类型	扇水平 1		扇水平 2		扇水平 3	
	反应时	错误率	反应时	错误率	反应时	错误率
相同时间	2 427（1 173）	2.00（0.90）	2 671（1 221）	2.20（1.50）	2 682（10 89）	2.40（2.00）
不同时间	2 446（1 079）	2.10（1.20）	2 557（1 119）	2.70（1.50）	3 183（975）	3.00（2.20）

对反应时进行两因素的重复测量方差分析，结果表明，时间类型主效应不显著，$F(1, 22)=2.04$，$p>0.05$；扇水平主效应显著，$F(2, 44)=6.77$，$p<0.05$。时间类型与扇水平的交互作用显著，$F(2, 44)=5.61$，$p<0.05$。进一步的简单效应检验表明，在不同时间条件下，扇水平差异显著，$F(2, 44)=3.23$，$p<0.05$；在相同时间条件下，扇水平差异不显著，$F(2, 44)=0.35$，$p>0.05$。

对错误率同样进行了两因素的重复测量方差分析，结果表明，时间条件类型主效应不显著，$F(1, 22)=2.71$，$p>0.05$；扇水平主效应不显著，$F(2, 44)=2.68$，$p>0.05$；两者交互作用也不显著，$F(2, 44)=1.92$，$p>0.05$。

与以往实验结果一致，在相同时间条件下，没有发现显著的扇效应，表明被试建构了基于同一时间的情境模型；而在不同时间条件下，扇效应显著，说明被试基于不同时间建构了多个情境模型，提取过程中出现了模型间的竞争与干扰。这一实验结果为本研究提供了重要前提，因为本研究的主要目的在于探讨不同时间条件下，产生扇效应的提取过程中是否有抑制机制的参与。

2. 不同启动类型条件下对目标句的平均反应时及错误率比较

表4-5　实验条件与控制条件下对目标句的平均反应时（ms）及错误率（%）

启动类型	反应时	错误率
实验	2 613（1 084）	3.70（2.60）
控制	2 016（874）	3.10（2.50）

单因素的重复测量方差分析结果表明，在反应时方面，启动类型的主效应显著，$F(1, 22)=4.23$，$p<0.05$，而两种启动类型条件下错误率无显著差异，$F(1, 22)=0.15$，$p>0.05$。实验条件下目标句的反应时间显著慢于控制条件下目标句的反应时间，出现了显著的负启动效应。根据我们的实验逻辑，这一结果表明，在时间情境模型的提取过程中，激活了目标项目及相关的干扰项目，而且对干扰项目进行了抑制，支持了长时记忆提取的抑制观。

3. 不同启动类型条件下对启动句的平均反应时及错误率比较

表4-6　不同启动类型条件下对启动句的平均反应时（ms）及错误率（%）

启动类型	反应时	错误率
实验	2 561（1 160）	3.60（2.50）
控制	2 750（1 367）	4.40（3.20）

对反应时和错误率进行单因素的重复测量方差分析，结果表明，两种启动条件下启动句的反应时差异不显著，$F(1, 22)=0.26$，$p>0.05$；错误率的差异也不显著，$F(1, 22)=0.22$，$p>0.05$。这说明，表4-5中实验条件和控制条件下对目标句的反应时间的差异不能归因于两种条件下启动句加工的差异。

4. 负启动效应与扇效应大小的相关

根据上述实验结果，我们可以认为，在时间情境模型的提取过程中，抑制机制参与了不同时间条件下扇效应的产生过程。为进一步探讨负启动与扇效应的关系，将负启动效应定义为控制条件与实验条件下目标项目反应时的差异，将扇效应的大小定义为不同时间条件下扇水平1与扇水平3再认句反应时的差异。相关分析结果发现，两者存在显著的负相关，$r=-0.36$，$p=0.04$，扇效应越大，负启动效应越小。这是因为启动句提取过程中干扰情境模型越多，由此产生的扇效应越大，但干扰情境模型的数量越多，对每个干扰情境模型的抑制力量就越分散，干扰情境模型被抑制的强度就越弱，随后这些干扰情境模型作为目标句被提取时所产生的负启动效应就越小。

5. 不同抑制项目数量的目标句反应时比较

根据两种实验条件下目标句反应时的比较结果，即负启动效应的出现，我们认为，在

时间情境模型提取过程中抑制过程参与了其中。那么启动句再认过程中需要抑制的时间情境模型的数量是否会影响随后目标句的提取呢？

分析实验材料，对于每个被试，在4个启动—目标对中，提取启动句时，需要抑制一个无关情境模型，在10个启动—目标对中，需要抑制两个无关情境模型。根据提取启动句时需要抑制的无关情境模型的数量，将两种实验条件下相应的目标句进行分类，并进行2（启动类型：实验 vs 控制）×2（抑制项目数量：1 vs 2）两因素重复测量方差分析，结果发现，启动类型主效应不显著，$F(1, 22)=0.20$，$p>0.05$，抑制项目数量主效应不显著，$F(1, 22)=0.01$，$p>0.05$，两者交互作用也不显著，$F(1, 22)=0.02$，$p>0.05$。但从具体的反应时平均数中，我们发现在抑制项目数量为1的条件下，实验条件下目标句的反应时间（2 638 ms）长于控制条件下目标句的反应时间（2 547 ms），而在抑制项目数量为2的条件下，实验条件下目标句的反应时间（2 625 ms）也长于控制条件下目标句的反应时间（2 579 ms），并且在抑制项目数量为1条件下的负启动量（91 ms）要大于在抑制项目数量为2条件下的负启动量（46 ms），这表明抑制项目的数量在一定程度上会影响负启动效应。当抑制项目数量增加时，负启动效应有减弱的趋势。同时，在抑制项目数量为1和抑制项目数量为2的分析中，我们也一致地发现了负启动效应。

三、讨论

根据何先友等（2002）的研究结果，在不同时间条件下，被试基于不同的时间建构了多个时间情境模型，这样在提取其中任一模型时，多个相关的情境模型都被激活，并产生竞争和干扰，出现了提取干扰效应。本研究在此基础上，运用负启动实验范式，通过检测与被提取的情境模型产生干扰的其他相关情境模型的再认反应时间，探讨了时间情境模型提取过程的实质，即在提取目标情境模型时，对相关的竞争模型是仅有激活过程还是既有激活又有抑制过程，抑制机制是否参与了长时记忆的提取？

首先，我们重复发现了何先友等（2002）的实验研究结果，即在相同时间条件下，没有显著的扇效应，而在不同时间条件下，发现了显著的扇效应。这为本研究提供了重要基础。更为重要的是，在不同时间条件出现了显著的扇效应这一基本前提下，比较了不同启动类型条件下目标句反应时的差异，结果发现，实验条件下目标句的反应时间显著长于控制条件下目标句的反应时间，产生了显著的负启动效应，而两种启动类型条件下的启动句反应时间差异不显著，排除了发现的负启动效应归于两种条件下启动句加工的差异的可能性。

这表明在提取目标情境模型时，对与之相关的其他情境模型，不仅仅是激活，而且进行了抑制，或者更准确地说，在提取目标情境模型时，同时激活了目标情境模型和与之相关的其他情境模型。随后，目标情境模型继续处于被激活状态，而这些相关的情境模型转入了被抑制状态，也正是因为在这一阶段（启动句提取阶段）对这些与被提取的情境模型产生竞争的情境模型进行了抑制，在之后对这些模型进行提取时（目标句提取阶段），相比控制条件，实验条件下需要花费更多的加工资源，需要更长的反应时间。因此，整个提取过程既有激活又有抑制机制的参与，而不仅仅是激活。

此外，从负启动效应与扇效应的相关关系以及不同抑制项目数量的目标句反应时间的比较来看，在时间情境模型提取过程中，不仅涉及抑制机制，并且这种抑制表现出一种扇形扩散。在启动句提取阶段，同时激活的相关项目越多（即需要抑制的相关项目越多），所遇到的干扰越大，由于资源的有限性，对每个相关项目进行抑制的力度就越小，产生的负启动效应也就越小，扇效应大小与负启动效应大小负相关。提取启动句时，需要抑制一个相关项目所产生的负启动量大于需要抑制两个相关项目时产生的负启动量，也说明了抑制力量会随着干扰项目数量的增加而减弱，负启动效应也相应减弱，出现了扩散抑制的扇形效应。

本研究中，我们主要是从抑制的角度来分析所发现的负启动效应，尽管这是认知心理学中对负启动效应占主导地位的解释，但不能忽略本研究中得到的负启动效应还有其他解释的可能性。因为随着负启动机制研究的深入，许多研究者发现负启动并不能完全用注意的内在抑制机制来解释，于是开始从记忆的角度，即从基于材料性质和语义提取的认知加工方面进行分析，提出了一些新的理论。其中，最有影响力的是 Neill 等（Neill & Valdes, 1992；Neill，1997）提出的情境提取说（episodic retrieval hypothesis）。根据情境提取说，对一个目标刺激的加工，不仅包括对所呈现的信息的加工，而且自动和内隐地运用了来自加工启动刺激时的情境信息。这一情境包含了先前对该刺激作出反应的信息。也就是说，在负启动条件下，探测显示的目标就是启动显示的干扰刺激，在启动显示中，干扰刺激被忽略。因此对干扰刺激的内在表征会附带一个“不作反应”的标签。当在探测显示中对目标进行反应时会自动提取启动干扰刺激的加工信息，即提取对它“不作反应”的信息，这与当前对它所要作出的反应发生冲突，解决冲突所花费的时间就导致负启动效应的产生。提取时间的临近性（即启动刺激与探测刺激之间的SOA）和启动刺激与探测刺激的背景相似性是影响提取可能性从而影响负启动效应大小的两个重要因素。启动刺激与探测刺激之间的 SOA 越短，负启动效应越大。启动刺激与探测刺激的背景相似性越高，负启动效应越大（Neill & Valdes，1992；Neill，1997；Fox & Fockert，1998；Stolz & Healy，2001）。在本研究的再认阶段中，只是要求被试既快又准地进行再认判断，没有强调反应准确性或反应速度，并且所有的启动—探测对与未组成启动—探测对的句子随机呈现，启动句与探测句之间的 SOA 即为启动句的反应时间。本研究中，难以区分出实验条件和控制条件下启动句反应时间都长或都短的启动—探测对，从背景相似性来说，所有的启动刺激与探测刺激都是“某人某时间做某项运动”结构的句子，也难以区分出背景相似性程度有显著差别的启动—探测对。因此，还需要从抑制说与情境提取说对负启动效应解释上的根本差别方面来探讨本研究中所得到的负启动效应是否还有非抑制的解释，从而深入理解时间情境模型提取过程的实质。

四、结论

根据本研究结果，可以得出以下结论：

（1）对发生在相同时间段的几个相关事件，被试建构了基于相同时间的单一情境模型，而在不同时间条件下，则建构了多个基于不同时间的情境模型，并在提取过程中出现了扇效应。

（2）在时间情境模型的提取过程中，不仅包括对目标情境模型以及与之竞争的无关情境模型的激活，而且包括对这些干扰情境模型的抑制。扇效应的产生过程中不仅有激活，而且有抑制机制的参与。

第三节　时间情境模型的更新：事件框架依赖假设

一、理论概述

时间信息在情境模型建构中具有十分重要的作用。以往针对文本阅读中时间信息加工过程的研究深化了人们关于时间情境模型建构的认识。纵观以往研究可以发现，对文本阅读研究中的时间信息加工问题，存在着时间转换是否情境模型更新的充分条件以及时间转换的大小对情境模型更新的作用两个方面的问题（Bestgen & Vonk，2000；Zacks & Tversky，2001；Speer & Zacks，2005；何先友，林崇德，2008；李英迪，何先友，2009；何先友，李惠娟，魏玉兵，2011）。前人的研究通常是时间维度转换伴随着事件转换，由此产生的问题是，时间维度的转换是否受到事件转换的影响？如果是，又是如何受到事件转换的影响的？本研究试图解决这个问题。研究的基本设想是：引起读者情境模型更新的真正因素是事件单元的改变，如果时间转换是在事件框架内发生的，情境模型的建构就不会受到时间转换的影响而发生更新，如果时间转换超出了事件框架，读者将随着时间转换更新情境模型。我们称该设想为事件框架依赖假设。

本研究根据这个设想设计了 2 个实验，采用 Radvansky 和 Copeland（2010）多指标探测范式探讨事件框架内外条件下时间转换对情境模型更新的影响。实验 1 中，时间转换发生在事件框架内，从三个指标检验时间转换对情境模型更新的影响。指标一为时间框架探测。为了评估时间转换后是否建立一个新情境的时间框架，在关键句后立即探测活动词（如：打字），如果时间转换引起情境模型更新，那么转换条件下的活动词反应时会慢于无转换条件下的活动词反应时。指标二为客体状态。情境模型更新后，不同状态客体的可利用性不同。在时间无转换条件下，客体（如：钥匙）始终存在于当前情境，称之为“中性”条件；在时间转换条件下，客体（如：钥匙）有两种状态：一种情况是转换前，客体（钥匙）被拿起，随着情境更新进入新情境，称之为“保持”条件；另一种情况是转换前，客体（钥匙）被放下，随着情境更新被移除在新情境之外，称之为“移除”条件。如果时间转换引起情境模型更新，那么保持条件下的客体与中性条件下的客体都在当前情境，其可利用性相同，探测词反应时应无显著差异，而移除条件下的客体不在当前情境，反应时应比中性条件下要长。指标三为阅读时间。把时间转换句的阅读时间与时间无转换句的阅读时间作比较，如果时间转换引起情境模型更新，那么由于认知加工的增加会使转换条件下阅读时间比无转换条件下要长。实验 2 中时间转换发生在事件框架外，三个指标与实验 1 相同，如果时间转换引起情境模型更新，三个指标将出现显著差异。

本研究试图通过两个实验验证事件框架依赖假设，该假设认为，当时间转换处于事件框架之内时，读者会将时间转换知觉为同一事件的延续，不会引起情境模型的更新，具体表现为：时间转换句的阅读时间不会显著延长，在时间转换条件下，保持客体与中性客体、移除客体与中性客体探测词反应时之间不存在显著差异；当时间转换处于事件框架之外时，读者会将时间转换知觉为两个不同事件的转换，从而更新情境模型，具体表现为：在转换条件下，不论阅读时间、时间框架探测和客体探测，都会显著慢于无转换条件。

二、评定实验

（一）目的

为了保证本研究所使用的实验材料的有效性，首先对所有实验材料进行评定。

（二）方法

1. 被试

36 名不参加正式实验的大学生参加了评定实验，实验 1 的材料评定人数为 18 人，实验 2 的材料评定人数为 18 人。

2. 实验材料

实验 1 使用的材料全部来自于对 Radvansky 和 Copeland（2010）的实验材料的改编，所有材料为事件框架内材料。实验 2 另外编写实验材料，所有材料是事件框架外材料。每个实验各含 8 篇实验材料，每篇实验材料均有 6 个不同的版本。每篇材料都包括时间转换和时间无转换条件。先前研究大多将连续性时间短语“一会儿以后”作为时间无转换条件，将间断性时间短语“1 小时以后”作为时间转换条件，因此，我们选择用连续性时间短语“过了一会儿”作为时间无转换条件，用间断性时间短语“过了 1 小时”作为时间转换的条件。

3. 实验程序

实验材料评定时给每位学生发一本小册子，里面包含 8 篇实验材料。评定时要求被试仔细阅读文章，读完每篇文章后请被试评定文章的通顺程度，共有 1 ~ 7 个等级供评定者选择（1 代表完全不通顺，7 代表非常通顺），并请被试评定是否可以很好地理解这篇记叙文，记叙文的题目是否恰当。另外要求被试评定实验 1 和实验 2 的实验材料中所有关键句与前一句描述的内容是否同一事件单元。

4. 结果与分析

因评定实验重点探讨事件框架内外条件下时间转换对情境模型更新的影响，因此，我们关注的是实验材料的合理性和通顺度。结果表明，实验 1 材料的通顺度为 $M = 6.03$，$SD = 0.56$；89% 的被试认为可以很好地理解实验材料；87% 的被试认为题目与内容一致；73% 的被试认为关键句与前一句描述的内容为同一事件单元。实验 2 材料的通顺度为 $M = 5.73$，$SD = 0.63$；94% 的被试认为可以很好地理解实验材料；83% 的被试认为题目与内容一致；15% 的被试认为关键句与前一句描述的内容为同一事件单元。

三、实验

实验 1

（一）目的

探讨事件框架内时间转换对情境模型更新的影响。

（二）方法

1. 被试

36 名本科生，所有被试均裸视或矫正视力正常，母语为汉语，无阅读障碍，无肢体

缺陷。

2. 实验材料

共8篇记叙文（每个故事含41~60个句子），每篇记叙文有6个不同的版本（2种时间转换×3种客体状态）。

3. 实验设计与程序

实验采用被试内设计，每个被试都阅读8篇记叙文。用E-prime编程，每个故事用一个绿色标题开始呈现。为了记录阅读时间，逐句呈现，被试自定步调按键进行阅读。在目标句之后，即刻呈现探测词。在指导语中告诉被试，其反应时和正确率会被记录下来。对于指标一时间框架探测，自变量为时间有无转换，分两个水平，包括时间转换（“1小时之后”）和时间无转换（“一会儿之后”），因变量是活动探测词反应时和正确率；对于指标二客体状态，自变量为时间有无转换和客体状态，时间有无转换分为时间转换和时间无转换，客体状态分为保持、移除和中性，因变量是目标客体的反应时和正确率；对于指标三阅读时间，自变量为时间有无转换，因变量是关键句的阅读时间。

（三）结果与分析

删除了反应时在2.5个标准差以外的数据，删除的数据不超过总数据的5%。运用SPSS 13.0对所有数据进行两种统计处理，一种是以被试为随机变量的分析（F_1），一种是以项目（即实验材料）为随机变量的分析（F_2），结果见表4-7：

表4-7　三个指标在时间有无转换条件下的平均数（ms）、正确率（%）和标准差

时间转换类型	框架探测		保持客体		移除客体		阅读时间
	反应时	正确率	反应时	正确率	反应时	正确率	
时间转换	1 102±386	93.06±9.18	1 105±311	95.49±7.41	1 119±275	92.01±9.98	110±35
时间无转换	1 097±295	92.71±10.93	1 074±358	92.36±9.10	1 074±358	92.36±9.10	114±29

注：框架探测为指标一，保持客体和移除客体为指标二，阅读时间为指标三。

指标一的分析结果发现，被试在时间无转换条件与时间转换条件下反应时均无显著差异，$F_1(1, 35)=0.007$，$p=0.932$，$F_2(1, 15)=0.019$，$p=0.893$。对于该结果，有研究者认为“一会儿之后”表示较短的时间转换，所以这一结果可以解释为长短时间转换之间无显著差异。就正确率而言，被试在转换条件和无转换条件下正确率都很高，两者差异不显著，$F_1(1, 35)=0.021$，$p=0.884$，$F_2(1, 15)=0.011$，$p=0.916$。

指标二的分析结果发现，保持客体反应时在转换和无转换条件下差异均不显著，$F_1(1, 35)=1.097$，$p=0.302$，$F_2(1, 23)=0.307$，$p=0.585$。这与先前对保持客体在情境更新前后可用性无变化的预测相一致。被试在转换和无转换条件下探测词的正确率也无显著差异，$F_1(1, 35)=2.561$，$p=0.119$，$F_2(1, 23)=3.055$，$p=0.094$。移除客体反应时在转换条件与无转换条件下均无显著差异，$F_1(1, 35)=1.836$，$p=0.184$，$F_2(1, 23)=0.393$，$p=0.537$；正确率在两种条件之间差异亦不显著，$F_1(1, 35)=0.025$，$p=0.875$，$F_2(1, 23)=0.014$，$p=0.906$。

指标三的分析结果发现，在转换条件下平均阅读时间与在无转换条件下无显著差异，F_1（1，35）=0.865，p=0.360，F_2(1，15）=0.765，p=0.396。

实验1的结果表明，在事件框架内，不论是框架探测词还是客体探测词的反应时，时间转换与无转换两种条件之间都没有显著差异，而且阅读时间也没有显著延长，这说明时间转换没有引起情境模型的更新。这一结果与 Radvansky 和 Copeland（2010）的研究不完全一致，差异表现在阅读时间和框架探测词指标上。这可能是由于 Radvansky 等采用“1天之后”作为时间转换的条件，而本研究采用“1小时之后”作为时间转换的条件，这两种设置所包含的时间转换跨度是不一样的，这可能引发被试不同的时间知觉。但更重要的原因可能是本研究在事件框架内探讨时间转换对情境模型的影响，事件框架对情境模型更新起到关键的作用。为了验证这一假设，我们在实验2中探讨事件框架外时间转换对情境模型更新的作用。

实验2

（一）目的

探讨在事件框架外时间转换对情境模型更新的影响。

（二）方法

1. 被试

33名本科生参与本实验，所有被试母语均为汉语，无阅读障碍。所有被试均裸眼视力或矫正视力正常。

2. 实验材料

共8篇记叙文（每个故事含42～62个句子），每篇记叙文有6个不同的版本（2种时间转换×3种客体状态）。

3. 实验设计与程序

采用被试内设计，每个被试都阅读8篇记叙文。与实验1相同，采用多指标探测，指标一为框架探测，指标二为客体状态，指标三为阅读时间。每个指标的自变量、因变量与实验1相同。实验程序同实验1。

（三）结果与分析

删除了反应时2.5个标准差以外的数据，删除的数据不超过总数据的5%。结果见表4－8：

表4－8　三个指标在时间有无转换条件下的平均数（ms）、正确率（%）和标准差

时间转换类型	框架探测		保持客体		移除客体		阅读时间
	反应时	正确率	反应时	正确率	反应时	正确率	
时间转换	1 160±298	91.67±10.67	1 165±376	91.29±10.59	1 190±329	94.32±10.41	114±38
时间无转换	1 061±259	91.29±12.30	1 057±277	93.56±9.44	1 057±277	93.56±9.44	98±31

注：框架探测为指标一，保持客体和移除客体为指标二，阅读时间为指标三。

指标一的分析结果发现，被试在时间转换条件下的反应时明显慢于在时间无转换条件下，$F_1(1, 32)=6.263$，$p=0.018$，$F_2(1, 15)=5.401$，$p=0.035$。就正确率而言，被试在转换条件和无转换条件下正确率都很高，两者差异不显著，$F_1(1, 32)=0.031$，$p=0.861$，$F_2(1, 15)=0.157$，$p=0.698$。

指标二的分析结果发现，保持客体反应时在转换条件下明显慢于在无转换条件下，$F_1(1, 32)=4.281$，$p=0.047$，$F_2(1, 23)=6.928$，$p=0.015$。读者在转换和无转换条件下探测词的正确率无明显差异，$F_1(1, 32)=1.061$，$p=0.311$，$F_2(1, 23)=1.121$，$p=0.301$。移除客体反应时在转换条件下明显慢于在无转换条件下，被试检验差异显著，$F_1(1, 32)=7.186$，$p=0.012$；项目检验差异显著，$F_2(1, 23)=4.128$，$p=0.054$。正确率在两种条件下均无显著差异，$F_1(1, 32)=0.150$，$p=0.701$，$F_2(1, 23)=0.025$，$p=0.877$。

指标三的分析结果发现，时间转换句的平均阅读时间明显长于时间无转换句的平均阅读时间，$F_1(1, 35)=6.23$，$p=0.017$，$F_2(1, 15)=9.95$，$p=0.004$。

实验2的结果显示，在事件框架外，时间转换引起了情境模型的更新，三个指标在时间转换与无转换条件下比较均有显著差异。不论客体保持还是移除，都出现了转换条件下探测词反应时明显慢于无转换条件下的结果。这一结果表明在事件框架外，情境模型的更新是一个整合的过程，即使客体在情境模型更新前后都存在于当前模型中，但由情境模型更新造成的认知负荷，使得两者的信息通达明显慢于无转换条件下。

四、综合讨论

（一）关于事件框架在情境模型更新中的作用问题

实验采用Radvansky和Copeland（2010）的多指标探测范式，从多方面考察维度转换对情境模型更新的影响。实验1和实验2分别从事件框架内和事件框架外两个方面探讨时间转换对情境模型更新的影响。结果表明，在事件框架内，时间转换对时间框架探测、保持客体和移除客体的探测都没有影响，时间转换关键句的阅读时间与时间无转换关键句的阅读时间没有显著差异。时间转换没有引起情境模型的更新，与场景理论相一致。而在事件框架外，时间转换条件下，时间框架探测、保持客体和移除客体的探测词都明显慢于时间无转换条件下，时间转换关键句的阅读时间也明显慢于时间无转换关键句。事件框架外，时间转换是情境模型更新的充分条件，与强印象假设相一致。实验1的结果与Radvansky和Copeland（2010）的实验时间维度的研究结果不一致，主要原因可能是由于Radvansky的研究混淆了事件框架内外的差异，没有考虑到事件框架对维度变化引起情境模型更新的影响。

综合本研究的结果，我们发现，事件框架影响着不同维度对情境模型更新的作用。在事件框架内，维度转换不是情境模型更新的充分条件，时间转换与活动信息相结合引起情境模型的快速更新；在事件框架外，维度转换是情境模型更新的充分条件，时间维度的转换引起情境模型的更新，先前情境中所有信息的可利用性都受到情境模型更新的影响。我们甚至可以推断，事件标记模型中的五个维度都要受到事件框架的影响，不同事件框架下，维度变化对情境模型更新的影响不同，但该推断还需要进一步的实验证据。

（二）关于时间距离对情境模型更新的影响问题

时间距离即时间长短，关于这一因素对情境模型更新的影响主要有两大对立的理论，即场景理论（Anderson et al.，1983）和强印象假设理论（Zwaan，1996）。场景理论认为读者主要通过场景来更新情境模型。时间信息只是为场景转换提供线索而已。强印象假设理论则认为，读者在阅读的过程中，一般会根据认知经济原则将文本中描述的前后两个事件进行连贯的表征，一旦出现时间短语的转换，读者就会更新情境模型，建立新的表征。两者争论的焦点在于时间距离对情境模型更新影响的大小，前者认为时间距离信息只是为读者更新情境模型提供一种线索，而后者认为时间距离长短是情境模型更新的充分条件。

根据本研究的结果，我们认为，场景理论和强印象假设理论在本质上并不是对立的。在 Anderson，Garrod 和 Sanford（1983）的研究中，虽然出现间断的时间短语（如“10 分钟以后”），但是读者并没有更新情境模型，因为“10 分钟以后”并没有标识看电影这一事件的结束。相反，在 Zwaan（1996）的研究中，中时条件“1 小时以后”和长时条件“1 天以后”之所以导致读者情境模型的更新，是因为它们都标识着一个事件（开幕式）的结束。因此两种理论对立的背后，其实包含着不同的事件框架，强印象假设侧重于强调事件框架外，时间转换是情境模型更新的充分条件。本研究中，在事件框架外，间断性的时间转换是情境模型更新的充分条件，只要出现时间转换，就表示事件发生了新变化，从而引起了情境模型的更新，与强印象假设一致。而场景理论侧重于强调事件框架内，时间转换对情境模型更新的影响要以事件框架为尺度。本研究中，在事件框架内，时间转换并不一定引起情境模型的更新，当时间转换和活动信息的变化相结合，使读者知觉为不同的事件或不同的场景，读者就会快速更新情境模型，而当时间转换发生在场景之内时，读者会将时间转换知觉为同一事件中时间的延续，继续维持当前情境模型。

（三）未来研究方向

事件框架依赖假设认为，情境模型更新依赖于事件框架，基本上解决了先前研究中关于维度变化是否引起情境模型更新的充分条件的争论，具有重要的理论意义。但该研究还有一些尚未解决的问题，需要未来研究继续加以关注：①根据情境模型和事件标记模型的理论观点，读者在阅读时会追踪记叙文事件中时间、空间、人物、因果和意图五个维度建立心理表征，而本研究只对时间维度进行了研究。今后研究需要进一步比较情境模型其他维度变化对情境模型更新的作用是否受到事件框架的调节。另外，各个维度转变之间是如何交互作用的以及这些转变对文本信息的保持有何影响，这都是有待进一步深入研究的问题。②本研究只是提供行为学的数据说明事件框架是情境模型更新的重要因素，但是否读者在不同事件框架下对于时间转换有不同的脑部机制呢？未来的研究还需要提供认知神经研究的证据。③先前有关情境模型的研究表明，影响事件框架的因素不仅局限于阅读材料本身，还与读者的背景信息有关（Rapp & Gerrig，2006），因此今后需要探讨的另一个问题就是先前知识是如何自上而下地影响事件框架的知觉。此外，读者在文本叙述中理解事

件是否存在层次性，这种事件的层次结构是如何表征的？背景知识起到怎样的调节作用？前人在以电影片段为实验材料的研究中已经发现被试对熟悉的事件有更精细的划分（Hard，Tversky，& Lang，2006），那么文本阅读中是否也存在类似的现象？这也有待今后进一步研究来证实。

五、结论

根据本研究结果，可以初步得出以下结论：在事件框架内，时间维度的变化难以引起情境模型的更新；而在事件框架外，时间维度的变化是情境模型更新的充分条件。事件框架决定着时间维度变化对情境模型的影响，事件框架依赖假设得到了证明。

第四节　情境模型的更新：事件框架依赖假设的进一步证据

一、理论概述

情境模型研究中的事件标记模型认为，在建构文本心理表征的过程中，如果时间、空间等五个维度均没有发生转变，读者一般会采用连续性原则来加工文本信息，并能将该句子纳入工作记忆。而当五个维度中的任意一个发生转变时，当前加工的句子就无法整合到原有事件的情境模型中去，旧的情境模型就会更新，同时储存到长时记忆中去，读者随即会建构一个新的事件的情境模型。这一假设得到了大量实证研究的支持（冷英，莫雷，韩迎春，黄浩，2004；Rinck & Bower，2000；闫秀梅，莫雷，伍丽梅，张积家，2007；Zwaan，1996；Zwaan & Radvansky，1998）。这些研究表明，当时间、空间位置或人物发生改变时，读者提取先前信息的速度会减慢。先前的研究较多地关注时间与空间的情境模型更新，但是也存在着诸多分歧。其中最主要的分歧分为两个方面：一个是时间、空间情境模型更新差异的问题；另一个是时间转换与空间转换是否会引起情境模型更新的问题（Anderson，Garrod，& Sanford，1983；Ditman，Holcomb，& Kuperberg，2008；贺晓玲，陈俊，张积家，2008；李莹，莫雷，王瑞明，2007；Radvansky & Copeland，2010；Rich & Taylor，2000；Zacks，Speer，& Reynolds，2009；Zwaan，1996）。

Morrow，Bower 和 Greenspan（1989）采取图文范式探讨了影响空间情境模型更新程度的因素。实验中，首先让被试记忆建筑布局图，保证被试成功建构空间情境模型，然后让被试通过文本追踪故事中的主人公。阅读完成后，呈现一对探测词，让被试判断这对探测词所处的位置是否在同一房间内。结果表明，读者在阅读过程中采用了主人公视角进行思考和推理，实现了空间情境模型的即时建构和更新。随后，Rinck 和 Bower（2000）在图文范式的基础上把回指解决方法引入阅读过程，即利用目标句而非探测词来判断读者是否在阅读过程中实现空间情境模型的即时更新。其研究表明，读者可以即时更新原有的空间模型。而 De Vega（1994）认为图文范式不符合自然阅读的特点，于是采用纯文本阅读范式，探讨了空间情境模型更新的条件。结果发现，情境模型空间维度的更新是一种线索依赖的过程，空间维度的更新是有条件的，不是即时的。Zwaan（1996）的研究也表明，空间转换发生时，空间转换关键句的阅读时间没有增加，而其他维度（如时间、人物等）发生转换时，一般都伴随着阅读时间的延长。这表明空间转换发生时，情境模型并不总是更新（迟毓凯，莫雷，管延华，2004；Zwaan，Magliano，& Graesser，1995；Zwaan，Radvansky，Hilliard，& Curiel，1998）。

此外，我们还发现时间、空间维度转换引起情境模型更新的过程存在差异，Radvansky 和 Copeland（2010）采用多指标探测范式来检验情境模型的更新，发现时间转换引起情境模型的更新往往伴随着阅读时间的延长、活动探测词反应时的延长，以及保持客体和移除客体探测词反应时在时间转换和无转换条件下没有差异等现象，而空间转换时却不会出现阅读时间的延长，但空间维度的转换对客体状态的探测产生了影响。Zacks 和 Swallow（2007）采用事件分割范式来探讨事件在阅读理解中的作用。研究结果表明，空间的分割对于理解客体更重要，而时间的分割对于理解活动更重要。

纵观以往关于时间、空间情境模型更新的研究文献，基本上都是在事件变化的前提下，探讨时间转换、空间转换是否会引起或者如何引起情境模型的更新。他们都没有深入探讨维度转换与事件转换可能存在的关系。夏天生等（2013）发现了空间转换和事件转换的关系，研究分别采用多指标探测词范式和事件分割范式探讨了空间转换与事件转换分离的情况下，空间转换在记叙文情境模型建构中的作用。结果发现，当空间转换与事件转换相分离时，不引起情境模型的更新，事件单元是建构记叙文心理表征的核心单元，空间转换只有在标识事件转换的情况下才能引发读者更新情境模型。何先友、赵雪汝、杨惠兰、赖斯燕和林席明（2013）的实验同样也证明了时间转换与事件转换密切相关，他们进一步提出了事件框架依赖假设（Event Frame - Dependent Hypothesis），该假设认为，读者是以事件框架作为情境模型建构的基础，当维度转换处于事件框架内时，不会引起情境模型的更新；当维度转换处于事件框架外时，会引起情境模型的更新。但何先友等的研究只验证了时间维度，夏天生等的研究只验证了空间维度，二者都没有深入探讨时间情境模型和空间情境模型更新中的差异，也就不能深入地探讨事件对情境模型更新的影响。夏天生等的实验 1a 是重复 Radvansky 和 Copeland（2010）的实验，实验材料改编为空间转换伴随着事件转换。实验结果发现，在事件框架外保持客体在转换与无转换条件下，反应时差异不显著。但在何先友等对时间维度的研究中却发现，在事件框架外，不论客体状态是保持客体还是移除客体都引起了情境模型的更新。同时，夏天生等实验 1b 的结论表明，在同一事件框架内，即使空间转换与移除客体相结合，也没有引起情境模型的更新，这与先前的研究不一致（Radvansky & Copeland，2010；Zacks & Swallow，2007）。虽然先前的研究并没有注意到维度转换和事件转换之间的关系，但是空间信息与客体信息、时间信息与活动信息的密切关系却是毋庸置疑的。我们认为，时间维度结合活动信息、空间维度结合客体信息会影响到被试对事件的知觉。以往也有研究表明，人们对事件的知觉存在层次性（Hard，Tversky，& Lang，2006），因此在大的事件框架内，虽然维度转换并不能引起情境模型的更新，但是多维度的结合却会影响被试对小事件的知觉变化，时间转换中被试对活动信息敏感，终止的活动让被试知觉为一个小事件的终止，从而引起情境模型的更新。同样，空间转换中被试更多地关注客体信息，移除客体会使被试知觉为不同的事件，引起情

境模型的更新。

为此，本研究设计了两个实验来探讨这两个问题。实验1验证夏天生等（2013）的研究，采用 Radvansky 和 Copeland（2010）多指标探测范式探讨事件框架对空间转换引起情境模型更新的影响。在材料编写上更加严格，实验1a中空间转换都是处于同一个事件之内。实验1b同样在材料上严格控制维度转换与事件转换的关系，维度转换时伴随着的事件一定是转换的。多指标探测范式中主要包括三个指标：指标一为位置探测，在关键句后立即探测位置词（如：厨房），我们的预期是：在事件框架内，空间转换不会引起情境模型更新，转换条件与无转换条件的探测位置词反应时应该无显著差异；而在事件框架外，转换条件下的位置词反应时会明显长于无转换条件下的位置词反应时。指标二为客体状态，在空间无转换条件下，客体（如：衬衫）始终存在于当前情境，称之为“中性”客体；在空间转换条件下，客体有两种状态：一种是保持客体，即在空间转换前，客体（衬衫）被拿起，随着空间转换进入新情境；另一种是移除客体，即在空间转换前，客体（衬衫）被放下，随着空间转换被移除在新情境之外。因此，在事件框架内，情境模型没有更新，保持条件下的客体与中性条件下的客体都在当前情境，可利用性相同，因而探测词反应时应该无显著差异，而移除条件下的客体不在当前情境，空间转换与移除客体相结合，让被试知觉为一个小事件的结束，反应时应比中性条件下要长；在事件框架外，情境模型得到更新，保持客体和移除客体的反应时比中性条件下的客体反应时长。指标三为阅读时间，如果情境模型更新，那么由于认知加工的增加会使转换条件下阅读时间比无转换条件下要长。实验2主要结合事件框架研究时间、空间情境模型中更新的差异，分别探讨事件框架内活动状态的信息对时间和空间情境模型更新的影响。因事件框架外是两个不同的事件，所以不论活动状态如何，时间情境模型和空间情境模型都会得到更新，因此不需要研究。实验采用活动词作为探测词，活动词分为三种状态：保持、中性和终止。保持和终止是转换条件下的活动状态，而中性是无转换条件下的活动状态。在实验2a时间转换条件下，保持活动和中性活动都维持在当前情境中，两者将不会出现差异（$RT_{保持} \approx RT_{中性}$），而终止的活动不在当前情境中，其信息的通达性低，时间转换及终止的活动共同作用会让被试知觉为小事件的终止，应出现 $RT_{中性} < RT_{终止}$ 的情况。由于时间转换条件下读者关注活动，空间转换条件下读者关注客体，所以空间转换条件下，被试可能不关注活动信息，实验2b结果预期为 $RT_{保持} \approx RT_{中性}$、$RT_{中性} \approx RT_{终止}$。

二、评定实验

（一）目的

为了保证本研究所使用的实验材料的有效性，首先对所有实验材料进行评定。

（二）方法

1. 被试

66名不参加正式实验的大学生参加了评定实验，实验1a、1b分别有18人参与材料评定，实验2a、2b分别有15人参与材料评定，所有被试均无语言阅读障碍。

2. 实验材料

每个实验各提供8篇实验材料。实验1a、1b中每篇实验材料均包括6个不同的版本。

每个版本包括10个探测词，其中5个是填充词。每个版本在位置转换上有两个探测：空间转换探测与空间无转换探测；在客体关系上有3个探测：保持客体探测、移除客体探测、中性客体探测。实验1a中的探测条件皆属于事件框架内材料，实验1b中的探测条件则为事件框架外材料。实验2a、2b中每篇实验材料均包括3个不同的版本，每个版本包括6个探测词，其中3个是填充词。每个版本都包括保持活动探测、终止活动探测、中立活动探测。实验2a和2b都是事件框架内材料，实验2a为时间维度的材料，实验2b为空间维度的材料。

3. 实验程序

实验材料分别按照版本分成不同的系列，每个被试都评定一个系列的8篇实验材料。实验1a和1b每个系列的材料有3人评定，共6个系列18人。实验2a和2b每个系列的材料有5人进行评定，共3个系列15人。当被试读完每篇文章后，首先要求他们评定文章的通顺程度，共有1~7个等级（1代表完全不通顺，7代表非常通顺），然后评定是否可以很好地理解这篇记叙文以及文章题目是否恰当。因实验1重点探讨的是事件框架内外空间转换对情境模型更新的影响，因此，还要求被试评定实验1a和1b材料中的关键句是否包含空间位置的变化，并评定关键句与前一句描述的内容是否为同一事件框架。实验2重点探讨事件框架内不同活动状态的信息对时间和空间情境模型更新的影响，保持活动和终止活动都在维度转换条件下，中性活动在维度无转换条件下，因此，要求被试评定实验2a、2b材料中的关键句是否包含维度转换以及关键句与前一句描述的内容是否为同一事件框架。

（三）结果与分析

评定结果表明，实验1a材料的通顺度为 $M=5.63$，$SD=0.54$，87%的被试认为可以很好地理解实验材料，83%的被试认为题目与内容一致，96%的被试认为空间转换条件下的关键句包含主人翁空间位置的变化，只有2%的被试认为空间无转换条件下的关键句包含空间位置的变化。91%的被试认为关键句与前一句描述的内容为同一事件框架。实验1b材料的通顺度为 $M=5.23$，$SD=0.33$，91%的被试认为可以很好地理解实验材料，85%的被试认为题目与内容一致，98%的被试认为空间转换条件下的关键句包含空间位置的变化，只有1%的被试认为空间无转换条件下的关键句包含空间位置的变化，7%的被试认为关键句与前一句描述的内容为同一事件框架。实验2a材料的通顺度为 $M=5.94$，$SD=0.42$，90%的被试认为可以很好地理解实验材料，83%的被试认为题目与内容一致，98%的被试认为保持活动和终止活动条件下的关键句包含时间维度的转换，93%的被试认为中性活动条件下的关键句不包含时间维度的转换，92%的被试认为关键句与前一句描述的内容为同一事件框架。实验2b材料的通顺度为 $M=6.06$，$SD=0.42$，86%的被试认为可以很好地理解实验材料，82%的被试认为题目与内容一致，99%的被试认为保持活动和终止活动条件下的关键句包含空间维度的转换，中性活动条件下的关键句不包含空间维度的转换，89%的被试认为关键句与前一句描述的内容为同一事件框架。

三、实验

实验 1

实验 1a

（一）目的

在事件框架内探讨空间转换对情境模型更新的影响。

（二）方法

1. 被试

36 名华南师范大学本科生，所有被试母语均为汉语，无阅读障碍。

2. 实验材料

共 8 篇记叙文（每个故事含 43 ~61 个句子），每篇记叙文包括 6 个不同的版本。实验材料样例如下：

她抓起床上的背包，走出宿舍来到打印店。（空间转换保持客体关键句，探测词：背包）

她把背包放到床上，走出宿舍来到打印店。（空间转换移除客体关键句，探测词：背包）

她抓着床上的背包，考虑要不要去打印店。（空间无转换中性客体关键句，探测词：背包）

她需要释放一些压力。她来到健身房准备放松一下。（空间转换关键句，探测词：健身房）

她需要释放一些压力。她考虑着去健身房放松一下。（空间无转换关键句，探测词：健身房）

所有的维度变化都在事件框架内，即不管维度如何变化，关键句与其前一句所描述的内容都在同一个事件内。

3. 实验设计

采用被试内设计，每个被试都被要求阅读 8 篇文章，读完每篇文章后都接受 3 个指标的测量。实验材料采用拉丁方顺序平衡。对于指标一，自变量为空间有无转换，包括空间转换和空间无转换，因变量是位置探测词反应时和正确率。对于指标二，自变量为空间有无转换和客体状态，空间有无转换分为空间转换和空间无转换，客体状态分为保持客体、移除客体和中立客体。在结果分析时只考虑保持客体、移除客体与中立客体的比较，因变量是目标客体的反应时和正确率。对于指标三，自变量为空间有无转换，因变量是关键句的阅读时间。

4. 实验程序

实验采用 E-prime 1. 1 编程。被试自定步调按键阅读。在目标句之后，立刻呈现探测词，让被试判断探测词是否在前文中出现过。要求被试又快又准地作出反应。

（三）结果与分析

删除了探测词正确率在85%以下的被试数据，共删除被试2人，剩下有效被试34人，然后再删除反应时在2.5个标准差以外的数据，删除的数据不超过总数据的5%。使用SPSS 13.0对数据进行统计处理，结果见表4－9：

表4－9　三个指标在空间有无转换条件下的平均数（ms）、正确率（%）和标准差

空间转换类型	位置探测		保持客体		移除客体		阅读时间
	反应时	正确率	反应时	正确率	反应时	正确率	
空间转换	911 ±280	97.31 ±6.84	1 004 ±255	87.50 ±12.69	1 076 ±346	91.54 ±10.54	132 ±46
空间无转换	867 ±220	96.97 ±6.21	975 ±248	86.76 ±13.74	975 ±248	86.76 ±13.74	127 ±44

注：位置探测为指标一，保持客体和移除客体为指标二，阅读时间为指标三。

位置探测的结果分析发现，空间转换条件和无转换条件下的被试检验与项目检验皆不显著，$F_1(1, 33) = 1.984$，$p = 0.169$，$F_2(1, 15) = 1.948$，$p = 0.185$。被试在两种条件下的正确率差异亦不显著，$F_1(1, 33) = 0.061$，$p = 0.806$，$F_2(1, 15) = 0.193$，$p = 0.667$。

保持客体与移除客体的结果分析发现，保持客体在空间转换和无转换条件下的差异不显著，$F_1(1, 33) = 0.451$，$p = 0.506$，$F_2(1, 23) = 0.326$，$p = 0.573$。这与先前对事件框架内保持客体的可用性无变化的预测相一致。而且在两种条件下，保持客体的探测词的正确率是相似的，$F_1(1, 23) = 0.053$，$p = 0.820$，$F_2(1, 23) = 0.048$，$p = 0.829$。移除客体在转换条件与无转换条件下的被试检验与项目检验显著，$F_1(1, 33) = 5.592$，$p = 0.024$，$F_2(1, 23) = 4.554$，$p = 0.044$。空间转换条件下的反应时显著长于空间无转换条件下；正确率在两种情况下差异不显著，$F_1(1, 33) = 2.562$，$p = 0.119$，$F_2(1, 23) = 1.896$，$p = 0.182$。

关键句阅读时间的结果分析发现，事件框架内空间转换与无转换的阅读时间没有显著差异，$F_1(1, 33) = 1.574$，$p = 0.218$，$F_2(1, 15) = 1.683$，$p = 0.198$。

实验1a的结果表明，在事件框架内，空间位置转换与空间位置无转换的探测词反应时没有显著差异，保持客体的探测词在空间转换和无转换条件下没有显著差异，关键句的阅读时间也没有显著增加。这说明空间位置转换并没有引起情境模型的更新。同时，移除客体的探测词在两种条件下有显著差异，这与先前的预期一致。这是因为被试对于空间中的客体比较敏感，因此虽然在事件框架内，但移除客体后，已不在当前的情境中了，这时的空间转换结合移除客体会让被试知觉为一个小事件的结束，引起情境模型的更新，导致转换条件下移除客体的探测词反应时明显变长。这一结果与夏天生等（2013）的研究结果不一致，我们认为可以用事件存在层次性来解释。因为事件存在层次性，大事件下面可能包含着一系列小事件，实验1a的材料虽然经过评定是在同一事件框架内，但是因为空间转换中被试对客体信息比较敏感，所以空间转换与移除客体相结合引起了被试对小事件的知觉变化，从而引起情境模型的快速更新。因两个研究中的事件是不同的，所以造成了结果的差

异。实验 1b 将继续从事件框架外探讨空间转换对情境模型更新的影响。

实验 1b

（一）目的

在事件框架外探讨空间转换对情境模型更新的影响。

（二）方法

1. 被试

同实验 1a。

2. 实验材料

每篇文章含 45 ~ 59 个句子，关键句与前一句所描述的内容属于两个不同的事件，即都在事件框架外，其余同实验 1a。

3. 实验设计

同实验 1a。

4. 实验程序

同实验 1a。

（三）结果与分析

删除了探测词正确率在 85% 以下的被试数据，共删除被试 1 人，剩下有效被试 35 人，然后以实验 1a 相同的标准进行数据剔除，结果见表 4 – 10：

表 4 – 10　三个指标在空间有无转换条件下的平均数（ms）、正确率（%）和标准差

空间转换类型	位置探测		保持客体		移除客体		阅读时间
	反应时	正确率	反应时	正确率	反应时	正确率	
空间转换	875 ± 346	98.93 ± 3.55	1 021 ± 294	91.79 ± 10.48	1 045 ± 394	92.14 ± 9.14	130 ± 38
空间无转换	803 ± 232	97.50 ± 5.07	928 ± 347	95.71 ± 8.54	928 ± 347	95.71 ± 8.54	123 ± 34

注：位置探测为指标一，保持客体和移除客体为指标二，阅读时间为指标三。

位置探测的结果分析发现，空间转换条件与空间无转换条件相比，被试检验差异显著，$F_1(1, 34) = 5.440$，$p = 0.026$；项目检验差异不显著，$F_2(1, 15) = 2.906$，$p = 0.109$。另外，被试在转换条件和无转换条件下的正确率都很高，两者差异不显著，$F_1(1, 34) = 1.629$，$p = 0.211$，$F_2(1, 15) = 1.667$，$p = 0.216$。

客体信息的结果分析发现，保持客体反应时在转换条件下明显慢于在无转换条件下，$F_1(1, 34) = 6.602$，$p = 0.015$，$F_2(1, 23) = 7.171$，$p = 0.013$。但是探测词的正确率却没有显著差异，$F_1(1, 34) = 2.581$，$p = 0.117$，$F_2(1, 23) = 0.092$，$p = 0.765$。移除客体反应时在转换条件下和无转换条件下的被试检验及项目检验差异都非常显著，$F_1(1, 34) = 12.542$，$p = 0.001$，$F_2(1, 23) = 9.383$，$p = 0.006$。移除客体的正确率与中立客体的正确率的差异不显著，$F_1(1, 34) = 2.482$，$p = 0.124$，$F_2(1, 23) = 0.428$，

$p=0.519$。

阅读时间的结果分析发现，空间转换与无转换条件下的阅读时间没有显著差异，$F_1(1, 34)=2.177$，$p=0.149$，$F_2(1, 15)=1.892$，$p=0.247$。但是数据趋势表明空间转换条件下的阅读时间长于无转换条件下的阅读时间。

实验 1b 的结果表明了事件框架外空间转换引起了情境模型的更新。同时，不论客体状态是保持还是移除，在空间转换条件下的反应时都长于在无转换条件下，表明在事件框架外空间转换引起情境模型的更新不受客体状态的影响。被试把保持客体和移除客体的关键句都知觉为事件的转换，引起情境模型的更新，因此反应时变长。虽然已经有趋势表明空间转换下的阅读时间长于无转换下的阅读时间，但是阅读时间在事件框架外的空间转换与无转换条件下均没有显著差异，原因可能是空间转换在日常生活中经常遇到，读者对空间信息的认知加工较快，所以没有影响到阅读时间。

实验 2

实验 2a

（一）目的

探讨事件框架内时间情境模型的更新是否受活动信息的影响。

（二）方法

1. 被试

同实验 1a。

2. 实验材料

8 篇记叙文皆是时间维度的材料（每个故事含 41 ~ 58 个句子），每篇记叙文有 3 个不同的版本。实验材料样例如下（探测词皆为“看电视”）：

他坐在沙发里看电视。过了 1 小时，电视剧进入了一个小高潮。（时间转换保持活动关键句）

他坐在沙发里看电视。过了 1 小时，他倚着沙发睡着了。（时间转换终止活动关键句）

他坐在沙发里看电视。过了一会儿，电视剧进入了一个小高潮。（时间无转换中性活动关键句）

因以往关于时间维度的研究大都将“一会儿以后”作为时间无转换条件，将“1 小时以后”作为时间转换条件（何先友，赵雪汝，杨惠兰，赖斯燕，林席明，2013；冷英，莫雷，韩迎春，黄浩，2004；Rinck & Bower，2000；闫秀梅，莫雷，伍丽梅，张积家，2007；Zwaan，1996），因此，我们选择用“过了一会儿”作为时间无转换条件，用“过了 1 小时”作为时间转换条件。所有的维度变化都在事件框架内。

3. 实验设计

采用被试内设计，每个被试都被要求阅读 8 篇文章，阅读每篇文章时都接受不同活动类型的探测。自变量为时间有无转换和活动状态变化：时间有无转换包括时间无转换与时

间转换两个水平；活动状态变化包括保持活动、终止活动和中性活动，保持活动和终止活动都是在时间转换条件下，中性活动是在时间无转换条件下。因变量是探测词的反应时、正确率和时间关键句阅读时间。

4. 实验程序

同实验1a。

（三）结果与分析

删除了反应时在两端2.5个标准差以外的数据，删除的数据不超过总数据的5%，结果见表4－11：

表4－11 不同活动状态在时间有无转换条件下的平均数（ms）、正确率（%）和标准差

时间转换类型	活动类型	探测词反应时	正确率	关键句阅读时间
时间转换	保持	1 047 ±330	92.71 ±9.15	103 ±37
	终止	1 172 ±484	94.10 ±9.20	113 ±31
时间无转换	中性	1 042 ±277	93.40 ±10.12	105 ±31

为了评估在时间转换后不同状态的活动信息可利用性是否变化，我们用活动名称（如“监考”）作为探测词，测量被试的反应时和准确率，分别比较保持活动、终止活动与中性活动的反应时和正确率。结果表明，保持活动探测词反应时在转换和无转换条件下差异不显著，F_1（1，35）=0.020，p =0.889，F_2（1，23）=0.012，p=0.914；同时，探测词的正确率差异不显著，F_1（1，35）=0.122，p =0.729，F_2（1，23）=0.176，p = 0.679。终止活动反应时在转换条件和无转换条件下被试检验差异显著，F_1（1，35）= 4.444，p=0.042；项目检验差异不显著，F_2（1，23）=2.722，p=0.113。两种条件下的正确率差异不显著，F_1（1，35）=0.196，p=0.661，F_2（1，23）=0.120，p =0.732。

为了评估时间转换的认知加工，我们收集了平均阅读时间（阅读每个关键句的毫秒数除以句子字数）。结果表明，保持活动关键句阅读时间在时间转换与无转换两种条件下没有显著差异，F_1(1，35）=0.161，p=0.691，F_2（1，15）=0.189，p =0.612。而终止活动关键句阅读时间在时间转换与无转换两种条件下差异显著，F_1(1，35）=5.570，p = 0.024，F_2（1，15）=4.982，p =0.039。

实验2a的结果表明，时间转换中被试对活动信息较为关注，保持活动在先前情境和当前情境中均存在，所以探测词反应时和关键句阅读时间在时间转换条件与无转换条件下没有显著差异。终止活动只在先前情境中存在，在当前情境中不存在，所以时间转换结合终止活动影响了被试对事件的知觉，使其知觉为一个小事件的结束，因而其探测词反应时和关键句阅读时间在时间转换条件下都明显慢于在时间无转换条件下。实验2b以空间维度为切入点，继续探讨这一问题。

实验2b

（一）目的

探讨事件框架内空间情境模型的更新是否受活动信息的影响。

（二）方法

1. 被试

同实验 1a。

2. 实验材料

皆为空间维度的材料，每个故事含 39～57 个句子，所有的维度转换都在事件框架内，其余同实验 2a。实验材料样例如下（探测词均为“打电话”）：

她在大厅边喝咖啡边打电话。后来她觉得大厅有点吵，便转移到走廊。（空间转换保持活动关键句）

她在大厅边喝咖啡边打电话。后来她挂了电话，走到洗手间。（空间转换终止活动关键句）

她在大厅边喝咖啡边打电话。后来她觉得大厅有点吵，打算转移到走廊。（空间无转换中性活动关键句）

3. 实验设计

所有的时间转换条件变为空间转换条件，其余同实验 2a。

4. 实验程序

同实验 2a。

（三）结果与分析

删除了反应时为两端 2.5 个标准差以外的数据，删除的数据不超过总数据的 5%，结果见表 4－12：

表 4－12　不同活动状态在空间有无转换条件下的平均数（ms）、正确率（%）和标准差

空间转换类型	活动类型	探测词反应时	正确率	关键句阅读时间
空间转换	保持	1 024 ± 366	93.75 ± 8.71	124 ± 42
	终止	1 124 ± 427	92.01 ± 9.98	127 ± 44
空间无转换	中性	1 071 ± 305	95.49 ± 6.78	127 ± 46

统计结果发现，保持活动探测词反应时在空间转换和无转换条件下差异不显著，$F_1(1, 35) = 2.229$，$p = 0.114$，$F_2(1, 23) = 2.347$，$p = 0.139$。在两种条件下探测词的正确率差异不显著，$F_1(1, 35) = 1.491$，$p = 0.230$，$F_2(1, 23) = 0.666$，$p = 0.423$。被试对终止活动的反应时在空间转换条件下与无转换条件下差异不显著，$F_1(1, 35) = 1.851$，$p = 0.182$，$F_2(1, 23) = 2.292$，$p = 0.144$。两种条件下的正确率相似，$F_1(1, 35) = 3.327$，$p = 0.077$，$F_2(1, 23) = 2.556$，$p = 0.124$。

另外，保持活动关键句阅读时间在空间转换与无转换两种条件下没有显著差异，$F_1(1, 35) = 0.950$，$p = 0.337$，$F_2(1, 15) = 0.875$，$p = 0.393$。终止活动关键句阅读时间在空间转换与无转换两种条件下也无显著差异，$F_1(1, 35) = 0.003$，$p = 0.955$，

$F_2(1, 15) = 0.012, p = 0.854$。

实验 2b 结果表明，在空间维度中，被试对活动信息关注度不高。不论是保持活动还是终止活动，在空间转换与无转换条件下，两者的探测词反应时和关键句阅读时间都没有显著差异。将这一结果与实验 1a、2a 的结果相结合，我们可以发现，事件框架内空间情境模型的更新受客体信息的影响，而时间情境模型的更新受活动信息的影响。也就是说，在事件框架内：空间转换中，被试往往关注客体信息；时间转换中，被试往往关注活动信息。读者对不同信息的关注，引发了不同的事件知觉，从而引起了情境模型的更新。

四、讨论

本研究通过 4 个分实验，采用多指标探测范式深入地探讨了事件框架对记叙文理解中情境模型更新的作用，进一步丰富了事件框架依赖假设理论。实验 1a 和实验 1b 分别探讨了事件框架内外空间转换对情境模型更新的影响。结果发现：在事件框架内，维度变化不是情境模型更新的充分条件，而空间转换与移除客体共同作用会引起情境模型的快速更新；在事件框架外，维度变化是情境模型更新的充分条件。实验 2a 和实验 2b 从活动信息入手，探讨其对时间、空间情境模型更新的影响，结果表明，在空间转换中，读者对活动信息的变化不敏感，而在时间转换中，读者关注活动信息的变化，这就容易引起读者对小事件知觉的变化，导致时间、空间在情境模型更新中的差异。综合来看，维度变化对情境模型更新的影响受事件框架的影响。

（一）关于事件框架对情境模型更新的作用问题

Zwaan（1995）提出的事件标记模型的核心假设是情境模型的中心单元是事件。这一假设主要基于两个原因：一是事件是情境最动态的方面；二是文本句子必须描述事件。而与事件密切相关的有时间、空间、因果、人物和意图 5 个维度。在这 5 个维度中，研究者更多地关注时间、空间维度。但是先前研究对于时间转换和空间转换是否是情境模型更新的充分条件一直存在着不一致的结果（Anderson，Garrod，& Sanford，1983；Kelter，Kaup，& Claus，2004；李伟兰，何先友，2009；鲁忠义，仝宇光，张丽芳，2010；Zwaan，1996；Zwaan，Magliano，& Graesser，1995；Zwaan，Radvansky，Hilliard，& Curiel，1998）。夏天生等（2013）针对空间转换在记叙文阅读情境模型建构中的作用进行了研究，结果表明事件转换是空间情境模型更新的本源，在空间转换没有标识事件转换的情况下，读者主要是按照事件转换而不是空间转换对文本进行分割。何先友等（2013）也探讨了时间情境模型更新中事件框架的作用，并进一步提出了事件框架依赖假设。本研究则深入探讨了事件框架对情境模型更新的影响，完善了事件框架依赖假设，解决了长期以来关于情境模型更新的争议。

从实验 1a 和实验 2 两个分实验可知，在事件框架内，维度转换并不是情境模型更新的充分条件，当维度发生变化时，情境模型并不一定发生更新，同时只有空间转换与移除客体共同作用、时间转换与终止活动共同作用时，情境模型才会发生快速更新。而由实验 1b 可知，在事件框架外，空间框架探测、保持客体和移除客体反应时在空间转换条件下要显著长于在无转换条件下，并且虽然空间转换关键句与无转换关键句阅读时间没有显著差异，但是已有趋势表明空间转换条件下关键句阅读时间长于空间无转换条件下关键句阅读时间。这说明事件框架在情境模型中起着本源性的作用，当空间转换发生在事件框架外，情境模型就会得到更新。此时，空间转换是其情境模型更新的充分条件。这与 Radvansky 和 Copeland（2010）的研究基本一致，但也不完全一致，主要表现在保持客体在空间转换与无转换条件下存在差异。我们认为这主要是由于 Radvansky 的研究没有严格控制空间转换与事件转换的关系。在事件框架外，空间转换标识着事件的转换，读者必然会更新情境模型，这一更新过程引起的认知加工和负荷，会影响情境模型内各信息的通达，即使保持客体在先前情境和当前情境都存在，也会受到空间转换的影响而发生信息可利用性改变的情况。

综合本研究结果我们发现，事件框架影响着不同维度对情境模型更新的作用。在事件框架内，维度转换并不是情境模型更新的充分条件，时间转换与终止活动信息相结合引起情境模型的快速更新，而空间转换与移除客体信息相结合引起情境模型的快速更新；在事件框架外，维度转换是情境模型更新的充分条件，不论活动信息、客体信息如何，时间、空间等维度的转换都会引起情境模型的更新。我们还可以进一步推断，事件标记模型中的五个维度都可能受到事件框架的影响，在不同事件框架下，维度变化对情境模型更新的影响不同。

（二）关于时间、空间情境模型更新中的差异问题

以往在研究空间和时间情境模型的更新过程中，研究者往往在时间转换时考察活动信息可用性的变化，而在空间转换时考察客体信息可用性的变化（Radvansky & Copeland，2010；Radvansky，Zwaan，Federico，& Franklin，1998；Zacks & Swallow，2007）。例如，Radvansky 和 Copeland（2010）采用多指标探测的范式，探讨了时间转换、空间转换对情境模型更新各个方面的影响，结果发现，时间转换影响阅读时间和时间框架的建构，但对转换前后不同情境中客体信息的变化不敏感，没有表现出差异；而空间转换时，阅读时间没有延长，但空间转换对客体状态的探测产生了影响，相关客体的反应时明显短于无关客体的反应时。这就导致了时间空间情境模型更新中的差异问题。针对这个问题，本研究结合事件框架依赖假设对此进行了研究，得出时间转换条件下终止的活动、空间转换条件下移除的客体会影响被试对事件的知觉，导致情境模型更新的结论，深入地探讨了事件框架依赖假设对情境模型更新的影响，也进一步丰富了事件框架依赖假设理论。

何先友等（2013）的研究结果表明，被试对时间转换中客体信息的关注度不高，因而在事件框架内不论是保持客体还是移除客体的探测词反应时在时间转换和无转换条件下都没有显著差异。而实验 2a 的结果表明，事件框架内被试对时间转换中的活动信息比较敏感，时间转换及终止活动共同作用会引起情境模型快速的更新。同样实验 1a 和 2b 的结果显示，空间转换中读者对活动信息的关注度不高，但是对客体信息很敏感，由于保持客体在先前情境和当前情境中都存在，移除客体只在先前情境中存在，在当前情境中不存在，同时主人公位置也发生变化，在这种情况下，被试更容易将空间转换条件下的移除客体知觉为一个小事件的结束，从而引起情境模型的更新，所以虽然在事件框架内，但是空间转换结合移除客体会影响被试对事件的知觉，引起空间情境模型的快速更新。

综合实验 1a 和实验 2 两个分实验的结果，我们发现，时间、空间情境模型更新中的

差异是由于时间、空间中关注的内容不同导致的。在时间转换条件下，读者更多地关注活动信息，对客体信息不敏感，而在空间转换条件下，读者更多地关注客体信息，对活动信息不敏感。这可能是由于时间和空间维度与不同文本信息的结合程度不同，活动中往往包含着时间的流逝，读者在理解活动的过程中，必然产生隐藏的时间知觉，因此活动与时间信息的结合使读者对事件的知觉更强，一旦两者都发生变化，会使读者知觉为不同的事件。而客体信息往往与空间位置相结合，不同的客体意味着不同的空间位置，读者在理解客体时，往往会将其放在不同的心理地图中，因此两者的变化会使读者知觉为不同的事件。

（三）关于事件框架依赖假设中的事件层次性问题

情境模型的中心单元是事件，Zwaan，Langston 和 Graesser（1995）认为事件是关注时间和空间的。随后，Zacks 和 Tversky（2001）对“事件”进行了更明确的界定：“观察者在特定场所感知到的有开始和结束的时间片段。”同时，他们还指出日常语言中事件既可以指持续时间短暂的事件（如：闪电），也可以指持续时间长久的事件（如：太阳系的形成），但是研究中所关注的心理学事件是指持续时间在人类尺度范围内的事件，一般持续几秒钟到数十分钟不等。具有代表性的例子包括“关门”、“夫妻在家做饭”、“篮球比赛”等。

Hard，Tversky 和 Lang（2006）在研究中发现被试对熟悉的事件有更精细的划分。人们往往会把较大的事件划分为若干小的事件单元，如做饭这一事件，就包含着洗菜、炒菜、盛盘等不同的小事件，这些小事件结合在一起形成了更大的事件图式。在大的事件框架内，两种联系密切的事件信息会发生改变，引起小的事件知觉的变化，从而出现快速更新的情境。这也就解释了为什么在事件框架内有的维度变化会引起情境模型的快速更新，而有的维度变化对情境模型更新没有影响。从实验 1a 可知，在事件框架内，移除客体在空间转换条件下的反应时明显慢于在空间无转换条件下。这一结果表明了空间转换存在快速更新的情况，这与夏天生等（2013）的研究结果不太相符。夏天生等的研究发现，在同一个事件内，空间转换与移除客体相结合没有引起情境模型的更新。我们认为，结果差异的主要原因可以用事件存在层次性来解释。我们虽然评定了实验材料关键句的内容与前一句所描述的内容是属于同一事件框架内，但是未排除被试在大事件框架下存在对小事件的知觉变化。特别是在空间转换中，读者对客体信息比较敏感，移除的客体不在当前情境中，当空间转换与移除客体共同作用时容易导致被试将其知觉为一个小事件的结束，引起了情境模型的快速更新。实验 2a 中的时间转换与终止活动引起情境模型的更新同样是因为这个原因。

总之，本研究从空间维度上进一步验证了事件框架假设的合理性，并且针对时间维度和空间维度在情境模型更新中的差异探讨了事件框架内维度变化结合客体、活动等信息对情境模型更新的影响，为时空转换中情境模型更新中存在的争议找到了一个突破口，并进一步丰富了情境模型更新理论。

我们根据实验 2 推测读者在理解事件时存在着层次性，并且这种层次性对情境模型的更新有着重要影响，但关于这种事件的层次结构如何表征、这种事件的划分界限如何等问题，都有待于进一步研究。

五、结论

根据本研究结果，可以得出以下结论：

（1）事件框架决定着空间等维度变化对情境模型的影响：在事件框架内，空间等维度变化难以引起情境模型的更新，而在事件框架外，空间等维度变化是情境模型更新的充分条件。

（2）在时间、空间转换时，读者关注的信息不同：时间转换时，读者关注活动信息；而空间转换时，读者关注客体信息。

（3）时间转换与终止活动共同作用、空间转换与移除客体共同作用，可以引起情境模型的快速更新。事件框架假设得到了进一步的证明。

第五节　空间情境模型的更新：认知方式的影响

一、理论概述

情境模型是一个包含着多个维度文本信息的心理表征。在这些维度中，空间维度由于其非线性特征和语言的线性特征的不匹配关系，可以使研究者更容易判断被试在阅读文本的过程中是否表征了文本的内容以及是否建立情境模型（Zwaan & Radvansky，1998），因而吸引了很多研究者的兴趣（Zwaan & Radvansky，1998；Morrow，Bower，& Greenspan，1989），研究成果也最为丰富。空间情境模型在阅读过程中会不断得到更新，Zwaan 和 Radvansky（1998）认为，读者会根据文本内容在工作记忆中建构一个所描述情境的空间模型，包括与角色的行动有关的各种地点或场所。随着文本中的角色从一个场所转移到另一个场所，读者会把新的物体导入模型，甚至会删除一些旧的物体，或者把注意力从一个地点转向其他地点，从而实现情境模型的更新。空间情境模型的研究主要集中在空间距离效应（Zwaan & Radvansky，1998；Rinck & Bower，1995；Rinck，Hahnel，Bower，& Glowalla，1997；Rinck & Bower，2000）和空间方位效应（Franklin & Tversky，1990；Wang & Spelke，2000；Avraamides，2003）两个方面。本研究主要关注空间情境模型的空间距离效应。

近年来，研究者们常采用前照应解决（anaphora resolution）和学习探测相结合的实验范式研究空间情境模型的建构和更新中的空间距离效应问题。前照应是指在阅读过程中用一系列的语言形式（如名词短语、动词短语或者代词）来指代前文中已经提到过的某个概念或实物，这是实现阅读内容连贯的重要机制。前照应解决就是读者在记忆系统中搜索出代词或者短语所指代的前文中的成分。McNamara，Halpin 和 Hardy（1992）等尝试把前照应解决和学习探测相结合进行研究，后经过 Rinck 和 Bower（1995）改进，逐渐形成了比较成熟的前照应解决和学习探测相结合的实验范式。

该实验范式的基本模式为：首先让被试记住一个建筑布局图，然后阅读一些故事，故事都以这个建筑为中心场所。根据主人公行走的路线，所有的房间被划分为三种类型：起始房间、路径房间和到达房间。起始房间就是主人公一次行走的始发点；到达房间就是主

人公一次行走的终点，即主人公当前所在的位置；要从始发点到达终点，中间必须穿过一个房间，即路径房间。每一次行走故事都有一个关键句，介绍主人公从一个房间转换到另一个房间。关键句的具体形式是“主人公从‘起始房间’走到了‘到达房间’”，而没有提及路径房间。关键句之后是前照应句，它用一个名词短语指代了布局图中某个房间内部的一个物体。当读者看到前照应句中的名词短语时，就会对该短语所指代的物体进行搜索。前照应词所指代的物体分为三种情况：位于起始房间、位于路径房间和位于到达房间。结果发现，前照应词所指代的物体位于到达房间时，前照应句的阅读时间最短，位于路径房间时次之，位于起始房间时前照应句的阅读时间最长，三种条件下阅读时间的差异反映了对前照应句中物体信息的通达程度。读者在文本阅读中跟随主人公行走的路线，首先根据起始房间的情境建构空间情境模型，即每走进一个房间就更新原有的情境模型，建构新的模型，直到篇章阅读完毕，主人公到达目标位置，完整的模型才建构成。随着原来建构的模型不断更新，对之前的空间情境信息的通达性逐渐降低。研究者们把这种现象称为情境模型中的空间距离效应（Dutke，2003；Rinck，Haehnel，Bower，& Glowalla，1997；Rinck，Williams，Bower，& Becker，1996）。

情境模型建构的过程也是读者整合文本信息和自身已有知识的过程，在这个过程中，上下文的语境信息、文本类型、阅读目的以及文本的质量都会对建构过程产生影响（Graesser，Millis，& Zwaan，1997）。Kintsch（1990）的研究指出，高知识和技能的被试对组织比较差的文章写的摘要要好于组织比较好的文章，并且在阅读组织比较差的文章时，需要更深层次地激活自己已有的知识，而组织比较好的文章则不需要这样深度的激活。同样，McNamara，Singer 和 Kintsch（1996）的研究也发现，高知识水平的八年级学生对不连贯说明文的理解要好于对连贯说明文的理解。McNamara 和 Kintsch（1996）对成人读者的研究也发现同样的结果；McNamara（2001）的研究以阅读时间为指标，证明了在阅读不连贯的说明文时，读者需要更多地使用自己已有的世界知识去弥补文章的不连贯。

前人对空间情境模型更新的影响因素的研究主要关注了方位效应（Franflin & Tversky，1990；de Vega，Rodrigo，& Zimmer，1996；牟炜民，杨珊，张侃，1999、2000；张侃，牟炜民，郭素梅，2000；牟炜民，张侃，郭素梅，2001；周荣刚，张侃，2004；迟毓凯，2002）和视空工作记忆的影响（Denis & Cocude，1997；Friedman & Miyake，2000；Cañas et al.，2003；Dutke & Rinck，2006；贾宁，2005；鲁忠义，贾宁，2006；贾宁，鲁忠义，代景华，2007）。Friedman 和 Miyake（2000）的研究发现，视空工作记忆与情境模型空间信息的保持和精加工有关。Cañas 等（2003）的实验证实工作记忆的视空成分参与了心理模型结构信息和功能信息的加工。鲁忠义和贾宁（2006）的研究发现视空工作记忆影响空间情境模型的建立，但不影响空间情境模型的更新，然而贾宁等（2007）的研究却发现视空工作记忆广度对空间情境模型的更新也有影响，高工作记忆广度的被试能够有更多的认知资源来加工空间信息。也有研究关注到了言语工作记忆对空间情境模型更新的影响，Friedman 和 Miyake（2000）的研究发现，言语工作记忆支持情境模型因果方面的保持和精加工，却与情境模型空间信息的保持和精加工关联不大。

Dutke 和 Rinck（2006）的研究则发现，言语能力和视觉空间能力影响空间情境模型的更新过程。高能力的被试在高预见性条件下并没有对情境模型进行更新，在低预见性条件下则存在情境模型的更新，而低能力的被试刚好表现出相反的数据模式。同时 Dutke 也指出，影响情境模型更新的是与情境信息加工相关联的特殊技能，而不是与阅读加工有关的一般技能。Cochran 和 Davis（1987）采用句子核证任务研究了场独立性和场依存性被试的语言工作记忆，发现场独立性被试的工作记忆容量大于场依存性被试的工作记忆容量；Miyake 等（2001）采用双任务的研究范式从工作记忆的角度研究了场依存性认知方式，发现隐蔽图形测验的成绩和工作记忆中的视觉空间成分与执行成分有关；Goode（2002）采用 ERP 技术研究系列顺序回忆任务，也发现场独立性被试在高工作记忆负荷下对任务可以进行更深层次的加工；李寿欣和周颖萍（2006）采用 ERP 技术研究了个体认知方式和材料复杂性对视觉空间记忆的影响，发现场认知方式是影响视觉工作记忆的一个重要个体差异变量。

根据以往的研究结果，与文本信息加工有关的特殊个体变量对空间情境模型的更新有影响，在这些个体变量中，工作记忆虽然总体上和情境模型更新没有关系，但是其中的视觉空间部分却和情境模型更新有关系。认知方式是个体在组织和加工信息中所具有的个性化和一贯的方式（Tennant，1988），具体表现在知觉、记忆、思维和问题解决过程中的偏好和典型的方式上，是与情境信息加工相关联的特殊技能，那么认知方式的差异是否与情境模型的更新有关呢？

相关研究证实，场认知方式与工作记忆的视空模板和中央执行器的功能有关（Miyake，Witzki，& Emerson，2001），场独立者的心理分化程度高，具有较高的认知改组能力，他们倾向于使用主动的深层分析的方式加工信息，对材料信息之间的区别比较敏感，善于在复杂背景中找到规律，倾向于凭借内部感知线索来加工信息；而场依存者心理分化水平低，认知改组能力低，倾向于使用整体知觉方式加工信息，让已存在的有组织的场保留原样，不容易从背景中找到规律，倾向于以外在参照物或外部环境线索为指导加工信息（Witkin，Dyk，Faterson，Goodenough，& Karp，1962；Witkin，Goodenough，& Oltman，1979；Witkin & Goodenough，1981；李寿欣，2006、2008）。虽然场依存性是一种认知方式而不是一种认知能力，但是已有实验证明，和场依存个体相比，场独立个体具有较强的视觉空间认知能力（李寿欣，2006、2008；李寿欣，周颖萍，2006；许芳，2006）。MacLeod，Jackson 和 Palmer（1986）的研究发现，场依存性和空间能力之间存在显著高相关，场独立者具有更高的空间认知能力。Miyake 等（2001）采用双任务的研究范式从工作记忆的角度研究了场认知方式，发现隐蔽图形测验的成绩和工作记忆中的视觉空间成分与执行成分有关；Goode，Goddard 和 Pascual－Leone（2002）采用 ERP 技术研究系列顺序回忆任务，也发现场独立性被试在高工作记忆负荷下对任务可以进行更深层次的加工；李寿欣和周颖萍（2006）采用 ERP 技术研究了个体认知方式和材料复杂性对视觉空间记忆的影响，发现场认知方式是影响视觉工作记忆的一个重要的个体差异变量。Cochran 和 Davis（1987）采用句子核证任务研究了场独立性和场依存性被试的言语工作记忆，发现场独立性被试的言语工作记忆容量大于场依存性被试的言语工作记忆容量。

综合以上研究可以发现，不同认知方式个体的心理分化程度不同，认知改组能力和加工信息的方式不同，并且在视觉空间记忆和言语工作记忆能力上也有差异；而前人很多研究发现视觉空间记忆和言语工作记忆对空间情境模型的更新影响很大，表现在高视空记忆

和言语工作记忆能力的被试在高预见条件下并没有对空间情境模型进行更新，在低预见条件下则对空间情境模型进行了更新，而低能力的被试则刚好表现出相反的数据模式。因此本研究预期：不同认知方式个体的空间情境模型的更新能力有所不同，场独立性被试在低预见条件下更容易发生空间情境模型的更新，而场依存性被试则在高预见条件下更容易更新空间情境模型。这说明与场依存性个体相比，场独立性个体的认知改组能力更强，更善于在复杂背景中找到规律，视觉空间记忆和言语能力整体水平也更高，所以空间情境模型的更新能力更强。

如果场独立性被试的认知改组能力更强，更容易在复杂的背景中找到规律，而场依存性被试的认知改组能力较弱，不容易从复杂的背景中找到规律，那么在记叙文阅读的过程中，场独立性被试在困难的情况下会更新空间情境模型，出现显著的空间距离效应，而场依存性被试则只在比较容易的情况下会更新空间情境模型，出现显著的空间距离效应。为了考察记叙文类型对空间情境模型更新的影响，根据记叙文中主人公在建筑布局图中的移动方向（顺时针或者逆时针）是否变化，将记叙文分为低预见性和高预见性两个水平，移动过程中方向改变为低预见性，反之为高预见性。如果研究预期正确，那么在高预见性的条件下，场依存性被试可以表现出空间距离效应，但是场独立性被试可能不会表现出空间距离效应，因为对于场依存性被试来说，移动过程中方向保持一致，他们保留了原来已存在的有组织的场景，以场景内在信息为参照，随着阅读过程中空间位置有规律的变化，他们能够更新空间情境模型；而对于场独立性被试来说，他们的认知改组能力更强，移动方向不变时，他们能脱离情境本身的影响，不需要更新空间情境模型就能通达对前照应句的理解，所以空间距离效应不明显。在低预见性的条件下，场独立性被试可以表现出空间距离效应，而场依存性被试可能表现不出空间距离效应，因为对场依存性被试来说，他们的认知改组能力低，视空和言语工作记忆能力整体较低，阅读过程中移动方向变化时，很难找到可以参照的外部情境，进而不能从复杂的变化中找出规律，所以不能即时更新空间情境模型，空间距离效应不显著；而对于场独立性被试来说，他们的认知改组能力比较高，视空和言语工作记忆能力整体更高，可以从复杂的变化中找出规律，所以能即时更新空间情境模型，空间距离效应显著。

二、实验

实验 1

（一）目的

验证空间情境模型建构和更新中的空间距离效应，探索场独立性被试的空间情境模型更新模式是否不同于场依存性被试。同时，考察认知方式与言语能力和视觉空间能力是否相关，探索场独立性被试的言语能力和视觉空间能力是否强于场依存性被试。

（二）方法

1. 被试

华南师范大学一、二年级三个专业的本科生共 70 名参加了“镶嵌图形测验”（Embedded Figure Test，简称 EFT）。删除无效被试 1 人，按照计分标准计算总分并且从高到低排序，选择总分中的前30%共20名为场独立性被试，最后30%共21名为场依存性被试，另约时间在实验室进行第二部分的实验。除一名依存性被试没有到之外，其他40名被试都按时参加第二部分的实验。根据第二部分实验的有效数据，我们测量了38个有效被试（场依存性被试18个，场独立性被试20个）的工作记忆能力。所有被试视力或矫正视力正常，母语为汉语，无阅读障碍。

2. 实验材料

（1）镶嵌图形测验。

测验由北京师范大学辅仁应用心理发展中心修订，一共分三个部分，第一部分9个图形，第二、三部分10个图形。其中第一部分是练习部分，不计入总分，但是可以用来检测被试是否学会测验。第二、三部分中，第一、二个图形每个0.5分，第三、四个图形每个1分，其他图形每个1.5分。每个部分的时间为4分钟，超过时间没有完成的停止作答，秒表计时。结合实验2，计算了实验1（69名）和实验2（65名）所有参加镶嵌图形测验的134名有效被试的内部一致性系数，$\alpha=0.786$。

（2）学习材料。

在Dutke（2006）的研究材料基础之上进行改编，是一个“研究中心”的布局图（见图4-1）。布局图中共有8个房间和1个中央大厅，每个房间有三个常见的物品，这些物品与所在房间都符合生活中的逻辑。如在办公室，一般都会有文件架、办公桌和圆桌之类的东西。办公室里面的所有物品根据日常生活经验和布局图中的形状大小可以分为3类，每类在每一个房间里面都有一个：第一类物品为隔间、报纸架、办公桌、长凳、盥洗盆、垃圾箱、车架、躺椅；第二类为电脑、展示柜、文件架、期刊架、显微镜、货仓、工作椅、冰箱；第三类为柱子、前台、圆桌、复印机、灭火器、气罐、热炉、橱柜。房间与房间之间有“门”可以相互连接，位于四个角落的房间也有“门”可以进入花园，从而保证主人公可以在整个建筑物内部做穿越中央大厅的顺时针或者逆时针运动。

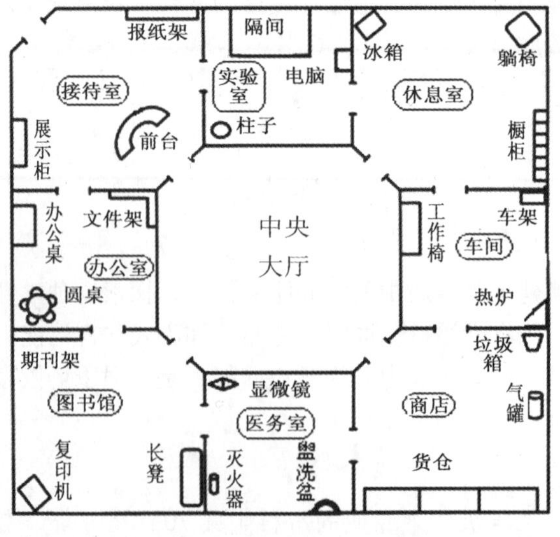

图4-1 “研究中心”布局图

（3）文本材料。

根据Dutke（2006）的研究材料自编文本材料。所有文本都按照相同的格式编写，具体实验材料样例见下：

李倩是一个研究中心的研究员，她也是一个很喜欢小动物的人。虽然中心规定不能养宠物，但她还是偷偷地养了一只可爱的小兔子，不过生怕别人发现。

位置句：昨天她把小兔子放在了实验室的隔间里面，现在它肯定饿了

来到实验室的时候门好像开了，“天哪，小兔子不见了”

她感到有点儿焦急，不过想到中心的规定，她感到有点儿害怕了

运动句：她轻轻地走到接待室，希望可以找到一些线索

但是好像什么也没有找到

关键句：她又从接待室走到了图书馆

她已经有点生气了，“那个小家伙为什么不好好地待着呢”

前照应句（路径房间）：她想她好像听到有声音从办公桌那里传来

不过她又不确定到底它是不是真的在那里

运动句：她接着（穿过大厅）走到了商店（休息室）

现在她开始有点儿后悔自己的行为了，但还是想尽快把它找出来

关键句：她又从商店（休息室）走到了休息室（商店）

如果这里也没有的话，她真的不知道怎么办了

前照应句（起始房间）：她想她好像听到一个声音从垃圾箱（躺椅）那里传来

当一个白色的小东西从她面前跑过去的时候，她差点没喊出来

“我终于找到你了”，她稍微有一点儿生气，“下次不许你这样跑了哦”

（注：括号中的文字为方向改变条件）

问题：1. 她走到商店的时候发现了小兔子？

2. 中心规定可以养小动物？

每篇文章后面有两个与文本有关的问题需要按键回答，正确的按“J”键，错误的按“F”键。答案正确与否随机排列，总体上正确答案的题数和错误答案的题数相当。根据记叙文中主人公的移动方向是否发生改变将实验材料分为两类：方向不变和方向改变。在方向不变的记叙文中，主人公在整个建筑布局图中的移动方向一直是逆时针的，实验指导语告诉了被试主人公方向不会发生变化，主人公移动的路线可以很容易地预测到，因而方向不变的记叙文是高预见性记叙文。在方向改变的条件下，指导语告诉被试主人公移动方向会发生变化，主人公的移动路线难以预测，因而方向改变的记叙文是低预见性记叙文（Dutke & Rinck，2006）。

①方向不变的实验材料：文章基本形式是描述主人公从一侧的一个中间房间出发（如实验室）作逆时针方向运动，中间经过其他六个房间最后来到到达房间（如休息室），在整个过程中主人公会做某件事情，很自然地把八个房间联系在一起。基本形式中的起始房间经过三次90°的旋转就产生了四个基本的文章形式，每个形式编写两篇故事，所以基本

文章就有了8篇，每篇文章包含18个句子，在350字左右。每篇文章都包含情境介绍句、一个位置句、两个运动句、两个关键句、两个前照应句和一个结束句，文章之后是需要被试按键回答的两个问题，一个与空间情境模型有关，一个与空间情境模型无关。其中关键句的句子形式都是“主人公又从‘起始房间’走到了‘到达房间’”，而前照应句的句子形式类似于“主人公想他好像听到有声音从办公桌那里传来”，句子结构都比较相似，只是具体使用的感官和房间的物品信息不同。前照应句所包含的物品可以是路径房间的一个物品，也可以是起始房间的一个物品，同时可以是来自上面分类中的第一类物品，也可以是第二类物品，当然，三类物品中任选两类都是可以的。这样8篇基本文章各自有了4个不同的版本（2个类别×2个位置），所以一共有4个类型32篇实验材料。实验中对4个类型的文章进行拉丁方处理，每个被试都会阅读8篇实验材料，图4－2是主人公一直逆时针不变的运动路线。

②方向改变的实验材料：方向改变条件下的实验材料和方向不变条件下相似。不同之处在于主人公从起始房间（如实验室）出来，逆时针走到了第一个到达房间（如图书馆）之后，会穿过中央大厅走到下一个起始房间（如休息室），而后改为顺时针从起始房间（如休息室）走到下一个到达房间（如商店）（见图4－3）。经过同样的方式产生32篇实验材料，对实验材料也采用拉丁方进行平衡，每个被试阅读8篇实验材料。

③填充材料。填充材料在字数和句子上与实验材料相似，只是填充材料的前照应句用其他句子来代替。填充材料一共有8篇，4篇是方向变化的，4篇是方向不变的，所以每个被试最后一共要阅读12篇文章，包括8篇实验材料和4篇填充材料，实验时所有的材料随机呈现。

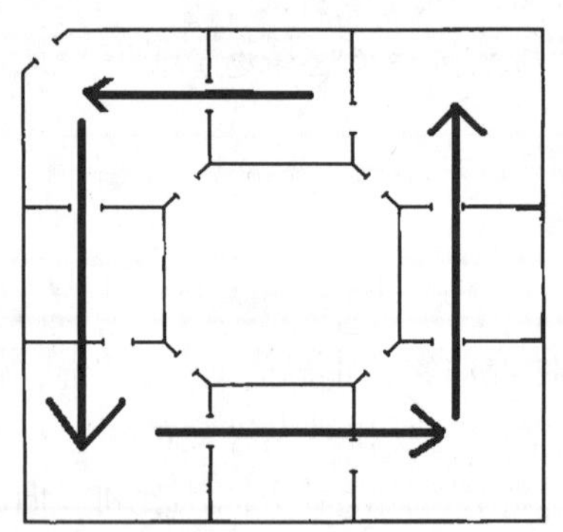

图4－2　方向不变条件下主人公的运动路线图

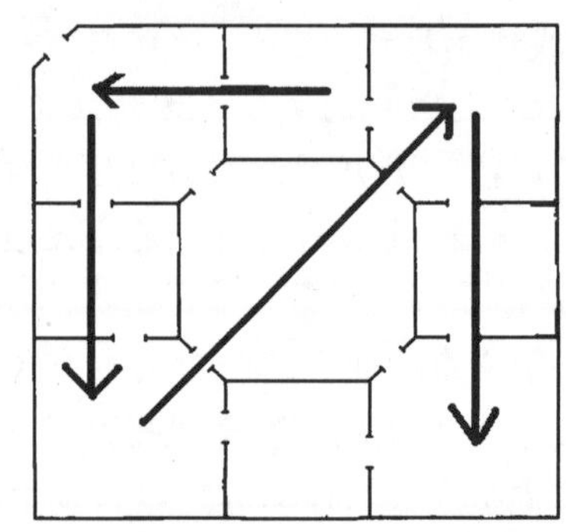

图4－3　方向改变条件下主人公的运动路线图

④言语能力测量材料。本研究选择言语工作记忆任务中的经典模式阅读广度任务作为言语能力的外在测量指标。在该任务中，向被试依次呈现一系列句子词语对，即每个句子后面紧接着一个词语，每个句子由14个字组成。例如：

他希望靠自己的劳动来养活自己。颜色
他用仅有的一点儿钱开了一间公司。奥秘
小方在一次朋友聚会时认识了他。职业

要求被试大声读出句子和句子后面的词语，在理解句子的同时记忆句子后面的词语。每呈现完一系列的句子词语对后，计算机屏幕上将呈现出“???”，提示被试按照呈现的顺序回忆出刚才呈现过的词语。被试回忆完后，主试按照刚刚呈现完的句子顺序，针对每个句子提出一个问题，以确认被试对每句话都进行了理解加工。例如，主试针对上面呈现的三个句子问了三个问题：“他希望靠自己的劳动来养活自己吗?”“他是用很多钱开了一间公司吗?”“小方是在一次朋友的聚会上认识了他吗?”如果被试不能完全正确回答主试提出的问题，那么被试对于这一系列回忆的成绩就无效。被试回答问题完毕，按下空格键以呈现下一系列的句子词语对。在所有要求被试回答的问题中，有一半需要作肯定回答，一半需要作否定回答，问题随机呈现。

该任务包含五个分实验组，这五个分实验组的句子词语对的容量分别是 2、3、4、5、6 个。每个分实验组由三个容量相同的句子词语对组成，所有分实验组呈现的句子词语对均不相同。该任务的记分方法为：在正确回答问题的前提下，被试按照正确顺序回忆出所有分实验组的词语数为得分总数，其中每一个分实验组呈现的词语数为该分实验组的总分。例如：在第一分实验组中，如果被试对 3 次实验所呈现的 3 组（每组 2 个）句子词语对都能按照正确顺序回忆出词语，那么被试在第一分实验组中的得分为 6 分；在接下来的第二分实验组中，如果被试在 3 次实验所呈现的 3 组（每组 3 个）句子词语对中，只有 2 次按照正确顺序回忆出了词语，那么被试在第二分实验组中的得分为 6 分；这样，被试在前两个分实验组中的得分总数为 12 分。

⑤视觉空间能力测量材料。本研究选择空间工作记忆任务中的经典模式点阵运算广度任务作为视觉空间能力的外在测量指标。在该任务中，向被试依次呈现一系列矩阵等式和含有圆点的 5×5 网格对，即每条矩阵等式后面紧跟着一个含有圆点的网格，矩阵等式有加法和减法运算，如图 4－4 所示：

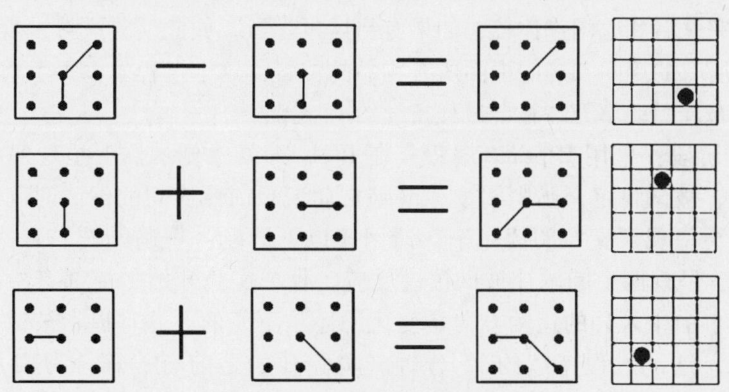

图 4－4　点阵运算广度任务图示

要求被试判断呈现的矩阵等式是否正确，如果矩阵等式正确，按“F”键，如果矩阵等式错误，按“J”键。在所有要求被试判断的矩阵等式中，有一半正确、一半错误，随机呈现。程序记录被试的反应，如果被试判断错误，那么该系列的回忆成绩就是无效的。

计算机屏幕会在被试按键后或者 4 500 ms 后呈现一个含有圆点的 5 ×5 网格，被试需要记忆网格中圆点的位置。网格会在呈现 1 500 ms 后自动消失，屏幕上接着呈现下一个矩阵等式。每一系列完成后，屏幕上就会呈现出“???”，提示被试在答题纸上的 5 ×5 网格中按顺序标出刚刚呈现过的圆点的位置。

该任务包含五个分实验组，这五个分实验组的矩阵等式和含有圆点的网格对的容量分别是 2、3、4、5、6 个。每个分实验组由三个容量相同的矩阵等式和含有圆点的网格对组成，所有分实验组呈现的矩阵等式和含有圆点的网格对均不相同。该任务的记分方法为：在矩阵等式判断正确的前提下，被试在所有分实验组中正确标出网格中圆点的位置的数目为得分总数。

3. 实验设计

采用 2（方向变化）×2（认知方式）×2（空间位置）混合实验设计，方向变化为被试间变量，有两个水平：改变和不改变。认知方式为被试间变量，包括两个水平：场独立性和场依存性。空间位置为被试内变量，有两个水平：起始房间和路径房间。考虑到前照应句的句法结构相似，句子理解难度也相似，但字数有差异，因此没有采用前照应句的阅读时间作为因变量，而是采用前照应句中每个字的平均阅读时间作为因变量，也即前照应句总的阅读时间/总字数。每个被试阅读 8 篇实验材料和 4 篇填充材料共 12 篇文章。每种方向的 4 种类型的实验材料以拉丁方呈现，20 个被试阅读方向改变的材料，20 个被试阅读方向不变的材料。

4. 实验程序

（1）镶嵌图形测验阶段：在班级上课前半小时或者下课后半小时内团体施测，首先说明实验的指导语和目的，然后给每个被试发一支笔，秒表计时，严格按照时间操作，最后统一收回测验卷。整个过程持续约 15 分钟。

（2）布局图学习阶段：被试自定义步骤学习布局图，被试先学习，然后在空白布局图上默写，默写完之后和原图作比较，如果有错误再学习，如此反复进行，直到被试可以完全记住地图中所有的房间和房间里面所有物品的位置，这个过程中，每个被试旁都有一个主试观看完成布局图的填充。整个过程持续约 15 分钟。

（3）测试阶段：采用 E-prime 编程，在 IBM 14 英寸显示器上呈现实验材料。采用移动窗口技术，被试自定义步骤阅读，电脑自动记录前照应句的阅读时间，每篇文章结束之后，屏幕会呈现“文章阅读完毕，请回答以下问题。正确的按‘J’键，错误的按‘F’键”，接着呈现两个问题让被试按键反应。每个实验开始之前都有指导语提示被试在接下来的故事中主人公的运动方向是变化的还是不变的，并且提示被试在整个实验过程中都是如此，这个过程持续约 35 分钟。实验开始之前有一篇练习文章让被试熟悉实验。

（4）工作记忆能力测量阶段：采用 Super Lab 编程，在 IBM 14 英寸显示器上呈现测量材料。该测量是个别测量，整个过程持续约 30 分钟。一半被试先做阅读广度任务，后做点阵运算广度任务；另一半被试则反之。每个任务开始之前都有三个练习系列让被试熟悉测量流程。

（三）结果与分析

首先分析被试回答问题的正确率，删除正确率低于75%的被试数据，由此删除2名被试的数据，然后删除大于2.5个标准差的数据，删除的数据不超过总数据的3%。因变量是关键句中每个字的平均阅读时间。所有数据在SPSS13.0上处理。具体数据见表4－13：

表4－13　不同实验条件下前照应句每个字的平均阅读时间（ms）与标准差

	方向不变				方向改变			
	场独立性		场依存性		场独立性		场依存性	
	M	*SD*	*M*	*SD*	*M*	*SD*	*M*	*SD*
路径房间	165.71	11.83	161.04	13.76	178.77	10.70	193.38	13.76
起始房间	172.11	11.65	192.31	16.69	221.31	10.54	201.44	16.69

对所有数据进行被试检验和项目检验。重复测量方差分析发现，空间位置主效应显著，$F_1(1, 34) = 50.48$，$p < 0.001$，$F_2(1, 24) = 26.82$，$p < 0.001$。对于方向改变因素，被试检验主效应边缘显著，项目检验显著，$F_1(1, 34) = 4.072$，$p = 0.052$，$F_2(1, 24) = 7.33$，$p < 0.05$。认知方式的主效应被试检验和项目检验都不显著，$F_1(1, 34) = 0.041$，$p = 0.84$，$F_2(1, 24) = 0.514$，$p = 0.48$。三重交互作用显著，$F_1(1, 44) = 22.82$，$p < 0.001$，$F_2(1, 24) = 9.34$，$p < 0.01$。为了更好地说明三重交互作用，分别计算场独立性被试和场依存性被试的数据模式：

对于场依存性被试，空间位置主效应显著，$F_1(1, 16) = 14.13$，$p < 0.05$，$F_2(1, 12) = 9.45$，$p < 0.05$；移动方向主效应不显著，$F_1(1, 16) = 0.98$，$p = 0.34$，$F_2(1, 12) = 0.83$，$p = 0.38$。空间位置和移动方向交互作用，被试检验显著，$F_1(1, 16) = 4.93$，$p < 0.05$；项目检验不显著，$F_2(1, 12) = 0.49$，$p = 0.50$。被试检验进一步简单效应分析发现，在方向改变条件下，路径房间和起始房间差异不显著，$F_1(1, 16) = 1.12$，$p = 0.29$；在方向不变条件下，路径房间和起始房间差异显著，$F_2(1, 16) = 17.88$，$p < 0.01$。

对于场独立性被试，空间位置主效应显著，$F_1(1, 18) = 47.47$，$p < 0.001$，$F_2(1, 12) = 17.70$，$p < 0.01$；移动方向主效应显著，$F_1(1, 18) = 4.07$，$p = 0.059$，$F_2(1, 12) = 8.10$，$p < 0.05$。空间位置和移动方向交互作用显著，$F_1(1, 18) = 25.89$，$p < 0.001$，$F_2(1, 12) = 12.15$，$p < 0.01$。进一步简单效应分析发现，在方向改变条件下，路径房间和起始房间差异显著，$F_1(1, 18) = 79.71$，$p < 0.001$，$F_2(1, 12) = 29.59$，$p < 0.001$；在方向不变条件下，路径房间和起始房间差异不显著，$F_1(1, 18) = 1.48$，$p = 0.24$，$F_2(1, 12) = 0.26$，$p = 0.62$。

同时，计算在方向改变和方向不变条件下两种认知方式的空间距离效应的大小，结果发现，在方向改变条件下场独立性被试的空间距离效应大于场依存性被试，而在方向不变条件下场依存性被试的空间距离效应大于场独立性被试，如图4－5所示：

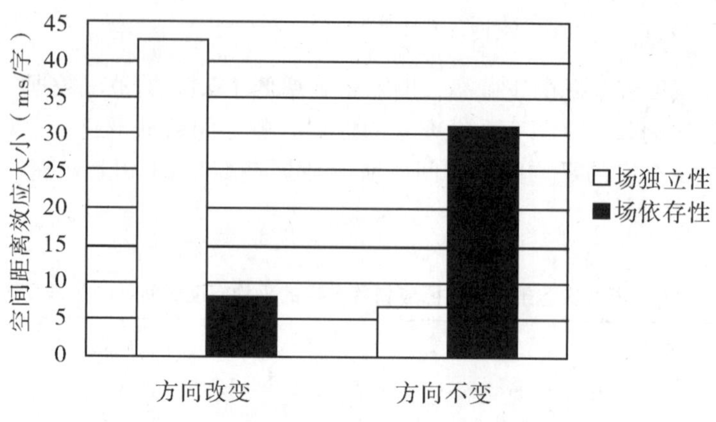

图 4－5　两种方向条件下空间距离效应

接着，进行认知方式与工作记忆能力的相关性分析，认知方式与阅读广度任务得分和认知方式与点阵运算广度任务得分的皮尔逊相关性系数分别为：$r_1=0.462$，$p<0.01$；$r_2=0.477$，$p<0.01$。整体上，认知方式与言语工作记忆和空间工作记忆之间的相关性都显著，但是，场性相同的被试的言语和视空工作记忆容量也存在差异，表现出认知方式和工作记忆之间有一定的交互作用，因为场独立性和场依存性被试组的视觉空间和言语工作记忆能力的标准差比较大。为了进一步确定认知方式和工作记忆容量之间的相关程度，接着以认知方式为自变量，以阅读广度任务和点阵运算广度任务得分为因变量，运用独立样本 t 检验进行统计分析。具体数据见表 4－14：

表 4－14　不同认知方式的被试在阅读广度任务和点阵运算广度任务的平均得分和标准差

任务	场独立性		场依存性	
	M	*SD*	*M*	*SD*
阅读广度任务	15.65	5.26	9.50	3.93
点阵运算广度任务	14.95	7.28	8.17	5.58

从表 4－14 可以看出，虽然工作记忆能力和认知方式之间存在交互作用，但无论是在言语工作记忆的阅读广度任务上，还是在空间工作记忆的点阵运算广度任务上，场独立性被试组的得分均显著高于场依存性被试组，t_1（36）$=4.043$，$p<0.001$，t_2（36）$=3.197$，$p<0.01$。工作记忆能力测量的结果进一步验证了已有研究：认知方式与言语能力和视觉空间能力都显著相关，并且其与视觉空间能力的相关系数更大些（Cochran & Davis，1987；Goode et al.，2002；MacLeod et al.，1986；Miyake et al.，2001；李寿欣，2006、2008；李寿欣、周颖萍，2006；许芳，2006）。而进一步的分析发现，场独立性被试组的言语和视空工作记忆容量整体上均显著大于场依存性被试组，即场独立性被试的言语能力和视觉空间能力整体上均高于场依存性被试。

为了确定空间情境模型更新是由认知方式的差异造成的，最后把阅读广度和点阵运算广度的得分作为协变量，认知方式和移动方向作为被试间变量，空间位置作为被试内变

量，含有协变量的多因素重复测量方差分析进行被试检验，结果发现，移动方向的主效应显著，$F_1(1, 32) = 5.158$，$p < 0.05$，方向改变的阅读时间明显长于方向不变的情况；空间位置的主效应不显著，$F_1(1, 32) = 1.968$，$p = 0.17$；认知方式的主效应不显著，$F_1(1, 32) = 0.745$，$p = 0.40$；协变量阅读广度的效应不显著，$F_1(1, 32) = 1.392$，$p = 0.25$；协变量点阵运算广度的效应也不显著，$F_1(1, 32) = 0.001$，$p = 0.97$；只有三重交互作用显著，$F_1(1, 44) = 22.82$，$p < 0.001$，$F_2(1, 24) = 9.34$，$p < 0.01$；其他交互作用都不显著。为了更好地说明三重交互作用，分别计算场独立性被试和场依存性被试的数据模式：

对于场依存性被试，空间位置主效应不显著，$F_1(1, 14) = 0.367$，$p = 0.55$；移动方向主效应不显著，$F_1(1, 14) = 0.86$，$p = 0.37$；协变量阅读广度的效应不显著，$F_1(1, 14) = 2.85$，$p = 0.11$；协变量点阵运算广度的效应也不显著，$F_1(1, 14) = 1.545$，$p = 0.23$；只有空间位置和移动方向交互作用边缘显著，$F_1(1, 14) = 4.185$，$p = 0.06$。进一步分析表明：在方向改变条件下，路径房间和起始房间差异不显著；在方向不变条件下，路径房间和起始房间差异显著（见图4-6）。

对于场独立性被试，空间位置主效应不显著，$F_1(1, 16) = 1.324$，$p = 0.27$；移动方向主效应不显著，$F_1(1, 16) = 2.892$，$p = 0.108$；协变量阅读广度的效应不显著，$F_1(1, 16) = 0.14$，$p = 0.71$；协变量点阵运算广度的效应也不显著，$F_1(1, 16) = 0.29$，$p = 0.60$；空间位置和移动方向交互作用显著，$F_1(1, 16) = 18.776$，$p < 0.01$。进一步分析表明：在方向改变条件下，路径房间和起始房间差异显著；在方向不变条件下，路径房间和起始房间差异不显著（见图4-7）。

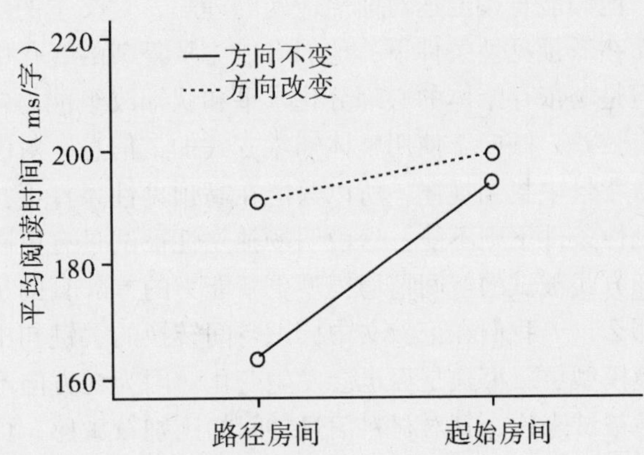

图4-6 场依存性被试在不同移动方向与空间位置条件下的平均阅读时间比较

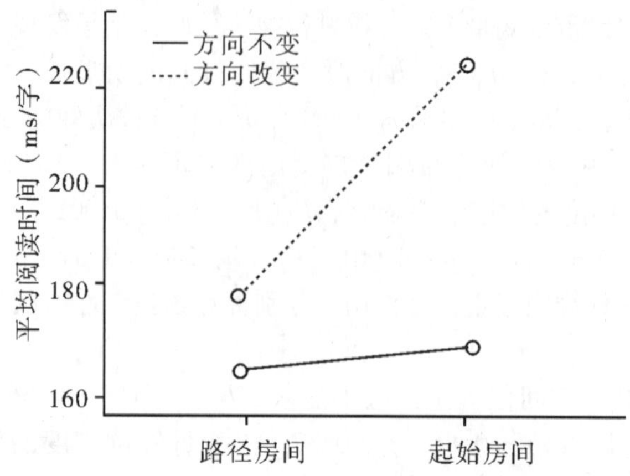

图 4-7　场独立性被试在不同移动方向与空间位置条件下的平均阅读时间比较

由此可以看出，虽然不同认知方式的个体在言语能力和视觉空间能力上存在差异，但通过含有协变量的多因素重复测量方差分析发现，这些差异对实验结果并没有影响，实验结果的差异是由实验变量引起的。实验 1 的结果符合预期，在高预见性的条件下，主人公行走的路径方向保持不变，空间变化比较有规律，不需要太多的认知改组努力就能实现情境模型的更新；而在低预见性条件下，主人公行走的路径方向不确定，空间变化比较复杂，很难找到变化规律，需要更多的认知改组努力才能实现情境模型的更新。所以，对于场独立个体来说，其心理分化程度比较高，认知改组能力更强，视空工作记忆和言语工作记忆整体上更好，善于在复杂的背景中找出规律，他们可以脱离环境的限制进行编码，所以在高预见性条件下，他们能直接通达对前照应句的理解，对文本的加工程度较浅，没有更新空间情境模型；而在低预见性条件下，他们有能力从复杂的变化中找出方向的变化规律，更新情境模型。但是场依存个体的心理分化水平和认知改组能力较低，视空工作记忆和言语工作记忆整体上较差，倾向于使用整体知觉方式加工信息，对已存在的有组织的信息保留原样，不容易从背景中找到规律，所以只能在高预见性条件下找出变化规律，更新情境模型，而在低预见性条件下则不能。这说明场独立性被试具有更高的空间情境模型更新能力。如果不同认知方式被试的空间情境模型更新能力的差异真的是认知改组能力、认知编码策略造成的，那么，当我们在记叙文中标识空间转换的关键句中增加提示线索，不同认知方式个体的情境模型更新模式是否也会发生变化？因为在方向不变的情况下增加提示线索，对于场独立性被试来说，其对材料信息之间的区别较敏感，可能会更主动、更深层地分析提示线索的意义，进而对文本进行比较深的加工，而对于场依存性被试来说，提示线索可能会帮助他们保留已存在的有组织的情境信息，从不变的背景中找到规律，从而更新情境模型。若在方向改变的情况下增加提示线索，对于场独立性被试来说，其可能会主动地分析提示线索的意义，加深对文本信息的加工，更容易从中找到空间位置变化规律，更新情境模型，而对于场依存性被试来说，其可能会利用提示线索还原房间变化的信息，找出空间位置变化规律，更新情境模型。以上说明不同认知方式的个体在两种预见性的条件下都表现出显著的空间距离效应。为了进一步探索认知方式对空间情境模型更新的影响，我们进行了实验 2。

实验2

（一）目的

进一步探索不同认知方式的被试在有提示线索时的空间情境模型更新机制。

（二）方法

1. 被试

华南师范大学一、二年级三个不同专业的班级共70名本科学生参加镶嵌图形测验，最后删除无效测验数据5份，剩余65个有效被试。总分从高到低排序后选择前30%高分和后30%低分的被试作为场独立性被试和场依存性被试。考虑到被试各个专业和年级的差异，最后选出的两种认知方式的被试不完全相等，场依存性被试18人，场独立性被试22人，所有被试均没有参加过实验1。被试视力或矫正视力正常，无阅读障碍。

2. 实验材料

镶嵌图形测验和建筑布局图与实验1相同。对实验1的文本材料进行修改，在关键句中加上路径房间的一个物品，但是不提示路径房间的名称。比如实验1中的关键句“她又从接待室走到了图书馆”在实验2中改为“她又从接待室中间经过圆桌走到图书馆”，其他部分和实验1相同。

3. 实验设计与程序

被试除了没有进行工作记忆能力测量外，其余同实验1。

（三）结果与分析

首先分析被试回答问题的正确率，删除正确率低于75%的被试数据，由此删除2名被试的数据，然后删除2.5个标准差之外的数据，删除的数据不超过总数据的5%。仍然采用前照应句每个字的平均阅读时间作为因变量。具体结果见表4-15：

表4-15　不同条件下前照应句每个字的平均阅读时间（ms）与标准差

	方向不变				方向改变			
	场独立性		场依存性		场独立性		场依存性	
	M	*SD*	*M*	*SD*	*M*	*SD*	*M*	*SD*
路径房间	173.61	13.72	181.37	12.41	193.10	12.41	193.86	15.56
起始房间	202.33	17.11	205.84	15.84	253.31	15.45	235.44	19.41

以空间位置作为被试内变量，移动方向与认知方式作为被试间变量进行重复测量的方差分析，结果发现，空间位置主效应显著，$F_1(1, 34) = 44.75$，$p < 0.001$，$F_2(1, 24) = 26.63$，$p < 0.001$。移动方向主效应被试检验边缘显著，项目检验显著，$F_1(1, 34) = 3.91$，$p = 0.052$，$F_2(1, 24) = 13.39$，$p < 0.01$。认知方式主效应不显著，$F_1(1, 34) = 0.01$，$p = 0.919$，$F_2(1, 24) = 0.13$，$p = 0.72$。空间位置与移动方向交互作用被试检验显著，项目检验边缘显著，$F_1(1, 34) = 4.40$，$p < 0.05$，$F_2(1, 24) = 3.01$，

$p=0.083$。空间位置与认知方式交互作用不显著，$F_1(1, 34)=0.975$，$p=0.33$，$F_2(1, 24)=3.09$，$p=0.092$；认知方式与移动方向交互作用不显著，$F_1(1, 34)=0.25$，$p=0.62$，$F_2(1, 24)=0.093$，$p=0.76$；三重交互作用不显著，$F_1(1, 34)=0.385$，$p=0.54$，$F_2(1, 24)=0.65$，$p=0.43$。对空间位置与移动方向两者显著的交互作用进行简单效应分析，结果发现：在方向改变条件下，起始位置与路径位置差异显著，$F_1(1, 36)=41.84$，$p<0.001$，$F_2(1, 26)=22.76$，$p<0.001$；在方向不变条件下，起始位置与路径位置差异也显著，$F_1(1, 36)=11.52$，$p<0.01$，$F_2(1, 26)=5.27$，$p<0.05$。

总体被试在方向改变条件下表现出了空间距离效应，为了进一步区分独立性被试与依存性被试的数据模式，分别对依存性被试和独立性被试在方向改变条件下的空间距离效应大小进行了分析。在方向改变条件下，场独立性被试在起始位置与路径位置上的阅读时间差异显著，$F_1(1, 10)=15.25$，$p<0.01$，$F_2(1, 6)=41.00$，$p<0.01$，空间距离效应显著；场依存性被试在起始位置与路径位置上的阅读时间差异显著，$F_1(1, 6)=20.20$，$p<0.01$，$F_2(1, 6)=3.69$，$p=0.10$，空间距离效应显著。因此，可以认为场独立性被试和场依存性被试在方向改变条件下分别表现出了空间距离效应。

在实验 2 中，场依存性被试在方向改变条件下也表现出了空间距离效应，而实验 1 和实验 2 的不同在于实验 2 前照应句中提示了路径房间的一个物品，这种提示易化了场依存性被试在高难度条件下对空间情境模型的更新。

实验 2 的结果也证明了前文对实验 1 结果的解释，场独立性被试确实比场依存性被试具有更高的情境模型更新能力，场独立个体的心理分化程度和认知改组能力更高，视觉空间能力和言语工作记忆能力整体较高，更倾向于使用主动的深层分析的加工方式，对材料信息之间的区别敏感，善于在复杂背景中找到规律。所以在低预见性条件下，场独立性被试对情境模型进行了更新；但是在高预见性条件下，他们不需要跟踪主人公的行走路径就能通达对前照应句的理解，对文本的加工程度较浅，无论前照应句中提到的物品是位于路径房间还是起始房间，对场独立性被试来讲，都能脱离房间本身的限制而独立加工物品的位置信息，也就是不用耗费太多的认知加工资源，就可以完成前照应解决，不需要更新情境模型。与之相反的是场依存性被试在低预见性条件下的数据模式，场依存个体的心理分化水平和认知改组能力较低，视觉空间能力和言语工作记忆能力整体较低，对已存在的有组织的信息保留原样，不容易从背景中找到规律，所以只在高预见性条件下对情境模型进行了更新，而在低预见性条件下，不能建构一个完整的空间情境模型，因而出现了在低预见性条件下的无差异现象，其实是没有完成情境模型的建构，这说明场依存性被试的空间情境模型更新能力较低。在实验 2 的实验材料中，关键句增加了路径房间的物品提示，这样在方向改变的情况下，场依存性被试可以依据物品提示线索还原所经过房间的信息，从而找出路径方向的变化规律，更新情境模型，表现出空间距离效应；而场独立性被试则会根据物品提示的信息，更加主动地深层加工并分析路径房间的变化情况，依然也能表现出空间距离效应。这说明场独立性被试比场依存性被试具有更高的空间情境模型更新能力，并进一步证明这种更新能力的差异是由于不同认知方式的个体在空间情境的建构和更新中使用的认知编码策略和本身的认知改组能力不同。

对实验1和实验2的结果进行比较，计算在关键句中提示一个物品之后空间距离效应的变化大小。场依存性被试在方向不变条件下的空间距离效应变化不显著：被试检验中，实验1中空间距离效应为31.23，实验2中空间距离效应为28.72，两者差异不显著，$F_1(1,18)=0.382$，$p=0.54$；项目检验中，实验1中空间距离效应为21.47，实验2中空间距离效应为11.53，两者差异也不显著，$F_2(1, 12)=1.01$，$p=0.32$。场独立性被试在方向改变条件下的空间距离效应变化也不显著：被试检验中，实验1中空间距离效应为42.54，实验2中空间距离效应为41.58，两者差异不显著，$F_1(1, 20)=1.182$，$p=0.29$；项目检验中，实验1中空间距离效应为48.53，实验2中空间距离效应为45.80，两者差异不显著，$F_2(1, 12)=0.05$，$p=0.83$。这证明了在实验2中对实验材料的改变对已有的空间距离效应影响不显著。

但是实验2发现场独立性被试在方向不变条件下，空间距离效应也达到了显著性水平，而这个条件在实验1中是不显著的。被试检验中，实验1中空间距离效应为6.40，实验2中空间距离效应为28.72，两者的差异达到边缘显著，$F_1(1, 16)=3.82$，$p=0.068$；项目检验中，实验1中空间距离效应为4.55，实验2中空间距离效应为20.68，两者差异不显著，$F_2(1, 12)=1.31$，$p=0.26$。也就是说，在实验2实验材料的关键句中增加了路径房间的物品提示，在方向不变的情况下，使得场独立性被试花费更多精力深层分析提示物品的房间信息，对文本的加工程度加深，从而更新了空间情境模型，且使得场依存性被试进一步巩固并保持已存在的房间信息，并更新空间情境模型，于是两者都表现出空间距离效应。

三、综合讨论

记叙文理解的过程就是读者利用自身知识综合文本信息以及文本外的背景信息建构情境模型的过程，因而在情境模型建构的过程中，所有与阅读有关的因素，包括文本因素、个体知识背景因素与能力因素等都会影响情境模型的建构和更新。在影响情境模型建构和更新的个体因素中，与阅读有关的特殊能力被认为是影响情境模型更新的主要个体因素，尤其是和工作记忆中的视觉空间系统有关的因素（Denis & Cocude，1997；Friedman & Miyake，2000；Cañas et al.，2003；Dutke & Rinck，2006；贾宁，2005；鲁忠义，贾宁，2006；贾宁等，2007）。认知方式是个体在组织和加工信息中所具有的个性化和一贯的方式（Tennant，1988）。场认知方式与工作记忆的视空模板和中央执行器的功能有关（Miyake et al.，2001）。虽然场依存性是一种认知方式而不是一种认知能力，但是已有实验证明，与场依存个体相比，场独立个体具有较强的视觉空间认知能力（Cochran & Davis，1987；Goode et al.，2002；MacLeod et al.，1986；Miyake et al.，2001；李寿欣，2006、2008；李寿欣，周颖萍，2006；许芳，2006）。因此，认知方式有可能也是影响情境模型建构的一个个体因素。因为不同认知方式个体的心理分化程度不同，认知改组能力和信息加工的编码方式不同，且空间认知能力和言语工作记忆容量也存在差异，所以不同认知方式个体的空间情境模型更新能力有所不同，这也正是本研究所要验证的。

本研究的实验1一方面验证了文本阅读中空间距离效应的普遍性，另一方面探索了场独立性被试是否真的具有比场依存性被试更好的情境模型更新能力，结果显示了认知方式、方向变化和空间位置三因素显著的交互作用。进一步的分析发现，场独立性被试在低难度的条件下和场依存性被试在低预见性条件下均没有发现以往研究普遍存在的空间距离效应。我们对此提出的解释是：在方向不变的条件下，场独立性被试因为心理分化程度和认知改组能力更强，视空和言语记忆容量更高，受外部参照影响小，所以在高预见性条件下，能够脱离场景本身的限制，不需要更新情境模型就能够通达两类前照应句的意义，所以空间距离效应不显著。也就是说，在高预见性条件下，场独立性被试有较高的更新情境模型的能力，不受情境信息的影响，可以很轻易地完成对文本的理解，所以不同前照应位置的差异并没有对场独立性被试产生显著的影响。而在方向改变的条件下，场依存性被试没有出现空间距离效应，那是因为在这种条件下，主人公的移动路线难以预测，情境模型建构需要较多的认知改组努力，而这超过了场依存性被试自身的认知改组能力，他们不能从复杂的变化中找到方向变化的规律。也就是说，在低预见性条件下，场依存性被试缺乏足够的更新情境模型的能力而不能轻易地完成对文本的理解，所以也没有对空间情境模型进行更新。

为了进一步验证不同认知方式个体的心理分化程度和认知改组能力的差异以及在空间情境模型中采取的编码策略对情境模型更新的影响，参照 Dutke（2006）的研究，实验 2 在关键句提示了一个路径房间的物品。在被试对记叙文信息的建构过程中，只要出现了路径房间的物品就可以起到连贯的作用，为空间情境模型的更新提供线索。提示路径房间的物品对不同认知方式个体的情境模型更新都会产生很大的影响，这是因为在原来方向不变的情况下增加物品提示，对于场独立性被试来说，他们的认知改组能力更强，对材料信息之间的区别更敏感，会主动地深层分析提示物品所在的房间情境，增加了对文本的加工深度并更新情境模型，所以表现出空间距离效应；而对于场依存性被试来说，由于心理分化程度和认知改组能力都较低，增加的提示线索能帮助他们更完整地保留已存在的情境信息，所以对前照应句的加工程度也加深，表现出空间距离效应。在原来方向改变的情况下增加物品提示，对于场独立性被试来说，他们主动分析提示线索的意义，加深对文本信息的理解，从复杂的位置变化中找到规律并更新情境模型，出现空间距离效应；而对于场依存性被试来说，提示物的出现帮助他们还原路径房间的信息，从而使他们在方向改变的情况下找到空间位置变化的规律并更新情境模型，所以也表现出空间距离效应。这验证了对实验 1 的解释，同时也可以说明提示线索对不同认知方式个体的空间情境模型的更新有很大的影响，空间情境模型更新能力的差异是由于不同认知方式的个体在空间情境的建构和更新中使用的认知编码策略和本身的认知改组能力不同，从而进一步证明认知方式是影响文本中空间情境模型更新的重要个体变量。

但是在实验 2 中，场独立性被试在方向不变条件下的空间距离效应也达到了显著性水平，这一点与 Dutke 和 Rinck（2006）的研究结果不同。Dutke 和 Rinck（2006）研究的是言语能力和视觉空间能力对空间情境模型的更新过程的影响，他们在关键句中增加提示路径房间的物品后，只发现低预见性条件下弥补了低能力被试的空间情境模型更新能力，没有发现高能力被试在方向不变的情况下表现出空间距离效应。实验 2 和实验 1 的区别是在关键句中加入了路径房间的一个物品，这个物品的作用是帮助读者追随故事主人公的当前运动和位置（Dutke & Rinck，2006），也就是促进读者对空间情境模型的建构和更新，它

与实验中的移动方向因素是没有任何关系的。也就是说，在方向改变的条件下，无论是对场依存性被试还是对场独立性被试，主人公的移动路线依然是低预见性的。此外，提示物的具体作用是因人而异的。对场依存性被试来说，提示物起到易化的作用，因为额外的提示可以帮助场依存性被试跟踪了解主人公先前和现在的运动情况；而对场独立性被试来说，其对材料信息之间的区别比较敏感，在方向不变的情况下增加提示物，可以迫使其深入细节，一步步地追随主人公的移动路线，从而加深对文本的加工程度，促进情境模型的更新。总的来说，增加提示物更能够凸显出不同认知方式个体的认知改组能力、加工信息的方式以及认知编码时使用策略的不同，能够促使场独立性被试在高预见条件下深入理解空间情境的信息，又帮助场依存性被试还原已经保存的组织好的情境信息，从复杂的变化中找到规律，以致所有被试在高低预见性条件下都出现了空间距离效应。

同时，在认知方式和移动方向的四种组合条件下，在增加提示物前后场依存性被试在方向改变条件下的空间距离效应的增加是最大的，而且跨实验的方差分析结果表明，只有这个组合的增加达到了显著性水平（$F_1(1, 14) = 12.35$，$p < 0.01$；$F_2(1, 6) = 0.419$，$p = 0.541$）。读者在阅读过程中遇到这个物体时，自然需要完成对这个物体的理解，建构和更新包含这个物体的情境模型，这样一个过程是在阅读中必然要实现的，对于场独立性被试和场依存性被试都是会发生的。对于场依存性被试来讲，物品的出现提示了主人公的先前移动路线，从而弥补了更新情境模型所需要的能力；对于场独立性被试而言，因为自身的能力大大超过了更新所需要的能力，所以提示物的作用不是弥补能力上的缺陷，而是促使前照应解决的发生，也就是促进了情境模型的更新。可以说提示物的作用也是区分不同认知方式个体在空间情境模型的建构和更新中使用的认知编码策略和本身的认知改组能力的差异。对于场依存性被试而言，认知改组能力较低，需依靠外在参照加工信息，采用整体知觉编码，所以提示物的出现弥补了其情境模型更新能力的不足；但是对于场独立性被试而言，认知改组能力较强，其采用深层分析的编码方式加工文本信息，提示物的出现促使他们对变化的信息主动地进行深层的分析，从而更新情境模型，因而也就表现出了空间距离效应。

本研究的结果和多项研究的结果一致（McNamara，2001；McNamara & Kintsch，1996；McNamara et al.，1996；Dutke & Rinck，2006）。这些研究证实，越是需要深入加工的文本，情境模型的建构就越好，本研究中移动方向和空间位置的交互作用也支持了这一观点。McNamara 等（1996）采用内部连贯程度不同的说明文来控制加工的投入程度，Dutke 和 Rinck（2006）通过主人公移动方向的变化来控制文本可预见性程度从而控制加工投入程度，本研究采用与 Dutke 和 Rinck（2006）一致的做法，这样使文本阅读更自然。在影响因素的选择方面，主要研究了文本因素（McNamara，2001；McNamara & Kintsch，1996；McNamara et al.，1996；Dutke & Rinck，2006）与个体背景知识因素（Denis & Cocude，1997；Friedman & Miyake，2000；Cañas et al.，2003；Dutke & Rinck，2006；贾宁，2005；鲁忠义，贾宁，2006；贾宁等，2007），而对个体能力和人格特质因素关注不多，但指出了个体能力和个体人格特质因素的重要性。同时这个结果与 Dutke 和 Rinck（2006）的研究结果也有相一致的地方，总体上来讲，本研究是在以往关于空间情境模型的研究基础之上的进一步发展。

不同认知方式个体的空间情境模型更新能力差异，与其内部的作用机制关联很大。场认知方式是一种个体在信息加工过程（如感知、记忆、思维和问题解决）中所偏爱的、习惯化了的态度和方式，具有普遍性和渗透性，是个体差异的一个重要因素（Tennant，1988；Miyake et al.，2001）。认知方式没有好坏之分，但是认知方式和工作记忆容量的大小有很密切的关系（Cochran & Davis，1987；Goode et al.，2002；MacLeod et al. 1986；Miyake et al.，2001；李寿欣，2006、2008；李寿欣，周颖萍，2006；许芳，2006），场独立性被试比场依存性被试具有更大的工作记忆容量，尤其是在视觉空间成分上（Goode et al.，2002；MacLeod et al.，1986；Miyake et al.，2001；李寿欣，2006、2008；李寿欣、周颖萍，2006；许芳，2006），在言语能力上也有一定的相关（Cochran & Davis，1987）。这与实验1的工作记忆能力测量结果相一致，场独立性被试的言语工作记忆容量和空间工作记忆容量均明显大于场依存性被试，而且认知方式与言语能力和视觉空间能力都显著相关，并且其与视觉空间能力的相关系数更大些。由此我们认为，不同认知方式个体的空间情境模型更新能力差异可能是由于其工作记忆中的视觉空间成分在起作用，因为场认知方式的定义与工作记忆的视空模板和中央执行器的功能有关（Miyake et al.，2001）。我们的研究也发现，视觉空间能力与认知方式关联很大，但是在我们控制了视觉空间工作记忆和言语工作记忆变量之后，依然发现不同认知方式个体的空间情境模型更新能力存在差异。这说明不同认知方式个体的空间情境模型更新能力不完全受视觉空间和言语工作影响。不同认知方式的个体在心理分化水平、认知改组能力、使用的认知编码策略上也存在差异，这些差异可能是影响其空间情境模型更新能力的因素。在实验2中，我们在关键句中增加了提示路径房间的一个物品，发现提示线索对不同认知方式的影响不同，增加提示物更能够凸显出不同认知方式个体的认知改组能力、加工信息方式以及认知编码时使用策略的影响，促使场独立性被试在高预见性条件下也深层加工文本信息，深入理解空间情境信息，又帮助场依存性被试在低预见性条件下能够跟踪主人公的运动方向，还原已经保存的有组织的场景信息，进而从复杂的变化中找到规律，更新情境模型。总之，提示线索有助于凸显不同认知方式个体在文本阅读中使用认知策略的差异，使所有被试在高预见性和低预见性条件下都更新了情境模型，出现空间距离效应。目前，直接研究认知方式对空间情境模型更新的影响的成果还不足，但由于认知方式本身的特点尤其是场依存性—场独立性这一认知方式的定义和空间情境模型之间的关系很大，所以对两者之间关系的研究很有意义。

本研究初步探索了不同认知方式个体的空间情境模型更新能力的差异，场独立性被试比场依存性被试具有更高的空间情境模型更新能力，并且不同认知方式个体受提示线索的影响也存在差异。但是不同认知方式个体在视觉空间工作记忆、言语工作记忆、认知改组能力和认知编码方式等方面的差异并不一定均衡，未来的研究可以分离认知方式的不同方面，探讨认知方式的各个方面对空间情境模型更新的影响。比如，探讨场性相同但视觉空间记忆或言语工作记忆不同的个体的空间情境模型更新情况。

四、结论

根据本研究结果，可初步得出以下结论：场独立性被试比场依存性被试具有更强的空间情境模型更新能力，但文本中的线索提示可以对场依存性被试更新空间情境模型的能力发挥一定的补偿作用。

第六节 情境模型中时间和空间维度更新的相互影响

一、理论概述

自情境模型及其维度结构的相关理论被提出后，大部分研究针对读者如何建构和更新情境模型而展开，研究的基本思路是当情境模型中某个维度发生转变时，读者如何将该维度的转变更新入原有的情境模型，或者是如何建构新的情境模型。随着研究的深入，研究者开始探讨当两个或多个维度同步转变时，读者对这些转变的更新是如何进行的问题（Therriault，Rinck ，& Zwaan，2006）。

以往关于情境模型中多维度更新的研究存在两种截然不同的观点：一种观点认为，情境模型中维度转变越多，对句子的理解过程就越困难，表现为对目标句的阅读时间增加（Rinck & Weber，2003）；另一种观点认为，多维度的转变不仅不会增加目标句的阅读时间，反而对目标句的阅读有促进作用，表现为多维度转变的目标句阅读时间要少于单维度转变的目标句阅读时间（Copeland，2006）。

在情境模型的时间、空间、因果、主人翁、意向五个维度的相互关系中，关注最多的是时间与其他几个维度的关系，这是因为任何事件都是发生在特定的时间框架中（何先友，李惠娟，魏玉兵，2011；何先友，李英迪，2009）。因此，时间维度和其他维度是如何进行同步更新，成为一个核心问题。Rich 和 Taylor（2000）关于主人翁、时间、空间维度之间关系的研究发现，包含主人翁变化、时间变化与空间变化的句子阅读时间都明显增加了。Magliano，Miller 和 Zwaan（2001）考察了电影中时间、地点和主人翁活动的变化是否使被试把情境看成是连续的，结果发现，被试对电影中这些维度变化的判断与文本中的判断非常类似。Rinck 和 Weber（2003）关于主人翁、时间与空间维度转变的研究也获得了与 Magliano 等（2001）研究一致的结果。这些研究表明，时间维度与其他维度不同的是，时间在每个句子中都要进行编码，与其他维度的更新都有相互联系。鲁忠义、仝宇光和张丽芳（2010）对情境模型中目标状态与时间信息的关系进行了探讨，发现在顺序发生的事件建构中，只有在无目标和目标达成条件下才会出现时间转换的大小效应，也出现了时间距离的远近效应，而在未达成目标条件下，则都没有出现；在回溯事件的建构中，读者把回溯事件表征为时间距离的背景信息，目标促进了信息的整合。鲁忠义和马红霞（2011）又探讨了情境模型加工中主角情绪与时间转换因素对情境模型加工的影响，发现时间转换因素在一定程度上影响对主角情绪状态的加工，主角担心—担心的情绪状态在大的时间转换条件下，前后两种相同的消极情绪可能会产生一种叠加效应，使读者的情境模型加工更加困难，而在小的时间转换条件下，读者对从放松转向担心的情绪状态的加工会花费更多的认知资源。

空间信息是读者用以解释情境的主要维度（Zwaan & Radvansky，1998），以往研究者主要关注了因果维度和空间情境模型之间的关系，但研究结论存在着一定的分歧。Friedman 和

Miyake（2000）认为，情境模型的空间维度和因果维度是分别加工的，彼此没有大量的相互作用。然而Zwaan等（1995）的研究结果发现，在更新过程中，空间和因果维度之间存在抑制关系，有空间转变时，因果维度转变的阅读时间长于没有空间转变而只有因果单一维度转变的阅读时间。李莹、莫雷和王瑞明（2007）探讨了因果连贯对空间情境模型回溯建构的促进，结果发现，因果关系不但会影响文本中明显提及的空间信息的通达，更重要的是还能够促进空间情境模型的建构，并且情境模型的建构是为了保持故事因果连贯的需要而进行的回溯建构，当故事结构不需要利用空间信息进行因果解释时，则不会在阅读中即时建构空间情境模型。

Zwaan和Radvansky（1998）认为，情境模型表征了情境多个方面的信息，如因果、空间、时间、主人翁的目标和情感等。其中，时间信息与空间信息是读者建构情境的两个重要维度。因此，研究者们开始关注时间维度和空间维度之间的关系（Rinck & Bower，2000；Rapp & Taylor，2004）。Rinck和Bower（2000）的研究发现，空间维度的通达性部分依赖于时间维度。迟毓凯、莫雷和管延华（2004）的研究指出空间设置的存在离不开特定的时间，时间和空间共同组成了情境模型的框架，这也是情境模型变化更新的重要标志。Rapp和Taylor（2004）的研究探究了时间长度和空间距离对语篇信息更新的影响，他们发现，读者表征文本时间时依赖空间变化和主人公活动时间的交互作用来建构情境模型。

从以上综述可以看出，对于情境模型多维度转变的研究还相对不足，并且研究结果存在较大的分歧。时间和空间这两个维度在情境模型建构中起着重要的作用，并且这两个维度之间存在着某些重要的关系，但对两者之间究竟是什么关系还没有专门的探讨。在记叙文中，主角空间位置的变化总是在时间转换的情况下完成的，读者对空间位置的追踪关系着对时间信息的表征过程。同时，时间信息的变化并不一定引发空间位置的转变，这是因为时间是线性的、连续的，而空间是非线性的。主角在同一空间位置的停留也伴随着时间的持续。总之，情境模型中各维度之间并不是孤立的关系，一个维度的变化影响着其他维度的加工。鉴于时间和空间这两个维度在情境模型中的重要性，开展这方面的研究显得尤为重要。

从时间与空间两个维度加工的相互影响来看，不外乎可能存在无关、抑制和易化三种关系。无关关系是指在加工过程中时间和空间（或空间和时间）维度是相互独立的，时间维度与空间维度的加工没有相互影响。也就是说，读者在相同程度上加工这两个维度，它们两者之间不会相互作用。在维度A（时间或空间）和B（空间或时间）同时发生转变时，虽然两个维度都会影响整个目标句的阅读时间，但是维度间互无影响。在这种情况下，包括两个维度转变的目标句的阅读时间和单维度转变时目标句的阅读时间应该无显著差异。

抑制关系是指时间和空间（或空间和时间）维度都发生转变时，时间维度的转变引起对空间维度的更新所需的时间大于只有空间维度发生转变时所需的时间。或者说，空间维度的转变引起对时间维度的更新所需的时间大于只有时间维度发生转变时所需的时间。

易化关系是指时间和空间（或空间和时间）维度都发生转变时，时间维度的转变引起空间维度的更新所需的时间小于只有空间维度转变时所需的时间。或者说，空间维度的转

变引起对时间维度的更新所需的时间小于只有时间维度发生转变时所需的时间。

一般认为记叙文由四要素或六要素构成，即所谓的“四要素说”或“六要素说”。四要素是指“时间”、“地点”、“人物”和“事件”，六要素是在四要素基础上增加了“原因”和“结果”（东华，1989）。因此，几乎所有的记叙文通常会先介绍时间信息，之后会逐渐引出空间、人物和事件信息。如果记叙文中时间信息发生变化，接着就可能引发空间、人物以及事件相关信息的变化。因此在阅读记叙文时，时间信息首先被根植于读者的脑海中，建构相应的认知表征，这一表征就成为理解其他信息的一个锚定点（anchoring point），从而加速对其他信息的理解，最终理解整个事件。同时由于个体经验的长期累积，某些时间信息与某些空间、人物及事件信息经常伴随出现，从而形成了时间信息与空间信息或其他信息之间较为稳定的联结，一旦时间信息发生变化，它就会自动触发（trigger）空间或其他维度信息的更新。因此，当时间信息发生变化时，个体就倾向于预期空间等其他维度的变化；而当空间信息发生变化时，读者也可能预期时间等其他维度发生了变化。但由于时间与空间在记叙文中的相对地位不同，时间维度对空间维度的触发与空间维度对时间维度的触发可能具有不对称性。鉴于此，我们提出，记叙文中时间维度和空间维度经常是捆绑出现的（这种捆绑可能是以某种内隐的方式完成的），但由于时间信息在记叙文各要素中的首发性（即突出地位），时间信息对空间信息的触发与空间信息对时间信息的触发具有不对等性，时间信息对空间信息的触发可能大于空间信息对时间信息的触发。我们称之为时空信息加工的捆绑—预期假设（Binding - Expectancy Hypothesis）。根据该假设，我们预期时间信息与空间信息之间应该存在易化关系，而且时间对空间的易化要大于空间对时间的易化。

二、实验

实验 1

（一）目的

通过考察时间和空间（或空间和时间）维度同时转变时（转变发生在同一个句子中）目标句阅读时间的变化，进而考察两个维度同时进行更新时两者的关系。

（二）方法

1. 被试

华南师范大学 36 名本科学生，所有被试均裸眼或矫正视力正常，母语为汉语，无阅读障碍。

2. 实验材料

30 篇实验材料和 15 篇填充材料，实验材料和填充材料格式相同，区别在于实验材料有目标句而填充材料无目标句。

为了确保目标句阅读时间的差别不是由于句子本身的长度或难度造成的，我们建构的实验材料的目标句字数基本相当，并且通过对目标句的敏感性作等级评判来使得所有的目标句难度相当，且保证整个材料语义顺畅。根据实验要求最初编制了 60 套实验材料，每套实验材料根据目标句所含维度转变的不同分为五种版本，即无转变（N：Neutral）、时间转变（T：Temporal）、空间转变（S：Space）、时间与空间转变（TS：Temporal - Space）和空间与时间转变（ST：Space - Temporal）。35 名大学生参与了该实验的材料等级评定，这些被试均没有参与后面的实验。材料等级评定的步骤是：首先呈现给被试一篇短文的前四句，接着有一条虚线，然后再呈现关键句。要求被试对目标句的合理性进行 7 点等级评定（1：非常不合理，4：合理，7：非常合理），被试根据故事中分隔符后面的句子和前面部分能否恰当地组合为整体来划分等级。每个被试只评价相同材料的一种版本。最终选取每套材料五种版本的平均等级都大于 5.1 的 30 套材料作为实验材料，项目分析发现，五种版本之间差异不显著，$F(4, 116) = 1.81$，$p > 0.05$。选取所评定材料中评定等级高于 4.0 但低于 5.1 的 15 篇作为填充材料，项目分析发现，五种版本之间差异不显著，$F(4, 56) = 0.56$，$p > 0.05$。实验材料每种版本的样例如下（目标句为加黑的句子）：

无转变（N）

阿兰的感冒很久都没好。
她预约了一个新医生。
她在候诊室边等医生边看杂志。
这本杂志讲的都是婚恋事情。
阿兰看着看着突然听到护士在叫她。
Q：阿兰找了一个新医生去看病？

时间转变（T）

大刚在乐队是一个吉他手。
现在乐队派他来学习弹钢琴。
今天大刚第一次去上钢琴课。
下课后大刚还在认真地练习。
他总是感觉弹吉他对他来说似乎更容易一些。
Q：大刚以前是弹钢琴的？

空间转变（S）

郑英又吃胖了，所有的裤子对她来说都小了。
现在她唯一能穿的就是运动裤了。
这都是她无节制地吃甜食的结果。
她拖着肥重的身子来到了健身中心。
她真的需要减肥了。
Q：郑英要靠节食来减肥？

时间与空间转变（TS）

邓君想画一幅画挂在他的卧室。

他想自己描摹一幅名画。

他拿着画刷准备开始画 。

一个小时画完后他把自己画的画拿到了卧室。

邓君满意地看着自己的作品。

Q：邓君买了一幅画挂在卧室？

空间与时间转变（ST）

韩柳的电脑有病毒。

每次她使用电脑时都会频繁地死机。

她请一个朋友来修理她的电脑。

他们来到客厅聊天在用了半个小时修好电脑之后。

韩柳向朋友请教修理电脑的事情。

Q：韩柳的朋友帮她把电脑修好了？

3. 实验设计

实验设计为单因素五水平被试内设计，五水平分别是无转变（控制条件）、时间转变、空间转变、时间与空间转变和空间与时间转变。

根据时空信息加工的捆绑—预期假设，我们认为，当时间或空间维度发生转变时，与之捆绑在一起的空间或时间维度的加工时间并不会增加，相反，由于捆绑导致的两者的联结效应会使得一个维度启动另一个维度，从而表现出易化关系。因此，实验1考察在情境模型建构与更新中，当时间和空间维度同时转变时两者之间是否存在易化关系，从而检验捆绑—预期假设的合理性。本研究的实验逻辑是：如果时间与空间（或空间与时间）维度同时转变时两者存在易化关系，那么，时间维度的转变引起空间维度的更新所需的时间就要少于只有空间维度转变时所需的时间，或者说，空间维度转变引起对时间维度的更新所需的时间少于只有时间维度发生转变时所需的时间。如果实验结果发现两者是易化关系，那么捆绑—预期假设就得到初步证明。

4. 实验程序

被试在计算机上阅读所有实验材料，实验材料随机呈现。要求被试阅读并理解实验材料，实验中，被试左手食指放在键盘的“F”键上（上面已经贴上标签“错误”），右手食指放在“J”键上（上面已经贴上标签“正确”）。每次实验开始时，首先要求被试注视出现在屏幕中央的红色注视点“ +”，接着屏幕自动呈现短文的第一个句子。被试读完第一个句子后，按空格键，屏幕上第一个句子消失，并出现第二个句子。由被试自己按键逐句进行阅读，每次按键后当前句被抹掉并出现下一句，计算机只记录目标句的阅读时间。在每个故事呈现完毕后，被试继续按键，屏幕上出现一个关于该篇章的理解问题，要求被试对该问题作出判断，正确按“J”键，错误按“F”键。正式实验前要求被试做三次练习以熟悉实验程序。实验材料和填充材料在被试之间和材料版本之间进行了平衡，被试只阅读每套材料的一种版本，45篇材料随机呈现。

（三）结果与分析

为了排除句子长度不同导致的阅读时间差异，本研究采用了五种条件下目标句每个字的平均阅读时间进行分析。在所有实验数据中，删除对短文理解问题正确率在80%以下的数据，对剩下的数据进行方差分析，最后有33名被试的数据参与分析，结果见表4-16：

表4-16　同时转变时五种条件下目标句每个字的平均阅读时间（ms）与标准差

目标句类型	*M*	*SD*
N	151	25
T	168	33
S	165	42
TS	139	28
ST	153	35

注：N：无转变（控制条件），T：时间转变，S：空间转变，TS：时间与空间转变，ST：空间与时间转变。

从表4-16中可以看出，在时间维度与空间维度同时转变的条件下，目标句每个字的平均阅读时间最短（139 ms）；其次是无转变条件（控制条件）（151 ms）、空间维度与时间维度同时转变条件（153 ms）；单维度转变（空间维度转变或时间维度转变）条件下目标句每个字的平均阅读时间最长，分别为165 ms与168 ms。这一结果表明双维度转变条件下目标句的阅读时间短于单维度转变条件下目标句的阅读时间。

用单因素重复测量方差分析对五种条件下目标句每个字的平均阅读时间进行分析，结果发现，条件主效应显著，$F(4, 128) = 7.47$，$p < 0.001$。本研究主要考察情境模型中时间和空间维度加工时的相互影响，因此，在实验结果中我们只讨论了单维度转变和双维度转变的比较结果，同时也讨论了各个转变条件和作为基线的无转变条件（控制条件）的比较结果，其他条件之间的比较不作讨论。比较结果见表4-17：

表4-17　同时转变时不同条件下目标句每个字的平均阅读时间（ms）比较

目标句类型	N—T	N—S	N—TS	N—ST	T—ST	S—TS
RT差值	–17	–14	12	–2	15	26
*p*值	0.001^{**}	0.041^{*}	0.060	0.655	0.023^{*}	0.001^{**}

注：$^{*}p < 0.05$，$^{**}p < 0.01$。

单维度转变的差异比较发现，时间或空间维度转变的目标句每个字的平均阅读时间要明显长于无转变条件（控制条件），说明读者需要较多的时间把这些转变更新入已有的情境模型中去；双维度转变的目标句每个字的平均阅读时间与无转变条件（控制条件）相比无显著差异。双维度转变与单维度转变的比较分两种情况，即ST与T的比较和TS与S的比较。结果发现，单维度转变时目标句每个字的平均阅读时间都明显长于双维度转变条

件，这说明当空间、时间维度或者时间、空间维度同时发生转变时，读者并没有花费太多的时间对这些维度进行更新，反而出现了阅读时间减少的结果。这一结果表明，空间、时间维度或时间、空间维度同时转变时存在易化关系。

实验1探讨了情境模型中时间与空间维度以及空间与时间维度同时转变时的相互影响，发现两者之间存在易化关系。那么，当时间与空间维度或空间与时间维度的转变是序列发生时，两者是否依然存在易化关系呢？实验2将继续探讨这个问题。

实验2

（一）目的

探讨情境模型中时间与空间（或空间与时间）维度序列转变时两者的相互关系。所谓序列转变是指时间与空间（或空间与时间）维度的转变发生在前后两个完整的句子中，例如："一个小时后他画完了那幅画。邓君把画完的画拿到了他的卧室。"该例子中，时间转变发生在第一个完整的句子中，而空间转变发生在第二个完整的句子中。

（二）方法

1. 被试

华南师范大学37名本科学生，均没有参加过前面的实验，所有被试母语均为汉语，无阅读障碍。视力或矫正视力正常。

2. 实验材料

与实验1材料基本相同，唯一不同的是把目标句改成意义相同、字数相当的两句话。例如：实验1中时间与空间转变句"一个小时画完后他把自己画的画拿到了卧室"。改变为"一个小时后他画完了那幅画。他把自己画的画拿到了卧室"。根据句子结尾效应，当出现句号的时候，读者会整合之前读到的内容，也就是即时更新情境模型。另外根据莫雷和赵冬梅（2003）的观点，句子完成是启动信息整合的充分必要条件，因此当时间和空间在两个独立的句子中呈现时，时间与空间（或空间与时间）两个维度在情境模型中是分别进行整合加工的，所以本研究将此情况定义为序列转变的条件。实验2五种版本的材料样例如下（目标句为加黑的两个独立的句子）：

无转变（N）

阿兰的感冒很久都没好。

她预约了一个新医生。

她在候诊室边等医生边看杂志。

这本杂志是医院放在这里给候医的人看的。

这本杂志讲的都是婚恋事情。

阿兰看着看着突然听到护士在叫她。

Q：阿兰找了一个新医生去看病？

时间转变（T）

大刚在乐队是一个吉他手。
现在乐队派他来学习弹钢琴。
今天大刚第一次去上钢琴课。
45 分钟后这节课结束了。
大刚仍然在认真地练习。
他总是感觉弹吉他对他来说似乎更容易一些。
Q：大刚以前是弹钢琴的?

空间转变（S）

郑英又吃胖了，所有的裤子对她来说都小了。
现在她唯一能穿的就是运动裤了。
这都是她无节制地吃甜食的结果。
她去附近的健身中心减肥。
她现在觉得走路都很吃力。
她真的需要减肥了。
Q：郑英要靠节食来减肥?

时间—空间转变（TS）

邓君想画一幅画挂在他的卧室。
他想自己描摹一幅名画。
他拿着画刷准备开始画。
一个小时后他画完了那幅画。
他把自己画的画拿到了卧室。
邓君满意地看着自己的作品。
Q：邓君买了一幅画挂在卧室?

空间—时间转变（ST）

韩柳的电脑有病毒。
每次她使用电脑时都会频繁地死机。
她请一个朋友来修理她的电脑。
他们又来到客厅聊天。
那是在用了半个小时修好电脑之后。
韩柳向朋友请教修理电脑的事情。
Q：韩柳的朋友帮她把电脑修好了?

3. 实验程序

同实验 1，记录两个目标句的阅读时间。

4. 实验设计

实验设计与逻辑同实验 1。

（三）结果与分析

对五种条件下目标句每个字的平均阅读时间进行分析，删除对短文理解问题正确率在 80%以下的数据，对剩下的数据进行方差分析，最后有 34 名被试的数据参与分析，结果见表 4－18：

表 4－18　序列转变时五种条件下目标句每个字的平均阅读时间（ms）与标准差

目标句类型	*M*	*SD*
N	118	27
T	128	22
S	130	25
TS	113	17
ST	134	28

单因素重复测量方差分析结果发现，实验条件主效应显著，F（4，132）= 10.16，$p <$ 0.001。同样我们只讨论单维度转变和双维度转变的比较结果，同时也讨论各个转变条件和作为基线的无转变条件（控制条件）的比较结果，其他条件之间的比较不作讨论。比较结果见表 4－19：

表 4－19　不同条件下目标句每个字的平均阅读时间（ms）比较

目标句类型	N—T	N—S	N—TS	N—ST	T—ST	S—TS
RT 差值	–10	–12	5	–16	–6	17
p 值	0.014*	0.005**	0.210	0.001**	0.139	0.001**

注：$^{*}p<0.05$，$^{**}p<0.01$。

单维度转变的差异比较发现，时间或空间维度转变的目标句每个字的平均阅读时间要明显长于无转变条件（控制条件），与实验 1 结果一致。双维度序列转变与无转变条件（控制条件）比较发现，N—TS 差异不显著，而 N—ST 差异显著，ST 明显大于 N。

本研究主要考察的是前一个维度转变对后一个维度转变的影响，因此，把 T—ST 两种条件和 S—TS 两种条件进行对比。结果发现，T 条件下目标句每个字的平均阅读时间略小于 ST 条件，这说明在空间与时间维度序列转变条件下，与时间维度单独转变条件下相比，读者用于更新这些转变的时间是差不多的。S—TS 之间的比较发现，S 条件下目标句每个字的平均阅读时间显著长于 TS 条件下，说明时间维度和空间维度发生序列转变时，时间维度对空间维度有易化作用，使得读者对空间维度转变的更新快于空间维度单独转变。出现易化的原因可能是时间与空间存在捆绑关系，因此当时间维度转变时，被试会期望因时间变化而带来空间维度的转变，所以当紧接着出现空间维度转变的句子时，刚好符合被试的预期，会易化对空间维度转变句的加工；但由于时间、空间捆绑的不对称性，当空间维度先发生转变时，被试可能会觉得时间已经随着空间位置的变化发生了转变，因而不会进一步预期新的时间转变。这一结果再次表明时空捆绑—预期假设存在一定的合理性。

实验 1 表明，当时间与空间（或空间与时间）维度同时发生转变时，目标句中每个字的平均阅读时间少于无转变条件（控制条件）下，但没有达到显著差异，并且明显少于时间或空间维度单独转变条件下目标句每个字的平均阅读时间。

但是实验 2 中时间与空间（或空间与时间）维度发生序列转变时，目标句每个字的平均阅读时间明显长于控制条件下，也长于时间维度转变条件下，只是没有达到显著差异。实验 2 中双维度转变时目标句每个字的平均阅读时间较长，可能的原因有：①根据语言学中的句子结尾效应（wrap－up effect）（Just & Carpenter，1987；Zwaan，1996；Balogh，Zurif，Prather，Swinney，& Finkel，1998；Hirotani，Frazier，& Rayner，2006），句子整合发生在句子尾部，实验 2 中两个维度的转变分别是在两个句子中发生的，这样可能减弱前面发生转变的空间维度对时间维度的易化程度，因为空间转变时，伴随有时间信息的变化，读者会自动更新原有的情境模型，但是当后面又出现伴随空间转变而发生的时间转变信息时，读者不得不回溯到发生空间转变前的情境，从而调整已经更新好的情境模型，这就增加了读者的认知负荷。②在实验 2 中，可以发现时间、空间维度转变时两者之间仍然存在易化关系，但易化程度较小，这可能是因为时间信息转变总是发生在先，当时间信息转变在先时，读者虽然更新了情境模型，但同时会倾向于预期其他信息的转变，所以会对新呈现的空间信息转变产生易化。Therriault 等（2006）尝试从多维角度进行研究，结果发现情境模型中各维度的地位不同，被试对于时间维度信息的转换比空间维度信息更敏感。由此，我们可以推论，时间维度对空间维度的易化作用可能大于空间维度对时间维度的易化作用，捆绑—预期假设的时空加工存在不对称性的观点也得到证明。

在汉语中，把时间信息转换放在主句后面是不符合汉语表达习惯的。如实验 1 的空间与时间同时转变条件“他们来到客厅聊天在用了半个小时修好电脑之后”中的“在用了半个小时修好电脑之后”放在句末位置是不符合汉语表达习惯的，而“在用了半个小时修好电脑之后他们来到客厅聊天”则是符合汉语表达习惯的；又如实验 2 中的空间—时间序列转变条件“他们又来到客厅聊天。那是在用了半个小时修好电脑之后”也是不符合汉语表达习惯的。因为在汉语语境中，通常是先描述时间信息转变，再描述伴随时间信息转变而引发的空间信息转变。因此，实验 1 的结果出现时空两个维度发生转换时，空间对时间的易化作用没有时间对空间的易化作用强，实验 2 中空间对时间则不存在易化作用。作者推测这一结果有可能是由汉语表达习惯造成的。为了排除这一可能性，我们设计了实验 3，实验 3 中将采用英文材料，因为在英文表达中，时间信息可以在主句后面呈现，用以补充时间状语信息，这种表达方式是可以接受的，如“They came to the swimming pool to swim. They had spent several hours fishing before”，从而避免因语言表达习惯的不同可能造成的混淆。

实验 3

（一）目的

以英语为材料进一步考察时间与空间（或空间与时间）两个维度序列转变时的相互影

响，以消除前面实验中时空二维序列转变中因语言表达习惯问题可能产生的混淆，因为汉语表达习惯一般是时间在前空间在后，所以在空间与时间转变条件下，时间在后的表达方式不合乎汉语表达习惯。

（二）方法

1. 被试

华南师范大学24名英语系本科学生，均没有参加过前面的实验，所有被试母语均为汉语，英语水平为专业八级，无阅读障碍。

2. 实验材料

实验材料结构与前面实验相同，不同的是全部用英语表述。材料样例如下（黑体部分为目标句）：

无转变（N）

Tina's computer had a virus.

It kept freeing every time she turned it on.

She asked a friend to help her to fix it.

Her friend started to reformat the hard drive first.

Tina watched to learn from him.

At last her friend fixed up her computer.

Q：Was Tina reading when her friend fixed her computer?

时间转变（T）

Fred was going to the school refectory for the lunch.

The line at the window was almost out of the door.

Most of the students in the line looked impatient.

Fred joined the line and waited patiently.

About an hour later he had his lunch.

He thought having this lunch waste him lots of time.

Q：Were there a few students when Fred went to the refectory?

空间转变（S）

Mandy was growing a garden.

She was upset because worms had eaten her cabbage.

She bought some pesticide to kill them.

She sprayed it on the cabbage.

It's hot so she went to the living room to drink.

She wasn't sure whether it was bad to eat the vegetable with pesticide.

Q：Was she not sure whether it was bad to eat the vegetable with pesticide?

时间与空间转变（TS）

The Smith family went to a farm to buy a Christmas tree.
It was a tradition in their family to celebrate Christmas Eve.
Every tree they saw had something wrong with it.
After a long while they chose one.
They went back home and decorated the tree.
They were so busy to buy on Christmas Eve.
Q：Did they found most of the trees have something wrong?

空间与时间转变（ST）

Ted and his son went fishing.
His son looked boringly.
Ted thought that he had a couple bites on his line，but it was tangled in weeds.
They came to the swimming pool to swim.
They had spent several hours fishing before.
They thought swimming was more interesting than fishing.
Q：Did Ted and his son think fishing was more interesting than swimming?

3. 实验设计

实验设计与逻辑同实验2。

4. 实验程序

实验程序同实验2。

（三）结果与分析

为了排除句子以及单词长度不同导致的阅读时间的差异，本研究采用了五种条件下目标句每个音节的平均阅读时间进行分析。采用同样的标准对数据进行删除，22名有效被试的数据参与分析，结果见表4－20：

表4－20　序列转变时五种条件下目标句每个音节的平均阅读时间（ms）与标准差

目标句类型	*M*	*SD*
N	229	43
T	265	45
S	276	45
TS	234	50
ST	244	49

用单因素重复测量方差分析对五种条件下目标句中每个音节的平均阅读时间进行分析。结果发现，实验条件主效应显著，$F(4, 84) = 4.04$，$p < 0.05$。同样我们只讨论了单

维度转变和双维度转变的比较结果，同时也讨论了各个转变条件和作为基线的控制条件比较结果，其他条件之间的比较不做讨论。比较结果见表 4－21：

表 4－21 序列转变时不同条件下目标句每个章节的平均阅读时间（ms）比较

目标句类型	N—T	N—S	N—TS	N—ST	T—ST	S—TS
RT 差值	–36	–47	–5	–15	21	42
p 值	0.024*	0.007**	0.721	0.356	0.062	0.031*

注：*$p<0.05$，**$p<0.01$。

时间和空间单维度条件与无转变条件（控制条件）比较结果与前两个实验结果十分一致；时间与空间（空间与时间）双维度转变条件与无转变条件（控制条件）均无显著差异；双维度转变与单维度转变的比较发现，T 条件目标句每个音节的平均阅读时间长于 ST 条件，差异达到边缘显著水平，说明空间维度对时间维度的加工有一定的易化作用；S 条件目标句每个音节的平均阅读时间显著长于 TS 条件，说明时间维度对空间维度的加工有十分明显的易化作用。实验 3 的结果说明，在控制了实验 2 中的语言表达习惯后，获得了与实验 1 较为一致的结果。

三、综合讨论

情境模型的多维度加工问题已成为情境模型研究的焦点之一。有学者探讨了时间维度和其他维度结合的多维度加工问题（鲁忠义，马红霞，2011；鲁忠义等，2010；Magliano, et al.，2001；Rich & Taylor，2000；Rinck & Weber，2003），而有学者探讨了空间维度和其他维度结合的多维度加工问题（Friedman & Miyake，2000；李莹等，2007；Rinck & Bower，2000；Zwaan et al.，1995），但是将时间维度和空间维度单独结合起来探讨两者对情境模型加工的影响以及两者在情境模型加工中的相互作用的研究尚无。我们认为，任何现实事件都是在一定的时间与空间条件下发生或进行的，相应的心理模型也就必然是对发生在特定时间与空间范围内事件的表征，因此，探讨时间与空间维度的结合对情境模型建构的重要性远远超过时间维度或空间维度与其他维度结合的重要性。时间与空间维度的结合必然引发对两者关系的存疑，正是带着这一疑惑，本研究设计了 3 个实验，考察了情境模型中时间和空间维度加工时两者的相互影响。

实验 1 的结果表明，情境模型中时间维度和空间维度同时转变时，目标句每个字的平均阅读时间明显长于单维度转变条件，时间维度和空间维度之间存在易化关系。在实验 2 中，我们将时间维度和空间维度的变化分别放在前后两个独立的句子中，使得时间维度和空间维度序列呈现给被试，从而进一步考察前一个维度转变对后一个维度转变的影响。结果表明，当先呈现时间转变后呈现空间转变时，目标句每个字的平均阅读时间与单维度转变条件相比，差异达到显著水平，即出现了时间维度加工对空间维度加工的易化作用，而当先呈现空间转变后呈现时间转变时，目标句每个字的平均阅读时间与时间维度单维度转变相比，阅读时间没有显著差异，即不存在易化关系，这一结果表现出时间维度和空间维度之间易化关系的不对称性。对比实验 1 和实验 2 的结果，发现在时间维度转变先于空间维度转变呈现时，无论接下来的空间维度转变是在同一个句子中，还是在接下来的独立句子中，都可以发现时间维度转变对空间维度转变加工显著的易化作用，但是只有在同一个句子中先呈现空间维度转变后呈现时间维度转变时，才能发现空间维度转变对时间维度转变加工显著的易化作用，而在序列转变即在两个独立的句子中则没有发现易化作用。产生这种不一致的可能原因有三点：第一，任何一个维度的转变都必然包含着时间维度的转变，所以当时间维度发生转变时，被试就会预期其他维度的转变，进而更快地确定情境模型的更新；而空间维度发生转变时，因为空间维度转变之后被试可能会觉得时间已经随着空间位置的变化发生了转变，因而不会回溯到伴随着空间转变而产生的时间转变。时间维度是一个较为显著的标识情境改变的指标，因此它引起的维度更新的共享程度更大。以往的研究也发现时间维度对其他维度的易化作用，例如，Rinck 和 Weber（2003）发现第一个维度（时间维度）转变对其他维度有简化作用。Copeland（2006）也发现了时间维度对目标维度的易化程度大于目标维度对时间维度的易化。第二，根据语言学中的句子结尾效应，读者在读完一个完整的句子时，会即时更新情境模型。在实验 2 中，时间与空间转变是先后在两个完整的句子中实现的，按照句子结尾效应的观点，读者在读到时间维度转变时，对之前空间维度的更新已经完成，那些共享的认知资源和加工方式对时间维度更新的共享程度降低，因此当再次出现伴随空间转变而发生的时间转换信息时，读者需要更多的认知资源来回溯到发生空间转变前的情境，从而调整、更新情境模型，造成阅读时间的增加。而先呈现时间维度改变时，时间维度的更新则对空间维度的更新提供一种预期，所以会易化对未来空间维度的更新。第三，在汉语中很少把时间转变放在空间转变之后再描述，这也可能是造成了实验 1 和实验 2 结果不一致的原因。

实验 3 采用了英文材料来考察时间维度和空间维度序列转变时两者的相互作用，从而避免因汉语表达习惯差异可能导致的混淆，因为在实验 2 中时间信息转变放在空间信息转变之后，而汉语中较少运用这种表达方式。实验 3 的结果发现时间维度和空间维度序列加工时两者有相互易化的影响，但是易化的显著性不如实验 1。这可能与实验 3 和实验 2 中时空两个维度的转变都是采用序列呈现方式有关，而实验 1 中则是同时呈现的。实验 2 中没有发现空间对时间有显著的易化作用，而在实验 3 中发现了空间对时间的边缘有显著的易化作用，出现这一结果的可能原因是：在时间维度和空间维度序列呈现时，时间信息转变的位置确实会影响空间维度对时间维度转变的易化作用，由于汉语中通常是先叙述时间转换后叙述空间转换，而英语中无论时间转换在前还是空间转换在前均很常见，从而导致了实验 2 和实验 3 的结果不同，即实验 3 出现空间维度对时间维度的易化作用。但由于被试母语不是英语，对英语的熟悉性不够，所以导致空间对时间的易化作用只达到了边缘显著的水平。因此，实验 3 的结果可以排除实验 2 的结果是因为语言表达习惯，但是否真是因为被试的语言熟练程度不够造成空间对时间的易化作用只达到边缘水平，还需要进一步的研究证明。

在情境模型中，时间维度和空间维度共同构成了情境模型的框架（迟毓凯等，2004），两者是用以解释情境的两个重要维度（Zwaan & Radvansky，1998）。本研究结合时间和空间这两个维度探讨了两者对情境模型建构和更新的影响，同时探讨了两者之间的相互作

用。研究结果表明，时间维度和空间维度的转变都会引起情境模型的更新，两者具有相互易化的关系。这一结果与日常生活的经验一致，人们经常把时间和空间捆绑在一起来运用，尤其常用空间来表达时间，比如“上星期、下星期、前一天、后一天”等（Casasanto & Boroditsky，2008），也有部分用时间来表达空间的情况，如“一天的车程、一光年”等。时间和空间的捆绑出现可以解释在情境模型中时间维度和空间维度的相互易化关系，时间的改变同时会预示着空间的改变，相反空间的改变也会暗示时间的改变。与用时间表达空间相比（如“一天的车程”），空间更多地用来表达时间（如“上星期”），因此时间是主体，而空间是依附于时间主体的附属物，主体的变化对附属物的影响更大，时间改变对空间改变加工的易化作用更大，从而表现出两者易化关系的不对称性。

本研究提出的捆绑—预期假设能够较好地解释本研究结果，在记叙文中，通常先描述时间信息的变化，之后紧接着会出现空间或其他方面信息的变化。因此读者在阅读记叙文时，当出现时间信息变化时，会倾向于预期空间信息的变化；但由于空间的非线性特征，当空间信息发生变化时，读者并不一定会预期还有时间信息的转换，因为时间信息已经伴随空间转变改变了，而且读者在句子结尾时已经更新了情境模型，当再一次读到伴随空间改变的时间信息改变，不仅增加了读者的负担，还使得读者不得不回到更新前的情境模型中，完成对新的情境模型的调整。同时由于在记叙文各要素中，时间要素具有更为突出的地位，因此，在记叙文阅读中就表现出时间与空间相互易化的不对称性，具体表现为时间对空间加工的易化作用要大于空间对时间加工的易化作用。

文本阅读中时间与空间的相互关系非常复杂，本研究提出的捆绑—预期假设只是一个大致的理论框架，两者之间究竟是如何捆绑的，何时形成捆绑联结，哪些因素影响着这种捆绑联结的获得，这种联结的个体差异如何，为什么时间与空间之间的易化具有不对称性等理论问题还需要未来的研究进一步探讨。

四、结论

根据本研究结果，可以得出以下结论：当情境模型中时间和空间维度同时发生转变时，两者之间存在显著的相互易化关系；如果两个维度发生序列转变，即转变是在先后两个句子中发生的，则时间与空间维度序列转变时存在着明显的易化关系，但是在空间与时间序列转变时这种关系不明显。本研究提出的记叙文阅读中的捆绑—预期假设得到初步证明。

参考文献

1. 迟毓凯，莫雷，管延华．文本阅读中情境模型空间维度的非线索更新．心理学报，2004（36）：290～297.

2. 迟毓凯，莫雷，管延华，王穗萍．时间因素对空间维度非线索更新的影响．心理与行为研究，2004，2（1）：333～336.

3. 东华．记叙文体要素新说．语文学刊，1989，8（2）：25～27.

4. 何先友，李惠娟，陈广耀，汪小伟．情境模型中时间和空间维度更新的相互影响．心理学报，2013，45（1）：23～34.

5. 何先友，李惠娟，魏玉兵．文本阅读中时间信息加工的二阶段模型．心理学报，2011，43（13）：1355～1369.

6. 何先友，李英迪．记叙文中时间信息加工的内部机制．华南师范大学学报（社会科学版），2009（1）：122～129.

7. 何先友，林崇德．中文阅读中的边界效应及其消除：事件持续效应．心理学报，2008，40（6）：654～661.

8. 何先友，曾祥炎．时间信息在情景模型建构中的作用．心理学报，2002，34（6）：589～595.

9. 何先友，赵雪汝，杨惠兰，赖斯燕，林席明．时间情景模型的更新：事件框架依赖假设．华南师范大学学报，2013，205（5）：112～117.

10. 贺晓玲，陈俊，张积家．文本加工中情境模型建构的五个维度．心理科学进展，2008（16）：193～199.

11. 冷英,莫雷,韩迎春,黄浩. 记叙文时间转换机制. 心理学报,2004,36(1):9～14.

12. 李寿欣，周颖萍．个体认知方式与材料复杂性对视空间工作记忆的影响．心理学报，2006，38（4）：523～531.

13. 李莹，莫雷，王瑞明．记叙文中因果连贯对空间情境模型回溯建构的促进．心理发展与教育，2007，27（3）：79～88.

14. 李英迪，何先友．记叙文中时间信息的事件边界效应．心理与行为研究，2009，7（2）：109～113.

15. 李伟兰，何先友．记叙文阅读中时间心理表征的建构：动态观还是静态观．心理学探新，2009，29（1）：37～44.

16. 鲁忠义，马红霞．主角情绪和时间信息对情境模型加工的影响．心理学报，2011，43（7）：763～770.

17. 鲁忠义，仝宇光，张丽芳．目标状态与时间信息在情境模型加工中的作用．心理学报，2010，42（2）：216～226.

18. 莫雷，赵冬梅．句子完成与时间缓冲对信息整合的启动作用．心理学报，2003，

35（3）：323～332.

19. 夏天生，莫雷，陈琳，王雨函，李悠，汝涛涛．空间转换在记叙文阅读情境模型建构中的作用．心理学报，2013，45（2）：149～160.

20. 闫秀梅，莫雷，伍丽梅，张积家．文本阅读中空间距离的心理表征．心理学报，2007，39（4）：602～610.

21. 张丽华，胡领红．论负启动机制的理论研究及其发展．辽宁师范大学学报（社会科学版），2006，29（5）：47～50.

22. 张丽华，白学军．负启动效应的抗抑制理论及其新进展．心理科学，2006，29（4）：998～1002.

23. Anderson, J. R.（1974）. Retrieval of propositional information from long-term memory. *Cognitive Psychology*, 6(4): pp. 451－474.

24. Anderson, A., Garrod, S. C., & Sanford, A. J.（1983）. The accessibility of pronominal antecedents as a function of episode shifts in narrative text. *Quarter Journal of Experimental Psychology*, 35(A): pp. 427－440.

25. Anderson, M. C., Bjork, R. A., & Bjork, E. L.（1994）. Remembering can cause forgetting: Retrieval dynamics in long－term memory. *Journal of Experimental Psychology: Learning, Memory, and Cognition*, 20: pp. 1063－1087.

26. Anderson, M. C., & Spellman, B. A.（1995）. On the status of inhibitory mechanisms in cognition: Memory retrieval as a model case. *Psychological Review*, 102: pp. 68－100.

27. Avraamides, M. N.（2003）. Spatial updating of environments described in texts. *Cognitive Psychology*, 47: pp. 402－431.

28. Balogh, J., Zurif, E., Prather, P., Swinney, D., & Finkel, L.（1998）. Gap－filling and end－of－sentence effects in real－time language processing: Implications for modeling sentence comprehension in Aphasia. *Brain and Language*, 61: pp. 169－182.

29. Bestgen, Y., & Vonk, W.（2000）. Temporal adverbials as segmentation markers in discourse comprehension. *Journal of Memory and Language*, 42(1): pp. 74－87.

30. Bjork, R. A.（1989）. Retrieval inhibition as an adaptive mechanism in human memory. In H. L. Roediger and F. I. M. Craik (Eds.). *Varieties of Memory and Consciousness: Essays in Honour of Endel Tulving*. Hillsdale, NJ: Erlbaum.

31. Casasanto, D., & Boroditsky, L.（2008）. Time in the mind: Using space to think about time. *Cognition*, 106: pp. 579－593.

32. Cochran, K. F., & Davis, J. K.（1987）. Individual differences in inference processes. *Journal of Research in Personality*, 21: pp. 197－210.

33. Copeland, A.（2006）. *The Interaction of Goal and Temporal Shifts in Situation Models.* Dissertation in Notre Dame University, Indiana.

34. Dalrymple－Alford, E. C., & Budayr, B.（1966）. Examination of some aspects of thestroop color word test. *Perceptual & Motor Skills*, 23: pp. 1211－1214.

35. De Vega, M.（1994）. Characters and their perspectives in narratives describing spatial

environments. *Psychological Research*,56(2): pp. 116 – 126.

36. Ditman,T. ,Holcomb, P. J. , & Kuperberg, G. R. (2008). Time travel through language: Temporal shifts rapidly decrease information accessibility during reading. *Psychonomic Bulletin & Review*,15: pp. 750 – 756.

37. Dutke,S. (2003). Anaphor resolution as a function of spatial distance and priming: exploring the spatial distance effect in situation model. *Experimental Psychology*,50: pp. 270 – 284.

38. Dutke,S. & Rinck,M. (2006). Predictability of locomotion: Effects on updating of spatial situation models during narrative comprehension. *Memory & Cognition*,34: pp. 1193 – 1205.

39. Ferstl,E. C. ,& von Cramon,D. Y. (2001). The role of coherence and cohesion in text comprehension: An event – related fMRI study. *Cognitive Brain Research*,11(3): pp. 325 – 340.

40. Fox,E. ,& Fockert,J. W. (1998). Negative priming depends on prime – probe similarity: Evidence for episodic retrieval. *Psychonomic Bulletin Review*,5: pp. 107 – 113.

41. Franklin. N. & Tversky B. (1990). Searching imagined environments. *Journal of Experimental Psychology: General*, 119: pp. 63 – 76.

42. Friedman,N. P. ,& Miyake,A. (2000). Differential roles for visuo – spatial and verbal working memory in situation model construction. *Journal of Experimental Psychology: General*,129(1): pp. 61 – 83.

43. Goode,P. E. ,Goddard,P. H. ,& Pascual – Leone,J. (2002). Event – related potentials index cognitive style differences during a serial – order recall task. *International Journal of Psychophysiology*,43: pp. 123 – 140.

44. Graesser, A. C, Millis, K. K. , & Zwaan, R. A. (1997). Discourse comprehension. *Annual Review of Psychology*,48: pp. 163 – 189.

45. Haberland,K. F. ,Berian,C. ,& Sandson,J. (1980). The episode schema in story processing. *Journal of Verbal Learning and Verbal Behavior*,19(6): pp. 635 – 650.

46. Hard,B. M. ,Tversky,B. ,& Lang,D. S. (2006). Making sense of abstract events: Building event schemas. *Memory & Cognition*,34(6): pp. 1221 – 1235.

47. Hirotani,M. ,Frazier,L. ,& Rayner,K. (2006). Punctuation and intonation effects on clause and sentence wrap – up: Evidence from eye movements. *Journal of Memory and Language*, 54: pp. 425 – 443.

48. Johnson – Laird, P. N. (1983). *Mental Models: Towards a Cognitive Science of Language, Inference, and Consciousness.* Cambridge: Harvard University Press.

49. Just,M. A. ,& Carpenter,P. A. (1987). *The Psychology of Reading and Language Comprehension.* Needham Heights,MA: Allyn & Bacon.

50. Kelter,S. ,Kaup B. ,& Claus B. (2004). Representing a described sequence of events: A dynamic view of narrative comprehension. *Journal of Experimental Psychology Learning, Memory, and Cognition*,30(2): pp. 451 – 464.

51. Kintsch,E. (1990). Macroprocesses and microprocesses in the development of summarization skill. *Cognition & Instruction*,7: pp. 161 – 195.

52. Kintsch, W. , & van Dijk, T. A. (1978). Toward a model of text comprehension and production. *Psychological Review*, 85(5): pp. 363 – 394.

53. Magliano, J. P. , Miller, J. , & Zwaan, R. A. (2001). Indexing space and time in film understanding. *Applied Cognitive Psychology*, 15(5): pp. 533 – 545.

54. Mason, R. A. , & Just, M. A. (2004). How the brain processes causal inferences in text: A theoretical account of generation and integration component processes utilizing both cerebral hemispheres. *Psychological Science*, 15(1): pp. 1 – 7.

55. McNamara, D. S. (2001). Reading both high – coherence and low – coherence texts: Effects of text sequence and prior knowledge. *Canadian Journal of Experimental Psychology*, 55: pp. 51 – 62.

56. McNamara, D. S. , & Kintsch, W. (1996). Learning from texts: Effects of prior knowledge and text coherence. *Discourse Process*, 22: pp. 247 – 288.

57. McNamara, D. S. , Kintsch, E. , Songer, N. B. , & Kintsch, W. (1996). Are good texts always better? Interactions of text coherence, background knowledge, and levels of understanding in learning from text. *Cognition & Instruction*, 14: pp. 1 – 43.

58. McNamara, T. P. , Halpin, J. A, & Hardy, J. K. (1992). Spatial and temporal contributions to the structure of spatial memory. *Journal of Experimental Psychology: Learning, Memory, and Cognition*, 18: pp. 555 – 564.

59. Miyake, A. , Witzki, A. H. , & Emerson, M. (2001). Field dependence – independence from working memory perspective: A dual – task investigation of the hidden figures test. *Memory*, 9: pp. 445 – 457.

60. Morrow, D. G. , Bower, G. H. , & Greenspan, S. L. (1989). Updating situation models during narrative comprehension. *Journal of Memory and Language*, 28(3): pp. 292 – 312.

61. Neill, W. T. , & Valdes, L. A. (1992). Persistence of negative priming: steady state or decay? *Journal of Experimental Psychology: Learning, Memory, and Cognition*, 18(3): pp. 565 – 576.

62. Neill, W. T. (1997). Episodic retrieval in negative priming and repetition priming. *Journal of Experimental Psychology: Learning, Memory, and Cognition*, 23: pp. 1291 – 1305.

63. Neill, W. T. (1992). Persistence of negative priming: Evidence for episodic trace retrieval. *Journal of Experimental Psychology: Learning, Memory and Cognition*, 18(5): pp. 993 – 1000.

64. Neumann, E. , & Deschepper. (1992). An inhibition – based fan effect: Evidence for an active suppression mechanism in selective attention. *Canadian Journal of Psychology*, 46: pp. 1 – 40.

65. Radvansky, G. A. , & Copeland, D. E. (2001). Working memory and situation model updating. *Memory & Cognition*, 29: pp. 1073 – 1080.

66. Radvansky, G. A. , & Copeland, D. E. (2004). Working memory span and situation model processing. *American Journal of Psychology*, 117: pp. 191 – 213.

67. Radvansky, G. A. , & Copeland, D. E. (2010). Reading times and the detection of

event shift processing. *Journal of Experimental Psychology: Learning, Memory, and Cognition*, 36(1): pp. 210 – 216.

68. Radvansky, G. A., Copeland, D. E., Berish, D. E., & Dijkstra, K. (2003). Aging and situation model updating. *Aging, Neuropsychology, and Cognition*, 10(2): pp. 158 – 166.

69. Radvansky, G. A., Copeland, D. E., & Hippel, W. V. (2010). Stereotype activation, inhibition, and aging. *Journal of Experimental Social Psychology*, 46(1): pp. 51 – 60.

70. Radvansky, G. A., Wyer, R. S., Curiel, J. M., & Lutz, M. F. (1997). Situation models and abstract ownership relations. *Journal of Experimental Psychology: Learning, Memory, and Cognition*, 23(5): pp. 1233 – 1246.

71. Radvansky, G. A., Zwaan, R. A., Federico, T., & Franklin, N. (1998). Retrieval from temporally organized situation models. *Journal of Experimental Psychology: Learning, Memory, and Cognition*, 24(5): pp. 1224 – 1237.

72. Rapp, D. A., & Taylor, H. A. (2004). Interactive dimensions in the construction of mental representation for text. *Journal of Experimental Psychology: Learning, Memory, and Cognition*, 30(5): pp. 988 – 1001.

73. Rapp, D. N., & Gerrig, R. J. (2006). Predilections for narrative outcomes: The impact of story contexts and reader preferences. *Journal of Memory and Language*, 54(1): pp. 54 – 67.

74. Rich, S. S., & Taylor, H. A. (2000). Not all narrative shifts function equally. *Memory & Cognition*, 28(7): pp. 1257 – 1266.

75. Rinck, M., & Bower, G. H. (1995). Anaphora resolution and the focus of attention in situation models. *Journal of Memory and Language*, 34: pp. 110 – 131.

76. Rinck, M., & Bower, G. H. (2000). Temporal and spatial distance in situation models. *Memory & Cognition*, 28(8): pp. 1310 – 1320.

77. Rinck, M., Hähnel, A., Bower, G. H., & Glowalla, U. (1997). The metrics of spatial situation models. *Journal of Experimental Psychology: Learning, Memory and cognition*, 23: pp. 622 – 637.

78. Rinck, M., Hähnel, A., & Becker, G. (2001). Using temporal information to construct, update, and retrieve situation models of narratives. *Journal of Experimental Psychology: Learning, Memory, and Cognition*, 27(1): pp. 67 – 80.

79. Rinck, M., & Weber, U. (2003). Who when where: An experimental test of the event – indexing model. *Memory & Cognition*, 31: pp. 1284 – 1292.

80. Rinck, M., Williams, P., Bower, G. H., & Becker, E. S. (1996). Spatial situation models and narrative understanding: Some generalizations and extensions. *Discourse Processes*, 21: pp. 23 – 55.

81. Speer, N. K., & Zacks, J. M. (2005). Temporal changes as event boundaries: Processing and memory consequences of narrative time shifts. *Journal of Memory and Language*, 53(1): pp. 125 – 140.

82. Speer, N. K., Zacks, J. M., & Reynolds, J. R. (2007). Human brain activity time –

locked to narrative event boundaries. *Psychological Science*, 18(5): pp. 449 – 455.

83. Stolz, J. A., & Healy, D. (2001). Taking a bright view of negative priming in the light of dim stimuli: Further evidence for memory confusion during episodic retrieval. *Journal of Experimental Psychology*, 55(3): pp. 219 – 230.

84. Tipper, S. P., & Cranston, M. (1985). Selective attention and priming: Inhibitory and facilitatory effects of ignored primes. *Quarterly Journal of Experimental Psychology: Human Experimental Psychology*, 37(A): pp. 581 – 611.

85. Therriault, D. J., Rinck, M., & Zwaan, R. A. (2006). Assessing the influence of dimensional focus during situation model construction. *Memory & Cognition*, 34(1): pp. 78 – 89.

86. van Dijk, T. A., & Kintsch, W. (1983). *Strategies of Discourse Comprehension.* New York: Academic Press.

87. Wang, R. A., & Spelke, E. S. (2000). Updating egocentric representations in human navigation. *Cognition*, 77: pp. 215 – 250.

88. Zacks, J. M., Braver, T. S., Sheridan, M. A., Donaldson, D. I., Snyder, A. Z., Ollinger, J. M., & Raichle, M. E. (2001). Human brain activity time – locked to perceptual event boundaries. *Nature Neuroscience*, 4(6): pp. 651 – 655.

89. Zacks, R. T., Radvansky, G. A., & Hasher, L. (1996). Studies of directed forgetting in older adults. *Psychology and Aging*, 22: pp. 143 – 156.

90. Zacks, J. M., Speer, N. K., Swallow, K. M., Braver, T. S., & Reynolds, J. R. (2007). Event perception: A mind – brain perspective. *Psychological Bulletin*, 133(2): pp. 273 – 293.

91. Zacks, J. M., Speer, N. K., & Reynolds, J. R. (2009). Segmentation in reading and film comprehension. *Journal of Experimental Psychology: General*, 138(2): pp. 307 – 327.

92. Zacks, J. M., & Swallow, K. M. (2007). Event segmentation. *Current Directions in Psychological Science*, 16(2): pp. 80 – 84.

93. Zacks, J. M., & Tversky, B. (2001). Event structure in perception and conception. *Psychological Bulletin*, 127(1): pp. 3 – 21.

94. Zacks, J. M., Tversky, B., & Iyer, G. (2001). Perceiving, remembering, and communicating structure in events. *Journal of Experimental Psychology: General*, 130(1): pp. 29 – 58.

95. Zwaan, R. A. (1996). Processing narrative time shifts. *Journal of Experimental Psychology: Learning, Memory, and Cognition*, 22: pp. 1196 – 1207.

96. Zwaan, R. A., Langston, M. C., & Graesser, A. C. (1995). The construction of situation models in narrative comprehension: An event – indexing model. *Psychological Science*, 6: pp. 292 – 297.

97. Zwaan, R. A., Madden, C. J., & Whitten, S. N. (2000). The presence of an event in the narrated situation affects its availability to the comprehender. *Memory & Cognition*, 28(6): pp. 1022 – 1028.

98. Zwaan, R. A., Magliano, J. P., & Graesser, A. C. (1995). Dimensions of situation model construction in narrative comprehension. *Journal of Experimental Psychology: Learning*,

Memory, and Cognition, 21: pp. 386 – 397.

99. Zwaan, R. A., & Hilliard, A. E. (1998). Constructing multidimensional situation models during reading. *Scientific Studies of Reading*, 2: pp. 199 – 220.

100. Zwaan, R. A., & Radvansky, G. A. (1998). Situation models in language comprehension and memory. *Psychological Bulletin*, 123(2): pp. 162 – 185.

第五章 时间隐喻与学习

第一节　时间隐喻在时刻水平上的表盘模拟表征

一、理论概述

隐喻（metaphor）是借助于具体的事物来表征抽象的事物（Casasanto & Boroditsky, 2008），是人类认知和思维的基础，它在人们的日常生活与不同语言形式中得到了极为广泛的应用（刘丽虹，张积家，2009）。Lakoff（1987）和 Paivio & Walsh（1993）提出，隐喻是一种认知模式，其把熟悉、已知、具体范畴的概念投射映现（projecting or mapping）到抽象范畴的概念，从而形成隐喻性表征。

空间范畴和空间关系在人对世界的认知中有着十分重要的意义，人们习惯于把空间范畴和空间关系投射到非空间的范畴和关系上，借以把握各种各样的非空间范畴和关系。时间的抽象性决定了它需要通过隐喻方式才能被人们理解，空间是人们在理解和感知时间时最常用到的概念，这就是时间的空间隐喻（刘丽虹，张积家，2009）。Boroditsky（2000）通过控制启动信息来考察时间概念和空间概念的联系，发现在人们头脑中存在着时间隐喻图式。时间隐喻图式包含一定的空间信息（如“前—后”、“左—右”、“上—下”），能够使时间等抽象概念得以具体化地表征。当这种抽象事物的具体化表征被人们熟练地使用以后，具体的空间特征将会内化，无须单独地提取。Casasanto 和 Boroditsky（2008）探讨时空关系的研究表明，在判断时间的长度时，被试会受到时间和空间的关系影响，时间长度跟空间长度有关，时间的心理表征依靠空间图式进行，空间知觉会影响时间知觉，但时间知觉并不影响空间知觉，这说明时间和空间之间的关系并不对称。Merritt，Casasanto 和 Brannon 等（2010）对人和猴子的研究发现，人身上存在时空不对称关系，而在猴子身上则存在这种时空对称的关系。另外也有研究发现，时间概念以空间长度特征为中介，在长时记忆中与知觉符号同时储存（陈栩茜，张积家，2011）。

时间概念是基于空间概念发展起来的（周榕，2001），空间表征是时间表征的基础，由隐喻唤起的空间图式将为时间中的信息组织提供整合的构架。Clark（1973）和 Traugott（1978）探讨了语言中的时间概念，他们发现，大量表示时间的词都来自空间概念。Yu（2012）的研究表明，中文存在“后头”、“前面”等具有空间意义的时间词汇，建构了包括前后、上下交叉的时间框架，有助于时间的表征。Yu（1998）在讨论空间对时间概念的模式影响时，认为主要的时间模式包括直线型（linear）、圆形循环型（circular）和螺旋型（spiral）三种。直线型结构是指时间在一个维度上表示着过去、现在和未来，是一种时间轴形式；圆形循环型结构是指时间表征由两个维度构成，形成一个闭合圆形，可以走向过去，反过来又可以走向未来；螺旋型结构则指时间表征占用了一个三维空间，指向未来的时候是一种螺旋上升的形式。

以往大部分研究主要是针对直线型结构展开的。Torralbo，Santiago 和 Lupiáez（2006）的研究发现，当表示过去时间的词呈现在屏幕左边、表示将来时间的词呈现在屏幕右边时，被试的反应更快。即使在语言中不存在以“左”和“右”来标识时间的做法，人们对于时间先后顺序的判断依然受字词所在位置（左或右）的影响：先发生的事件在左，后发生的事件在右（Santiago，Lupiáez，Pérez，& Funes，2007）。Ishihara，Keller，Rossetti 和 Prinz（2008）在研究中让被试判断第 7 个和第 8 个声调比其他 7 个固定的时间间隔“早”还是“晚”，结果发现按左键对“早”进行判断比对“晚”的判断快，按右键对“晚”的判断比对“早”的判断快，说明时间在水平方向由左向右表征，“左为过去，右为将来”的图式具有心理现实性。Casasanto 等（2004）发现，虽然被试同样使用空间隐喻来表征时间，但英语、印度尼西亚语、希腊语和西班牙语讲话者使用不一样的隐喻图式。讲不同语言的人使用的“左—右”时间隐喻也不一致。Fuhrman 和 Boroditsky（2007）对于时间隐喻左右方向上的研究发现，英语被试和希伯来语被试之间存在着显著差异，英语被试对先出现的事件进行反应时，按左键比右键反应快，希伯来语被试则刚好相反，其原因是英语和希伯来语的书写方向不同，英语是从左至右，而希伯来语是从右到左。Ouellet，Santiago，Israeli 和 Gabay（2009）从听觉角度进行了研究，给西班牙语被试和希伯来语被试呈现表示过去或未来的时间词，结果与 Fuhrman 和 Boroditsky（2007）采用视觉呈现刺激的研究结果相似。

Ouellet 等（2010）探讨了时间加工具有左右方向性的特征，由于时间知觉和空间注意同样使用了空间图式的资源，知觉时间时激活了空间图式，从而导致空间注意受到影响，所以人们在知觉未来的时间时，激活了空间图式，使空间注意受到影响而导向右边，而知觉过去时间时，使注意转向了左边，即时间概念不同，在左右方向上会引起不同的空间注意。该研究不仅考察了时间的线性隐喻，还探究了在线性隐喻下时空相互影响的关系。

除了常见的直线型结构，时间隐喻还有其他的形式。Bachtold，Baumuller 和 Brugger（1998）通过对被试进行训练，将 1 ~ 11（不含 6）的 10 个整数想象为表盘上的时刻（moment），然后用左、右手进行按键反应，判断出现的数字是在 6 点之前还是之后。结果发现，右手对于小于 6 的数字反应快，左手对于大于 6 的数字反应快，与标准的 SNARC 效应（即左手对小数字反应较快，右手对大数字反应较快）刚好相反，即出现反转的 SNARC 效应。这说明人们在进行时刻加工时，可能存在另一种表征形式，这种形式不同于年、月、日等时间概念的直线型表征，而是把时刻转换成表盘进行模拟表征。

以往文献中尚未见到对具体时刻加工的研究，因此对加工具体时刻是否会产生表盘模拟还不能给出准确的答案。同时，这种时间模式会不会使空间注意受到影响，进而影响空间知觉，以往文献也不能给出明确的结论。为此，本研究设计了 2 个实验，实验 1 拟探讨具体时刻加工中是否存在表盘模拟表征，如果存在，那么该表征是否影响空间注意。实验逻辑是：如果在具体时刻加工中出现反转的SNARC效应，产生心理表盘模拟，那么就证明具体时刻是以圆形循环型的时间模式进行表征的；如果出现该表征形式，但对随后空间注意的影响不显著，那么这种时间表征模式就不会影响空间知觉。预期的结果模式是：当反应按键与时刻在表盘上的位置一致时，被试对时刻的判断要比不一致时明显更快，即出现反转的SNARC效应。如果这种时间模式的时刻加工不影响空间知觉，那么空间判断任务则不会因为时刻在表盘上的位置不同而出现差异。实验2则考察在加工变化的具体时刻时的时间隐喻，实验逻辑是：如果存在心理旋转的表征，那么被试对心理旋转图形的判断会因时刻变化的不同而受影响，当时刻变化与旋转图形（左→右）的变化方向一致时，即均为顺时针旋转或均为逆时针旋转时，被试对旋转图形的判断比变化方向不一致时要明显更快。

二、实验

实验1　具体时刻的心理表盘模拟表征研究

（一）目的

通过对不同类型的时刻材料进行判断反应，考察时刻知觉是否会由于生活中有具体形象的表盘，使我们在进行时刻知觉时会借助具体的表盘进行表征，同时引入空间判断任务，考察知觉时刻能否影响随后的空间判断任务，从而推知该时间表征模式是否影响空间知觉。

（二）方法

1. 被试

25名华南师范大学本科生，男生11人，女生14人。被试视力或矫正视力正常。25名被试均完成实验任务。

2. 实验材料

1～12时和13～24时的时刻材料各24个，分为数字时刻材料（如“9：40”）和文字时刻材料（如：九点四十分）。判断问题类型有两种：对小时判断“>12 h”或“<12 h”和对分钟判断“>30 min”或“<30 min”，其中1～11时为“<12 h”，13～23时为“>12 h”，1～29分为“<30 min”，31～59分为“>30 min”。

3. 实验设计

2（按键与表盘位置一致性：一致/不一致）×2（判断问题类型：小时/分钟）×2（时刻材料类型：数字/文字）被试内设计。

4. 实验程序

实验在电脑上进行，根据不同的时刻呈现方式分为数字和文字两个部分。每个部分除了时刻材料类型不同，其他步骤一致。电脑屏幕上首先呈现一个注视点500 ms，接着呈现一个时刻1 500 ms，之后呈现时刻判断问题“>30 min”或“<30 min”、“>12 h”或“<12 h”，此时被试需要判断刚才呈现时刻的小时部分是“>12 h”还是“<12 h”，或者判断分钟部分是“>30 min”还是“<30 min”。例如：呈现时刻为9：40，时刻的分钟部分>30 min，若判断问题为“>30 min”，则判断为“是”，若判断问题为“<30 min”，

则判断为“否”，“是”按“F”键，“否”按“J”键。然后又出现注视点500 ms，注视点消失后会在注视点的左边或右边出现一个小黑点，要求被试既快又准地对黑点的位置进行按键反应，左边按“F”键，右边按“J”键。问题随机呈现并加以平衡，记录被试对时刻判断及空间判断任务的反应时和准确率。实验流程如图5－1所示：

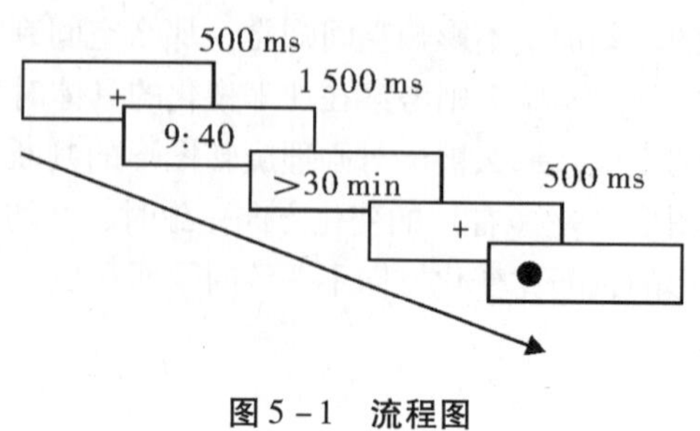

图5－1　流程图

（三）结果与分析

1. 不同条件下对时刻判断反应时的比较

因为对小时部分的判断以12小时为分界点，大于12点的时刻既可以在表盘左边也可以在表盘右边，对它的按键反应不能证明表盘模拟，故只对分钟判断进行分析。运用SPSS18.0对分钟部分时刻判断的反应时进行统计处理，不同条件下时刻判断反应时的统计量如表5－1所示：

表5－1　分钟判断在不同按键与表盘位置和时刻材料类型的平均反应时（ms）和准确率（%）

	数字	文字
按键与表盘位置一致	1 168（83.96）	1 194（92.16）
按键与表盘位置不一致	1 269（80.68）	1 239（87.12）

对分钟判断的反应时进行2（按键与表盘位置一致性）×2（时刻材料类型）的重复测量方差分析。结果发现，按键与表盘位置一致性主效应显著，$F(1, 24) = 18.44$，$p < 0.001$，$\eta^2 = 0.44$；时刻材料类型的主效应不显著，$F(1, 24) = 0.01$，$p > 0.05$，$\eta^2 = 0.00$；按键与表盘位置一致性和时刻材料类型的两因素交互作用边缘显著，$F(1, 24) = 4.13$，$p = 0.053$，$\eta^2 = 0.15$。简单效应检验发现，当时刻材料为数字时，按键与表盘位置一致与不一致条件之间差异显著，$F(1, 24) = 15.33$，$p < 0.05$，$\eta^2 = 0.39$；当时刻材料为文字时，按键与表盘位置一致与不一致条件之间差异也显著，$F(1, 24) = 6.79$，$p < 0.05$，$\eta^2 = 0.22$。

以往研究结果发现，人们对于数字的认知会通过心理数线（mental number line）进行加工，会出现SNARC效应，而不是随机排列。实验1的结果表明当被试进行时刻判断的反应按键与时刻在表盘上的位置一致时（判断问题是“>30 min”，若时刻是9：40，判断按键应为“F”，与该时刻在表盘上的位置一致，均在左边），对时刻判断的反应明显快于不一致时的反应，即对大数字的反应按左边键反应快，对小数字的反应按右边键反应快，不符合数字加工的 SNARC 效应。被赋予时刻概念的数字不符合 SNARC 效应，而与表盘数字的分布特点相符，说明时刻知觉受到了表盘的影响。当时刻在表盘上的位置与按键不一致时，这种冲突会使得反应变慢，说明被试在知觉时刻时，会将时刻转换成表盘形式进行加工，所以出现了时刻与按键的位置一致性效应，与研究假设一致，时刻知觉存在表盘模拟的空间隐喻。不管是数字时刻材料还是文字时刻材料，被试对时刻的判断均无显著差异，可见时刻知觉的表盘模拟表征受时刻材料类型的影响不大。

2. 不同条件下对空间判断反应时的比较

运用 SPSS18.0 统计软件对空间判断的反应时进行分析，空间判断任务中小黑点的位置与时刻表盘位置的关系有两种：一致和不一致，其反应时和准确率的统计量如表 5-2 所示：

表 5-2　不同空间判断的平均反应时（ms）和准确率（%）

	反应时	准确率
一致	410	98.80
不一致	409	99.00

对两种条件下的空间判断反应时 t 检验结果表明，无论时刻的表盘位置是否与小黑点的位置一致，空间判断反应时均无显著差异，$t(24) = 0.09$，$p > 0.05$。进一步分析对时刻作出正确反应的空间判断反应时和准确率，统计量如表 5-3 所示：

表 5-3　不同空间判断在时刻正确反应下的平均反应时（ms）和准确率（%）

	反应时	准确率
一致	398	98.76
不一致	400	99.16

该条件下，对两种条件下的空间判断反应时 t 检验结果表明，无论时刻的表盘位置是否与小黑点的位置一致，空间判断反应时均无显著差异，$t(24) = 0.31$，$p > 0.05$。这说明空间判断任务在不同时间知觉的条件下无显著差异。

实验 2　时刻变化的心理旋转表征研究

（一）目的

实验 1 考察了没有变化的具体时刻的知觉会由于生活中有具体形象的表盘而借助具体的表盘进行表征，那么在加工变化的具体时刻时，是否仍然表现出表盘模拟呢？为此，我们设计了实验 2，考察加工变化的具体时刻是否存在类似于指针旋转的心理旋转表征。

（二）方法

1. 被试

30 名华南师范大学本科生，男生 14 人，女生 16 人。被试视力或矫正视力正常。

2. 实验材料

时刻材料为24个数字时刻，与实验1中12 h内的材料相同，时间变化类型分为提前10 min、推迟10 min、提前20 min和推迟20 min四种，选取10 min和20 min作为变化的条件是因为在判断旋转方向时，以旋转180度以内为判断依据，所以选取变化30 min以内的时刻，且20 min的旋转角度刚好比10 min大一倍，便于区分不同的旋转角度。空间判断任务材料采用48组旋转图形，每组旋转图形由两个旋转角度不同的R或者与R轴对称的反R组成，其中24组旋转前后一致的图形 均为R或反R，24组旋转前后不一致的图形，一个为R和一个为反R，其中又分从左边的R变化到右边的R为顺时针旋转和逆时针旋转，各12组。R旋转方向与时间变化方向可能一致，也可能不一致，我们称为变化方向一致性。被试对时刻进行反应时，反应按键与变化后的新时刻分针指向可能一致，也可能不一致，我们称为按键与新时刻分针位置的一致性。

3. 实验设计

2（变化时间：10 min / 20 min）×2（变化方向：提前 / 推迟）×2（按键与分针新指向一致性：一致 / 不一致）×2（变化方向一致性：一致 / 不一致）被试内设计。

4. 实验程序

实验在电脑上进行，实验开始后屏幕上首先会出现一个注视点500 ms，接着呈现一个时刻1 500 ms，然后呈现时间变化的类型“提前10 min”、“推迟10 min”、“提前20 min”或“推迟20 min”，此时被试需根据时刻变化类型对呈现的时刻进行推算，得到一个新的时刻，并判断新时刻的分钟部分是“ <30 min”还是“ >30 min”。例如：呈现的时刻为2：50，时刻变化的类型为推迟20 min，因呈现的时刻为2：50，推迟20 min后得到新时刻为3：10，新时刻的分钟部分<30 min，若判断问题为“ >30 min”，判断为“否”，若判断问题为“ <30 min”，判断为“是”，“是”按“F”键，“否”按“J”键。随后出现一组由两个旋转角度不同的R或与R轴对称的反R组成的旋转图形，此时被试需对旋转图形R进行判断，若两个R一致按“F”键，不一致按“J”键。记录对时刻判断和旋转图形判断的反应时和准确率。实验流程如图5－2所示：

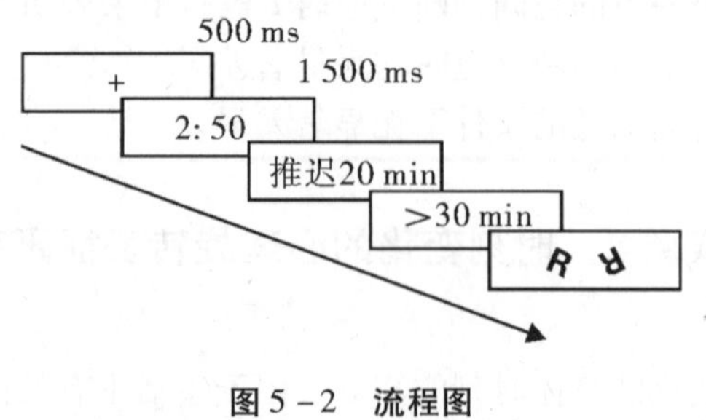

图5－2 流程图

（三）结果与分析

运用SPSS18.0进行统计处理，分别对时刻判断的反应时和旋转图形判断的反应时进行统计分析。

由于变化方向一致性是指时刻变化与旋转图形变化的方向性，其是针对旋转图形判断的变量，出现在时刻判断之后，与前面时刻判断中的按键反应无关，故分析时刻判断反应时不使用该变量，对时刻判断的反应时作2（变化时间）×2（变化方向）×2（按键与分针新指向一致性）的重复测量方差分析。由于按键与分针新指向一致性中的按键是指对时刻的判断按键，该变量是针对时刻判断反应的变量，与后面的空间判断无关，故分析空间判断的反应时则不使用该变量，对旋转图形判断的反应时作2（变化时间）×2（变化方向）×2（变化方向一致性）的重复测量方差分析。

1. 不同条件下对时刻判断反应时的比较

被试对时刻判断的反应时和准确率见表5－4：

表5－4　对时刻判断的反应时（ms）和准确率（%）

条件	按键与分针新指向一致		按键与分针新指向不一致	
	提前	推迟	提前	推迟
变化10 min	1 357（48.67）	1 263（73.63）	1 304（83.12）	1 326（70.27）
变化20 min	1 207（50.87）	1 411（53.33）	1 282（77.00）	1 303（53.50）

对表5－4中的反应时进行重复测量方差分析，结果表明，变化时间和变化方向的交互作用显著，$F(1,29)=4.71$，$p<0.05$，$\eta^2=0.14$。简单效应检验发现，在时刻变化10 min条件下，变化方向提前和推迟之间没有显著差异，$F(1,29)=0.33$，$p>0.05$，$\eta^2=0.01$；在时间变化20 min条件下，提前和推迟之间边缘差异显著，$F(1,29)=3.89$，$p=0.058$，$\eta^2=0.12$。其他效应都不显著（*ps.* >0.05）。

对时刻判断的准确率进行方差分析结果发现，变化时间的主效应显著，$F(1,29)=10.80$，$p<0.05$，$\eta^2=0.27$，变化10 min的准确率高于变化20 min；按键与分针新指向一致性的主效应显著，$F(1,29)=21.83$，$p<0.001$，$\eta^2=0.43$，按键与分针新指向不一致时准确率高于一致条件。变化方向和按键与分针新指向一致性的交互作用显著，$F(1,29)=24.77$，$p<0.001$，$\eta^2=0.46$。简单效应检验发现，在提前条件下，按键与分针新指向不一致时准确率比一致条件高，$F(1,29)=37.52$，$p<0.001$，$\eta^2=0.56$；在推迟条件下，则无显著差异，$F(1,29)=0.17$，$p>0.05$，$\eta^2=0.01$。其他效应都不显著（*ps.* > 0.05）。

从准确率可以看出，判断的时刻需要在直接呈现的基础上进行推算，难度较大，故时刻的判断按键与时刻变化后分针新指向一致性并无实验1的位置一致性效应，且变化10 min的变化尺度较小，较容易判断，因此比变化20 min的准确率高。值得注意的是，按键与分针新指向不一致时准确率高于一致条件，判断是否一致时的标准是分界点（30 min和0点）。不一致的判断情况只需满足一个条件，即越过任何一个分界点；而一致的判断情况则需满足两个条件，即既没越过30 min也没越过0点的分界点，确认两个条件的认知负荷较重，难度较大，因此准确率较低。

2. 不同条件下对旋转图形判断反应时的比较

被试对旋转图形判断的反应时和准确率见表5－5：

表 5-5　对旋转图形判断的反应时（ms）和准确率（%）

条件	按键与分针新指向一致		按键与分针新指向不一致	
	提前	推迟	提前	推迟
变化 10 min	3 548（68.10）	2 842（76.20）	2 368（78.57）	3 200（81.03）
变化 20 min	2 387（80.43）	2 678（83.53）	2 908（90.10）	4 124（69.27）

对表 5-5 中的反应时进行重复测量方差分析，结果表明，变化时间和变化方向一致性的交互作用边缘显著，$F(1, 29)=3.91$，$p=0.058$，$\eta^2=0.12$。简单效应检验发现，在时间变化 10 min 条件下，R 旋转与时间变化方向一致与不一致之间没有显著差异，$F(1, 29)=0.86$，$p>0.05$，$\eta^2=0.03$；在时间变化 20 min 条件下，R 旋转与时间变化方向一致时明显快于不一致条件，$F(1, 29)=4.24$，$p<0.05$，$\eta^2=0.13$。变化方向和变化方向一致性的交互作用显著，$F(1, 29)=6.16$，$p<0.05$，$\eta^2=0.18$。简单效应检验发现，在时间提前条件下，R 旋转与时间变化方向一致与不一致之间没有显著差异，$F(1, 29)=1.09$，$p>0.05$，$\eta^2=0.04$；在时间推迟条件下，R 旋转与时间变化方向一致时明显快于不一致条件，$F(1, 29)=4.24$，$p<0.05$，$\eta^2=0.13$。其他效应都不显著（$ps.>0.05$）。

对旋转图形判断的准确率进行重复测量的方差分析，结果发现，变化方向和变化方向一致性的交互作用显著，$F(1, 29)=11.58$，$p<0.05$，$\eta^2=0.29$。简单效应检验发现，在时间提前条件下，R 旋转与时间变化方向不一致的准确率明显高于一致的准确率，$F(1, 29)=8.57$，$p<0.05$，$\eta^2=0.23$；在时间推迟条件下，R 旋转与时间变化方向一致与不一致之间没有显著差异，$F(1, 29)=1.68$，$p>0.05$，$\eta^2=0.06$。变化时间和变化方向的交互作用显著，$F(1, 29)=5.73$，$p<0.05$，$\eta^2=0.17$。简单效应检验发现，在时间提前条件下，变化 20 min 的准确率明显高于变化 10 min 的准确率，$F(1, 29)=10.34$，$p<0.05$，$\eta^2=0.26$；在时间推迟条件下，变化 10 min 和 20 min 之间没有显著差异，$F(1, 29)=0.24$，$p>0.05$，$\eta^2=0.01$。其他效应都不显著（$ps.>0.05$）。

实验 2 的结果表明，在时间推迟条件下，时间的变化方向为顺时针，R 旋转与时间变化方向一致时明显快于不一致条件；在时间提前条件下，时间变化方向为逆时针，R 旋转与时间变化方向不一致的准确率明显高于一致的准确率。在 R 旋转任务上出现了顺时针优势。顺时针优势的存在影响了 R 旋转与时间变化方向的一致性效应。实验 2 采用 10 min 和 20 min 两个时间变化来控制表盘上的时刻间夹角，得到如下结果：对时刻进行判断时，变化 10 min 的准确率高于变化 20 min。对旋转图形进行判断时，在时间变化 20 min 的条件下，R 旋转方向与时间变化方向一致时，对旋转图形的判断快于不一致的情况，说明时间变化方向对旋转图形 R 产生了影响；在时间变化 10 min 的条件下，不管 R 旋转方向与时间变化方向是否一致，判断旋转图形的反应时均无差异。变化 10 min 和 20 min 的心理旋转角度不同，10 min 的旋转角度较小，产生的影响也较小。而在时间变化 20 min 时，时间变化方向与 R 旋转方向一致会加快对旋转图形的判断，时间变化方向与 R 旋转方向不一致则会阻碍对旋转图形的判断。这说明被试对时间变化的知觉会模拟指针旋转进行表征，是一种心理旋转，而非水平时间轴上的移动。

三、综合讨论

本研究通过对不同类型的时刻材料进行判断反应，考察了时刻知觉是否会由于生活中有具体形象的表盘，使我们在进行时刻知觉时会借助具体的表盘进行表征。通过对变化后的时刻进行判断和对旋转图形的判断，考察了加工时刻的变化是否跟表盘的时针、分针一样，以旋转的方式进行表征。

两个实验都一致表明在知觉时刻及其变化时会进行表盘模拟表征。实验 1 中不管是数字材料还是文字材料，对时刻的判断均出现反应按键与时刻位置一致性效应，即出现反转的 SNARC 效应。实验 2 中对旋转图形的判断受知觉时刻变化的影响，时刻变化与旋转图形旋转的方向不一致时对旋转图形的判断会变慢，即出现了干扰效应，此时空间判断任务受到时间知觉的影响。

时刻不同于其他时间概念，其表述并非来自空间概念，而只是用数字进行表述。如果将数字的语义范畴映射于时刻范畴中来表征时刻，那么对时刻的反应会出现 SNARC 效应。本研究实验 1 的结果却出现反转的 SNARC 效应，虽然与 Bachtold 等（1998）的表盘训练实验结果一致，但不同的是，Bachtold 的实验是通过训练发现了整点时刻存在反转的 SNARC 效应，本研究则是直接加工时刻就出现了反转的 SNARC 效应，而且发现了分钟部分反转的 SNARC 效应。由此可见，对时刻的加工并非是用数字的语义范畴而是模拟表盘的形象进行表征，说明心理模拟也是理解语言的一种手段。实验 1 强调了时刻在表盘上的左右方向性，而对于每个时刻在表盘上对应的特定位置，本研究尚未直接证实，有待进一步的研究验证。

根据具身认知理论的观点，认知依赖于某种类型的经验，是具体的个体在实时（real time）环境中产生的，其储存在记忆里的认知信息并非抽象的符号，而是具体、生动的，同身体的感觉通道相联系的（叶浩生，2010）。加工时刻的表盘模拟正是依赖生活中的经验，将表盘的形象储存在记忆里，当进行时刻加工时，在短时记忆中使用长时记忆的表盘信息，建构出该时刻在表盘中指针的指向。这也是时间隐喻的一种方式。

由具体时间隐喻唤起的空间图式，即表盘，为时刻的信息组织提供整合的构架。因为表盘上的时刻从 1 至 12 循环，形成一个闭合的圆形，顺时针走向将来，逆时针则走回过去，所以当时刻变化时，会根据表盘的架构及表盘指针的运转进行加工，提前的是逆时针旋转，推迟的是顺时针旋转。该模式符合 Yu（1998）提出的圆形循环型时间模式，不同于以往大部分研究中的直线型时间模式。

本研究中的实验 1 结果表明加工具体时刻并不影响空间任务的判断，与 Casasanto 和 Boroditsky（2008）的研究结果一致，时间知觉不影响空间知觉。而实验 2 结果表明加工变化的时刻影响心理旋转图形的判断，影响了空间知觉，与 Ouellet 等（2010）在直线型结构研究中得出时间知觉影响空间知觉的结论一致。两个实验的结果并不矛盾。实验 2 的结果与 Casasanto 和 Boroditsky（2008）的结果存在差异，Casasanto 等采用变化的线段作为材料，让被试复写线段的长度和时间的长度。作为刺激的变化线段，其持续时间的长短并不影响对线段长度的复写。该研究的空间判断任务为复写线段长度，而线段长度在材料刺激中已经直观地呈现出来，空间判断任务的难度较小。本研究则采用旋转图形的判断作为空间任务，旋转图形的空间判断需要进行心理旋转，任务难度较大。因为人们加工时间的过程和加工空间的过程存在相似性（Zäch & Brugger，2008），所以时间判断的难度不同，激活图式的水平也不同，进而对空间判断任务的影响也有所不同。此外，在 Casasanto 和 Boroditsky（2008）的研究中，时间任务中出现了变化线段，而线段本身就是空间刺激，因此随后的空间判断任务很难排除空间因素本身的影响。本研究则采用时间的运算作为时间任务，没有出现空间刺激。所以本研究与 Casasanto 和 Boroditsky（2008）的结果不一致是受到时间判断的难度和时间任务中空间因素的影响。实验 1 加工的是没有变化的具体时刻，虽然时刻的心理表征依靠表盘的空间图式进行，但只需要提取图式中的信息进行反应，任务难度较小，图式即使被激活，也不影响空间知觉。实验 2 主要是通过心理旋转图形判断和加工变化的具体时刻之间的关系，当加工的难度较大时，不仅激活表盘的空间图式，还在此基础上进行了指针的旋转模拟，与空间判断任务一样使用心理旋转，加工变化的具体时刻对空间图式的激活水平更高，占用了较多的空间资源，从而导致空间任务受到影响。

四、结论

根据本研究结果，可以得出以下结论：

（1）在知觉时刻时，出现了时刻与按键的位置一致性效应，时刻知觉存在表盘模拟的空间隐喻，该隐喻受时刻材料类型的影响不大，数字时刻材料和文字时刻材料差异不显著。

（2）知觉时刻变化会激活表盘模拟的心理旋转，模拟指针旋转进行表征，从而对旋转图形的判断产生影响，当时刻变化与旋转图形旋转的方向不一致时，对旋转图形的判断会出现干扰效应，即影响空间知觉。

附　录

一、时刻材料

1. 24 个电子表形式 12 时内的时刻

（1）均指向表盘左边：9：45　8：45　8：50　10：40　7：55　11：35。

（2）均指向表盘右边：2：15　3：15　2：20　4：10　1：25　5：05。

（3）时针指向表盘左边，分针指向表盘右边：7：25　8：20　9：10　9：15　10：10　11：05。

（4）时针指向表盘右边，分针指向表盘左边：5：35　4：40　3：45　3：40　2：50　1：55。

2. 24 个电子表形式 12 时外的时刻

（1）均指向表盘左边：21：45　20：45　20：50　22：40　19：55　23：35。

（2）均指向表盘右边：14：15　15：15　14：20　16：10　13：25　17：05。

（3）时针指向表盘左边，分针指向表盘右边：19：25　20：20　21：10　21：15　22：10　23：05。

(4) 时针指向表盘右边，分针指向表盘左边：17：35　16：40　15：45　15：40　14：50　13：55。

3. 24 个文字形式 12 时内的时刻

(1) 均指向表盘左边：九点四十五分；八点四十五分；八点五十分；十点四十分；七点五十五分；十一点三十五分。

(2) 均指向表盘右边：两点十五分；三点十五分；两点二十分；四点十分；一点二十五分；五点零五分。

(3) 时针指向表盘左边，分针指向表盘右边：七点二十五分；八点二十分；九点十分；九点十五分；十点十分；十一点零五分。

(4) 时针指向表盘右边，分针指向表盘左边：五点三十五分；四点四十分；三点四十五分；三点四十分；两点五十分；一点五十五分。

4. 24 个文字形式 12 时外的时刻

(1) 均指向表盘左边：二十一点四十五分；二十点四十五分；二十点五十分；二十二点四十分；十九点五十五分；二十三点三十五分。

(2) 均指向表盘右边：十四点十五分；十五点十五分；十四点二十分；十六点十分；十三点二十五分；十七点零五分。

(3) 时针指向表盘左边，分针指向表盘右边：十九点二十五分；二十点二十分；二十一点十分；二十一点十五分；二十二点十分；二十三点零五分。

(4) 时针指向表盘右边，分针指向表盘左边：十七点三十五分；十六点四十分；十五点四十五分；十五点四十分；十四点五十分；十三点五十五分。

二、旋转图形

1. 24 组旋转后一致的旋转图形 R

(1) 12 组由左→右顺时针旋转。

(2) 12 组由左→右逆时针旋转。

2. 24 组旋转后不一致的旋转图形 R

(1) 12 组由左→右顺时针旋转。

（2）12 组由左→右逆时针旋转。

第二节　汉语时间表征中水平与垂直时间—空间隐喻

一、理论概述

由于时间的非实体性和抽象性，对时间的认知、思维以及概念的形成通常需要借助隐喻来理解。而空间隐喻是表征时间概念的重要途径和方法，如“在同一年中，二月的上一个月是一月”中的“上”，就是通过空间隐喻来表征时间概念。

语言学及心理学研究表明，几乎在所有语言中，抽象的时间概念都与具体的空间概念存在密切的联系。时间的空间隐喻是时间隐喻表征结构的主要维度之一。周榕、黄希庭（2001）在内容分析的基础上分析了中国人的时间隐喻，其中主要包括空间、有价物、易逝物等 11 种表征方式。相关的跨文化研究表明，空间—时间隐喻机制具有跨文化普遍性，不同文化中存在的空间—时间隐喻产生于一种泛人类的心理基础，是具有共同性的（王寅，2005；蓝纯，1999；Yu，1998）。然而，认知语言学的结论主要建立在语料分析基础之上，我们不能简单地用语言来推测思维过程，即我们用空间“谈论”时间并不代表我们用空间“思考”时间（Boroditsky，2001）。空间—时间隐喻是否具有心理现实性呢？即人们进行隐喻表征时是否的确出现了空间、时间概念间映射的心理操作呢？

针对此问题，国内外心理学家进行了一系列的实证研究。Ouellet 等（2010）证明在人的头脑中存在时间—空间轴线，时间词可以作为刺激词导向左—右空间注意（即左—过去、右—将来的空间注意）。Torralbo 等（2006）的研究表明，时间表征存在前—后的空间框架，当以时间词作为目标词的辨别任务时，被试存在“过去—后/将来—前”的反应倾向，而当要求被试作出左—右手动反应时，被试会激活一个关于“左—过去/右—将来”的时间表征。

与此同时，近期也有实验研究证明语言符号的表征存在跨文化的差异。Hung 等（2008）发现，不同语言的数字符号存在不同的心理轴线，阿拉伯数字（如：1）的数字心理线是“左—右”方向的，而中国汉字的数字符号（如：壹）的数字心理线为“上—下”方向，该研究结果说明，汉语使用者和英语使用者在表征数字时可能存在跨文化的差异，即汉语使用者可能在表征数字时会灵活地把数字映射在水平或垂直两个空间维度中。

既然数字这类抽象符号在不同语言中的表征存在差异，结合语言学研究，研究者认为时间这一抽象概念也可能会受到文化的影响，同时，空间—时间的隐喻关系在不同语言文化中也可能会有所差异，即可能存在水平时间观和垂直时间观的差异。

对于时间的空间隐喻表征的心理现实性及其加工机制问题一直以来存在着争议，目前主要有三种观点。第一种为隐喻构念观（metaphorical structuring view）。该观点认为，空间表征是时间表征的源头，由隐喻唤起的空间图式将为时间中事件的组织提供相关信息。第二种是结构平行论（Theory of Structural Parallelism）。该观点认为时间和空间表征是独立的，两者只是在表达上存在相似性。由于在结构上表征的相似性，两个不同的概念领域可表征相同的概念，即相同系列的词可能被用于这两个领域，而不是一个被另一个所建构。第三种为结构映射观（structure mapping view）。该观点认为空间和时间之间是一种映射关系，由于时间与空间存在共同的表征结构，来自更为基础的空间的结构性则可以映射至时间范畴。该观点还认为，隐喻的发生首先要发现已有的共同结构，若时间与空间的表征发生联结，空间领域的推论就可以映射到时间领域中去。

针对此问题，Boroditsky（2000）用三个实验初步探讨了时间与空间之间的关系，她认为时间与空间的概念表征是一种映射的关系，且关系是不对等的，即人们可以通过空间来思考时间，而不能通过时间来思考空间。Boroditsky（2001）通过图式启动范式研究发现，说汉语的人看到垂直序列的物体比看到平行序列的物体时产生更快的启动，即能更快判断“三月比四月来得早”这样的陈述，而说英语的人则相反。因此，该研究认为中英两种文化在时间的方向性上存在差异，即说英语的人在谈论时间时主要将其视为水平的，而说汉语的人则更倾向于将其描绘为垂直的。随后，陈振宇（2007）以中英双语使用者为研究对象重复了 Boroditsky（2001）的研究，发现中国被试在平行序列启动下对时间问题的反应时与垂直序列启动下的反应时没有差异，结果不支持“空间—时间隐喻存在中英跨文化的差异”这一观点。他还采用语言学的研究方法，比较了台湾网络新闻中使用水平空间的时间表达与垂直空间的时间表达的频数，发现水平维度的时间表达频数明显多于垂直维度，因此他认为对于时间，中国人虽然存在垂直维度的空间隐喻表征，但是仍以水平维度为主。

然而，以上研究方法存在着一些不足。Boroditsky 等（2001）采用的是空间图示启动范式，在该范式中，首先让被试观看水平排列或垂直排列的物体，再测量他们对于时间问题的反应时，这可能会导致被试在对时间概念加工之前就已经进行了空间方位的表征。根据结构平行论，存在的一种可能性是被试的判断速度加快可能并不是由于他们在表征时间的过程中借助了空间表征，相反，可能是由于时间的表征形式与空间的表征形式存在相似性，空间方位的表征启动了时间方位的表征，从而促进了被试对于时间概念的判断。

陈振宇（2007）的研究虽然对 Boroditsky 等（2001）使用的材料进行了改进，将英文材料变为中文材料，但采用的被试仍然为汉语和英语都能熟练使用的双语者，英语的思维习惯可能对他们使用汉语产生影响，因此，在这些被试上得到的研究结果并不能推广到母语为汉语的单语者身上。

为解决以上研究的不足，本研究从空间注意的角度出发，采用空间提示范式（spatial cuing paradigm）（Posner，1980；Posner & Cohen，1984；Posner，Nissen，& Ogden，1978）对母语为汉语的单语者的时间表征机制进行探究。在空间提示范式中，每个试次开始时都提示被试：在屏幕的某一方位将会出现目标刺激，然后呈现目标，要求被试尽可能快地作出反应。本研究以汉语中具有时间概念的词作为符号刺激材料，观察在时间概念的加工过程中空间注意是否发生偏向。

本研究分别通过三个实验拟探讨以下三个问题：第一，在时间概念的加工过程中，考察汉语者水平维度和垂直维度空间—时间隐喻的心理现实性；第二，在时间概念的加工过程中，考察汉语者垂直维度空间—时间隐喻的心理现实性；第三，若水平与垂直的时间—空间隐喻都存在，那么，在水平与垂直两种维度被同时引发的条件下，哪种为优势维度。

二、实验

实验 1　汉语者水平维度的空间—时间隐喻的心理现实性

（一）目的

从空间注意角度考察汉语者在加工时间概念时是否引发水平方位的空间注意转移，从而探究汉语者在表征时间概念的过程中是否存在水平维度的空间表征。

（二）假设

如果加工汉语中的时间概念时存在水平维度的空间表征，即存在“左—右”时空隐喻，那么给汉语者在屏幕中央呈现时间词语时，被试的注意力会发生空间定向：当出现含有过去意义的刺激词时，被试对左方的目标物反应更快；反之，当出现含有将来意义的刺激词时，被试对右方的目标物反应更快。

（三）方法

1. 被试

选取华南师范大学本科生 27 名，男生 12 人，女生 15 人，平均年龄 21 岁，均为右利手，裸视或矫正视力正常，所有被试母语为汉语。

2. 实验设计

本实验采用 2（时间词类型：过去、将来）×2（目标物出现位置：左、右）的两因素重复测量设计，因变量为对目标物的反应时。

每个试次中的时间词与目标刺激位置组合随机安排。48 个时间刺激词，每个出现 4 次，每词每次结合不同的闪光点位置，且平衡问题的类型。对时间刺激词、光点位置以及问题进行随机匹配，同时被试将不被告知时间刺激词与目标物之间可能的关系。每种实验处理有 24 个试次，共 96 次，每完成 48 次休息 30 秒，正式实验之前有 9 次练习。

3. 实验材料和仪器

本实验采用经过等级评定（5 点量表；1—非常不符合，5—非常符合）的具有时间含义的词汇（以下简称“时间词”）作为刺激词：12 个具有过去意义的中文双字词（如“昔日”）和 12 个具有将来意义的中文双字词（如“明年”）。

呈现时字体为宋体加粗，字号大小为 60。目标刺激是直径为 0.5 cm 的黄色圆点（视角为 1.35°），圆点会出现在上下分布的两个 1.4 cm × 1.4 cm 方形框中的一个中（方框中心距离中轴线 5.665 cm）。实验程序采用 E-Prime 1.1 进行编程。刺激呈现在 IBM Pentium IV 型计算机的 17 英寸液晶显示器上，屏幕背景均为黑色。

3. 实验程序

实验在单间隔音实验室里进行，被试距离屏幕约 50 cm，要求将刺激词的时间含义保存在工作记忆中，对闪光点的位置作出按键反应。

每个试次开始时在屏幕中央呈现注视点 500 ms，然后呈现时间词 1 500 ms（事先告知被试要记住词汇的时间含义）。接着呈现 500 ms 的空屏，之后在屏幕的左右位置会各出现一个空的白色方框。250 ms 之后，在左右空白框中的其中之一会出现持续 50 ms 的黄色闪光点。要求被试判断闪光点的位置，按键盘上的“Z”（判断为“左”）和“M”（判断为“右”）作答，方框总持续时间最长为 2 400 ms 或者至被试作出反应后消失。

为了确保被试在完成任务的过程中时间刺激词能够保持在工作记忆中，每个试次后，屏幕上会出现问题“刚才的词是表示过去的吗?”或“刚才的词是表示将来的吗?”（问题与实验处理随机匹配），被试通过按“Z”和“M”键作是否反应。问题呈现最长持续 4 000 ms或者至被试作出反应后消失。一个试次完成后，经过 1 000 ms 自动进入下一个试次。实验记录定向任务的反应时以及定向任务和回忆任务的错误率，错误率是判断被试数据有效性的参考依据，在两项任务中均反应错误的试次数据将被剔除。实验程序如图5 – 3 所示：

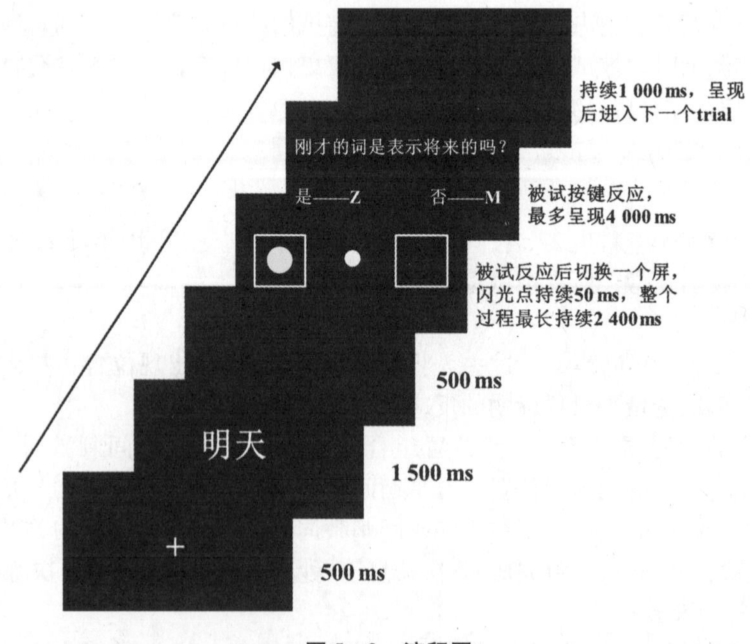

图 5 – 3　流程图

（四）结果与讨论

以定向任务反应时（ms）为因变量进行处理分析，分析时删除反应时在3个标准差之外的数据，统计软件为SPSS 11.5版本，不同处理下的平均反应时与标准差结果见表5-6：

表5-6 不同类型时间词刺激下不同目标物位置平均反应时（ms）与标准差

目标物位置	过去词	将来词
左	274（57）	283（67）
右	281（72）	274（61）

对被试的反应时进行了重复测量的方差分析，结果发现，时间词类型的主效应不显著，$F_1(1, 26) = 0.226$，$p > 0.05$，$F_2(1, 22) = 0.026$，$p > 0.05$；同样，目标物位置的主效应也不显著，$F_1(1, 26) = 0.02$，$p > 0.05$，$F_2(1, 22) = 1.856$，$p > 0.05$；目标物位置与时间词类型之间的交互作用显著，$F_1(1, 26) = 6.50$，$p = 0.017$；$F_2(1, 22) = 12.365$，$p = 0.002$。

对时间词类型与目标物位置之间显著的交互作用进行简单效应检验发现，当时间词为过去词时，其在不同的位置上差异显著，$F_1(1, 26) = 4.24$，$p = 0.05$，$F_2(1, 22) = 4.291$，$p = 0.05$，且其在左边的反应时短于在右边的反应时；当时间词为将来词时，其在不同的位置上差异不显著，$F_1(1, 26) = 1.62$，$p = 0.214$，$F_2(1, 22) = 3.974$，$p = 0.059$。

实验1结果发现，在空间的水平维度上，不同类型的时间词所引起的注意偏转方向有差异。这说明人们在对时间概念进行表征的过程中，借助了水平维度上的空间隐喻。进一步分析结果发现，当时间词为过去意义时，被试在左边的反应明显快于右边；当时间词为将来意义时，被试在左边的反应与右边的反应差异不显著。这个结果支持了中国人存在着“左—过去/右—将来”的时间—空间表征。

该结果与Ouellet等（2010）的研究结果一致，说明人们在表征时间时借助了水平维度的空间隐喻。但是我们依然无法推断汉语者是否存在独特的时间心理表征。为了进一步探讨汉语者是否存在其他维度的表征，我们设计了实验2，通过把目标物出现的维度改变为垂直方向来探讨汉语者是否存在垂直维度的表征。若在该方向上不同类型的时间词加工过程中发生了差异性的注意偏转，那么可证明汉语者在垂直维度上存在空间—时间隐喻；若在该方向上不同类型的时间词加工过程中注意偏转方向没有差异，则不支持汉语者在垂直维度上存在空间—时间隐喻。

实验2　汉语者垂直维度的空间—时间隐喻的心理现实性

（一）目的

从空间注意角度，对汉语者在加工时间概念时是否引发垂直方位的空间注意转移进行考察，以探究汉语者在表征时间概念的过程中是否存在垂直维度的空间表征。

（二）假设

如果加工汉语中的时间概念时借助了垂直维度的空间表征，即存在“上—下”时空隐喻，那么给汉语者在屏幕中央呈现时间词语，被试的注意力会发生空间定向：当出现含有过去意义的刺激词时，被试对上方的目标物反应更快；反之，当出现含有将来意义的刺激词时，被试对下方的目标物反应更快。

（三）方法

1. 被试

选取华南师范大学本科生30名，男生13人，女生17人，年龄在19～25岁之间，均为右利手，裸视或矫正视力正常，所有被试母语均为汉语。

2. 实验设计

本实验采用2（时间词类型：过去、将来）×2（目标物出现位置：上、下）的两因素重复测量设计，因变量为对目标刺激的反应时（ms）。

每个试次中的时间词与目标刺激位置组合随机安排。材料的呈现次数皆与实验1相同。

3. 实验材料和仪器

同实验1。

4. 实验程序

与实验1流程大体相似，要求被试在记住刺激词时间含义的条件下，判断闪光点出现的位置。

实验2的实验流程与实验1的不同之处在于改变了闪光点出现的维度，由水平维度（左—右）变成了垂直维度（上—下）。被试判断闪光点的位置时，按键盘上的“7”（判断为“上”）和“N”（判断为“下”）进行作答。为平衡左右手反应可能带来的对“上—下”判断的促进效应（Nishimura，2004），要求一半被试右手食指按上键，左手食指按下键，而对另一半被试则要求相反。同实验1一样，在完成定向任务之后，被试按“7”键与“N”键完成回忆任务。同样记录定向任务的反应时以及定向任务和回忆任务的错误率，剔除在两项任务中均反应错误的数据。

（四）结果与讨论

以定向任务反应时（ms）为因变量进行处理分析，分析时删除反应时在3个标准差之外的数据，结果见表5－7：

表 5－7　不同类型时间词刺激下不同目标物位置平均反应时（ms）与标准差

目标物位置	过去词	将来词
上	306（34）	312（42）
下	326（42）	317（41）

对反应时进行了重复测量的方差分析，结果发现，时间词类型的主效应不显著，$F_1(1, 29)=0.145$，$p=0.707$，$F_2(1, 22)=0.336$，$p=0.568$。目标物位置基于被试的方差分析结果主效应边缘显著，基于项目的方差分析结果主效应显著，$F_1(1, 29)=3.623$，$p=0.067$，$F_2(1, 22)=4.988$，$p=0.036$。目标物位置与时间词类型之间的交互作用只有基于被试的方差分析结果差异显著，$F_1(1, 29)=12.411$，$p=0.001$，$F_2(1, 22)=2.695$，$p=0.115$。

对时间词类型与目标物位置之间显著的交互作用进行简单效应检验发现：当时间词为过去词时，不同位置的反应时显著，$F_1(1, 29)=3.92$，$p=0.024$，$F_2(1, 22)=0.332$，$p=0.570$，且在上的反应快于在下的反应；当时间词为将来词时，其在不同位置的反应时边缘显著，$F_1(1, 29)=3.058$，$p=0.092$，$F_2(1, 22)=2.256$，$p=0.147$，对将来词的反应时短于过去词。图 5－4 为该交互作用的坐标图：

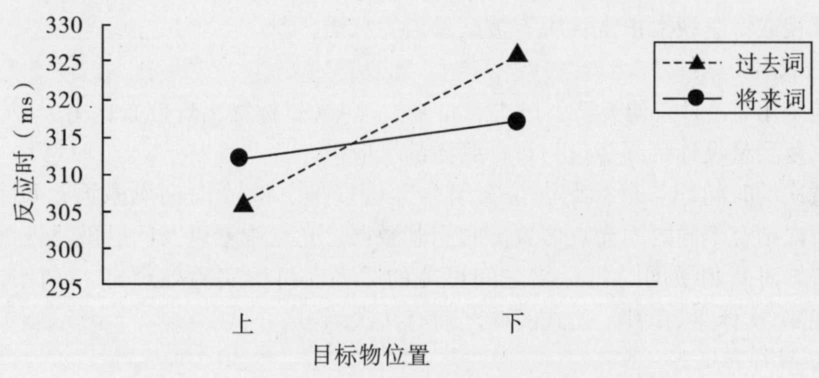

图 5－4　时间词类型与目标物位置之间的交互作用

实验 2 的结果表明，在空间的垂直维度上，不同类型的时间词所引起的注意偏转方向有差异。这说明人们在对时间概念进行表征的过程中，借助了垂直维度上的空间隐喻。进一步的分析结果发现，当时间词为过去意义时，被试在上的反应明显快于在下；当时间词为将来意义时，被试在上的反应与在下的反应差异不显著。该结果说明，在垂直维度上，汉语的空间—时间表征存在“上—过去/下—将来”的意义对应现象。这个实验结果证明了汉语者垂直维度上存在空间—时间隐喻。

实验3　汉语者空间—时间隐喻的优势维度

（一）目的

实验1与实验2的结果表明汉语者水平与垂直维度的时间—空间隐喻都存在，那么在时间概念的加工过程中，若水平与垂直两种维度可以同时被引发，哪种为优势维度？本实验的目的就是探讨这一问题。

（二）假设

若汉语者空间—时间隐喻的优势维度为垂直维度，那么时间刺激词引起的对于垂直维度的注意将比水平维度的优先：当出现含有过去意义的刺激词时，被试对上方目标的反应物比对左方的更快；当出现含有将来意义的刺激词时，被试对下方目标物的反应比对右方的更快。反之，若水平维度为优势维度，那么时间刺激词引起的对于水平维度的注意将比垂直维度的优先：当出现含有过去意义的刺激词时，被试对左方目标物的反应比对上方的更快；当出现含有将来意义的刺激词时，被试对右方目标物的反应比对下方的更快。

（三）方法

1. 被试

选取华南师范大学本科生28名，男生10人，女生18人，平均年龄在22.7岁，均为右利手，裸视或矫正视力正常，所有被试母语为汉语。

2. 实验设计

本实验采用2（时间词类型：过去、将来）×4（目标物出现位置：上、下、左、右）的两因素重复测量设计，因变量为目标刺激的反应时。

每个试次的时间词与目标刺激位置组合随机安排。48个时间刺激词，每个词出现4次，每词每次结合不同的闪光点位置。时间刺激词、光点位置以及问题随机匹配，同时被试将不被告知时间刺激词与目标物之间可能的关系。每种实验处理有12个试次，共96次，每完成32次休息30秒，正式实验之前有9次练习。

3. 实验材料和仪器

同实验1。

4. 实验程序

为了考察何维度为优势维度，实验3在实验2的基础上，在闪光点出现位置增加了水平维度，即可能出现在“上、下、左、右”四个方向上，要求被试在记住时间刺激词时间含义的条件下，判断闪光点出现的位置。

与实验1、实验2的不同之处在于改变了闪光点出现的维度，由单维度变成了“上—下”和“左—右”双维度。被试通过右手食指按小键盘上的“8”（判断为“上”）、“2”（判断为“下”）、“4”（判断为“左”）、“6”（判断为“右”）判断闪光点的出现位置。每次按键开始前与结束后，都要求被试将右手食指放在按钮“5”上，每个试次开始后再移动手指进行按键反应。为了避免“上、下”按键和“左、右”按键可能对优势维度探索造成的干扰，本实验采用口头报告的方式进行回忆判断（呈现问题如“刚才词的含义是表示过去的吗?”被试口头报告“是”或“否”），主试记录回答的正误，回答后按“5”键继续。同样记录定向任务的反应时以及定向任务和回忆任务的错误率，剔除在两项任务中均反应错误的数据。

（四）结果与分析

以定向任务的反应时（ms）为因变量进行处理分析，统计结果如表5－8所示：

表5－8 不同类型时间词刺激下不同目标物位置平均反应时（ms）与标准差

目标物位置	过去词	将来词
上	408（105）	406（105）
下	446（121）	429（105）
左	385（99）	398（112）
右	395（111）	398（111）

首先，对表5－8中的反应时进行2（时间词类型：过去、将来）×2（目标物出现维度：水平、垂直）重复测量的方差分析，结果发现，时间词类型的主效应基于被试与项目的方差分析皆不显著，$F_1(1, 27) = 0.145$，$p = 0.706$，$F_2(1, 22) = 0.017$，$p = 0.897$。目标物维度的主效应基于被试与项目的方差分析皆显著，$F_1(1, 27) = 12.47$，$p = 0.002$，$F_2(1, 22) = 36.538$，$p < 0.001$。时间词类型与目标物维度之间的交互作用基于被试的方差分析显著，基于项目的方差分析边缘显著，$F_1(1, 27) = 11.00$，$p = 0.003$，$F_2(1, 22) = 3.516$，$p = 0.074$。

对时间词类型与目标物维度之间显著的交互作用进行简单效应检验发现：当刺激词为过去词时，目标物出现在不同维度的反应时有显著差异，$F_1(1, 27) = 2.82$，$p < 0.001$，$F_2(1, 22) = 31.36$，$p = 0.897$，且水平维度的反应时短于垂直维度；在刺激词为将来词时，目标物出现在不同维度的反应时也有显著差异，$F_1(1, 27) = 15.67$，$p = 0.034$，$F_2(1, 22) = 8.693$，$p = 0.007$，且水平维度的反应时短于垂直维度。该结果说明，时间刺激词引起的对于水平维度的反应比对于垂直维度的快。

对数据进一步分析，采用2（时间词类型：过去、将来）×4（目标物出现位置：上、下、左、右）的重复测量方差分析，结果发现，时间词类型的主效应基于被试和项目的方差分析都不显著，$F_1(1, 27) = 0.15$，$p = 0.706$，$F_2(3, 66) = 0.017$，$p = 0.897$。目标物位置的主效应基于被试和项目的方差分析皆显著，$F_1(1, 27) = 12.04$，$p < 0.001$，$F_2(3, 66) = 20.728$，$p < 0.001$。目标物位置与时间词类型之间的交互作用基于被试的方差分析显著，基于项目的方差分析边缘显著，$F_1(1, 27) = 6.05$，$p = 0.001$，$F_2(3, 66) = 2.262$，$p = 0.089$。

对时间词类型与目标物位置之间显著的交互作用进行简单效应检验发现：在刺激词为过去词时，左方目标物与上方目标物的反应时在基于被试的方差分析中有显著差异，基于项目的方差分析边缘显著，$F_1(1, 27) = 15.67$，$p = 0.003$，$F_2(1, 27) = 20.305$，$p = 0.058$，左方目标物的反应时短于上方目标物，在刺激词为将来词时，右方目标物与下方目标物的反应时差异边缘显著，$F_1(1, 27) = 2.82$，$p = 0.061$，$F_2(1, 27) = 8.61$，$p = 0.166$，右方目标物的反应时短于下方目标物。

实验3的结果表明，不同类型的时间词所引起的注意偏转方向有差异：当刺激词为过去词时，被试对左方目标物的反应比对上方的更快；当刺激词为将来词时，被试对右方目标物的反应比对下方的更快。这说明对于汉语者而言，水平维度为空间—时间隐喻的优势维度。

三、综合讨论

实验1和实验2表明，母语为汉语者空间—时间隐喻的内在机制是在加工时间词语时会诱发视觉空间注意的转移，即过去时间词引起对左方或上方空间目标的注意转移和优势反应，将来时间词则引起对右方或下方空间目标的注意转移和优势反应。实验3表明在时间刺激词的加工过程中，被试对于水平维度的注意比对垂直维度的快，即汉语者空间—时间隐喻的优势维度为水平维度。总体而言，本研究验证了汉语者水平与垂直维度空间—时间隐喻的心理现实性，且水平维度为时间概念加工的优势维度。

该实验结果与Boroditsky（2001）得出的结论不完全相同。本研究在Boroditsky（2001）的研究基础上作出了一些改进。一方面，Boroditsky（2001）采用空间图示启动范式，这样被试在对时间概念加工之前就已经进行了空间方位的表征，实验结果不能很好地推论人们表征时间时会借助到空间的表征。而本研究采用空间提示范式，先加工时间概念，再进行空间方位的判断，证明汉语者空间—时间隐喻的内在机制在加工时间词语时会诱发视觉空间注意的转移，时间概念的加工是借助空间表征进行的，且汉语者空间概念加工的优势维度为水平维度。另一方面，Boroditsky（2001）采用的被试为能熟练使用汉语和英语的双语者，且实验材料全部为英文，英语的语言环境和思维习惯都可能对汉语时间概念的加工产生影响。本研究采用母语为汉语的单语被试有效地弥补了Boroditsky（2001）研究方法上的缺陷。

关于优势维度的结论也得到了陈振宇（2007）的网络统计结果支持，即中国人在描述时间时，运用水平维度的时间隐喻表述较垂直维度的更多。同时，Orly等（2009）通过比较阿拉伯人与英国人的时空隐喻表征，发现书写习惯对于时间的空间隐喻形成有着很重要的作用。Tversky等（1991）通过要求被试在水平方向上排列具有时间顺序的时间（如“一天三餐的顺序”）发现，英国被试（阅读方向为从左到右）倾向于将过去至将来的事件排列成从左至右的方向，而阿拉伯被试（阅读方向为从右到左）则将事件排列成从右至左的方向。由此，我们可以推测，由于书写习惯对于人类的空间—时间隐喻形成的作用，汉语者时间表征的优势维度为水平维度与现今中国人书写方式为从左向右的水平方向有关。同时，汉语者存在垂直维度的时空隐喻现象与中国人从古至今仍旧保留有从上自下的书写方向有关。但是，在现实生活中，中国人在水平维度上的书写要远远多于在垂直维度上的书写，因此对现今中国人而言，空间—时间隐喻的优势维度为水平维度。

本研究也为隐喻构念观提供了证据。根据隐喻构念观的观点（McGlone & Harding，1998；Gentner，Imai，& Boroditsky，2002），人们的时间表征以空间表征为基础有许多原因。一方面，有研究表明，在人类的发展中，空间知觉较时间知觉更早发展起来，因此，时间借助先发展起来的空间知觉来进行表征。在个体发展中，儿童最早使用的表征时间的隐喻类型也是空间概念和拟人手法。另一方面，人类对运动和空间的感知能力较强，对时间的感知能力相对较弱，由于生理基础的制约，人类通过空间概念来表征时间概念。

而关于汉语使用垂直维度空间概念表征时间现象有着许多语言学上的解释，多数表明其与汉民族的语言、文化发展史密不可分。“上—下”概念经过语言几千年的使用和发展，逐渐扩展出丰富的隐喻意义。蓝纯认为，根据之前出土的甲骨文“上—下”文字可以得知，汉语的“上—下”在最初形成阶段都是纯空间概念。随着年代的演变，“上—下”逐渐衍生出了空间—时间隐喻。这一隐喻的产生可能与太阳的运行有关系。此外，这一隐喻的形成也可能与中国的特有文化传统有关。在古代，牌位供奉在祭坛之上，因而有了先人为“上祖”、后人为“下辈”之表达。

空间—时间隐喻表征不仅是一种语言学上的现象，更反映着人类的认知、思维方式，因此对它的研究具有重要的应用价值和意义。今后可从以下四个方面进一步发展时间隐喻表征的研究：

（1）从认知神经科学角度来看，将该方面研究与脑机制研究相结合，对于部分医学治疗、诊断等方面的改进具有一定的意义。例如，通过行为上的指标来对脑区的损伤部位进行定位；对于时间知觉障碍或空间知觉障碍患者，可通过训练另一方面来进行一定程度上的改善提高。

（2）从早期教育的角度来看，时间概念通过空间进行思维的方式是一种由具象到抽象的过程。对个体而言，从儿童时间隐喻类型的产生及发展趋势来看，儿童最早使用的表征时间的隐喻类型也是空间概念和拟人手法。若在平时生活、教学过程中注意到时空之间的联系，通过训练这种形象性思维对于青少年的智力发展有着重要的意义。

（3）将时空隐喻引入计算机科学领域。本研究可以对语义网络的建构提供更多方面的思路，提高网络引擎对时间问题的搜索能力，从而增强表象式语义网络的推理能力。例如，在引擎上搜索“2001 年 3 月 4 日的上一个星期发生了什么”，时空隐喻可以加强计算机网络对这一问题的推理能力。

（4）因为空间—时间隐喻的认知作用，人类才可以把时间这个看不见摸不着的无生命体想象成可以实际认知的系统。本研究探索时间隐喻的空间表征对揭示时间思维和时间认知的本质，对了解时间概念的形成，对深入了解时间概念的表征模式以及语言文化对于时间概念表征的影响等方面都有重要的价值。

四、结论

根据本实验结果，我们可以得出以下结论：

（1）母语为汉语者在对时间概念的加工过程中，既存在水平维度的空间隐喻，又存在垂直维度的空间隐喻。

（2）在时间概念的加工过程中，汉语者的优势加工维度为水平维度。

第三节　系列项目时间和空间信息学习的分组效应研究

一、理论概述

对于先后呈现在不同位置的系列项目的记忆，除项目信息本身的记忆外，呈现的时间先后顺序以及各项目的位置安排也是记忆的两个重要方面。先前的许多研究只是运用自由回忆对项目信息内容本身的记忆进行了考察，或是通过系列回忆任务要求被试按所呈现的顺序正确回忆出来，从而对呈现序列的项目及其呈现的时序信息的记忆进行考察（杨志新，1998）。

Sinclair 等（1997）的研究发现，在空间位置不分组的情况下，时间信息的学习相对于空间信息有优势；当空间位置分组后，时间信息学习的优势消失。但 Ryan（1969）发现，在一个由 9 个数字组成的数字列表中，增加由 3 个数字组成的数字组之间的停顿时间，有助于这一列表的顺序回忆。Frankel 与 Ames（1976）运用自由回忆的方法，研究了项目信息的学习和保持，结果发现，时间上的分组有助于项目信息的短时记忆，但对于长时记忆却没有稳定的促进作用。Saito（1998）和 Cowan 等（2002）的研究同样发现了时间上的分组有促进作用。

为了证实分组是否对于系列项目时间顺序和空间安排的学习和长时保持都有促进作用，Bowles 和 Healy（2003）的研究表明，在不分组的条件下，时间顺序信息的学习相对于空间信息有优势；而在分组条件下，空间上的分组对空间位置信息的学习有显著的促进作用，而时间上的分组对时间顺序信息的学习不但没有促进作用，反而在一定程度上阻碍了时间顺序信息的学习。为了解释为何时间上的分组对时间顺序信息的学习没有促进作用，Bowles 和 Healy（2003）又提出了难度假设和语音编码假设。进一步研究结果发现，在通过加快单词呈现速度提高时间顺序信息学习的难度，或抑制语音编码的条件下，分组仍然对时间顺序信息的长时学习没有促进作用。在学习过程中，时间信息和空间信息对分组操作作出了不同的反应，这一发现在很大程度上推翻了其最初的假设，即分组对于时间和空间信息的学习、保持和重复学习都有促进作用。

难度假设和语音编码假设相继被推翻，从而在很大程度上支持了信息类型假设，即分组是否有助于顺序信息的学习，取决于所学顺序信息的类型，也就是说，分组只对空间位置信息的学习有促进作用。Bowles 和 Healy（2003）的研究没有支持时间顺序信息学习的分组效应，原因可能是空间信息与时间信息的分组方式不同。

具体来说，首先，空间上的分组是分层次的，即先通过大小不同的空隙把系列方格分成大组和小组。为了与空间分组保持一致，时间上的分组也进行了分层，即在词语呈现过程中，通过长短不同的停顿，把系列词语分成大组和小组。我们认为，空间上有层次的分组，有助于被试对位置信息的学习。因为在词语出现之前，呈现在被试面前的是一列已经通过空隙进行分组的方格，即空间位置如何被分组，对于被试来说是一目了然的。空间上的分组有效地增加了空间位置信息的区分度。而且被试事先从视觉上得到提示，知道了分组规则。而对时间上有层次的分组，我们认为，其实质上是使时间分组复杂化了。而且被试事先没有得到提示，不知道时间顺序信息将如何被分组，只能在词语呈现过程中去感知。对于很多被试来说，可能根本没意识到停顿这一分组操作，更不用说有层次的分组了。因此我们设想，简化时间分组操作，对时间顺序信息在同一层次上进行分组，可能有助于被试对时间顺序信息的学习；而且事先告知被试时间分组操作的规则，促进作用会更大。为验证这一点，我们设计了实验 1。

其次，Bowles 和 Healy（2003）的实验在垂直维度上把 18 个空间位置（18 个方格）分成 2 大组、6 小组。我们认为，单一维度上的分组也可以有多种变化。例如，在保持所学空间位置数目（方格数目）不变的情况下，可以有两种分组方式：一种是组数少，组内项目数多；另一种则是组数多，组内项目数少。这两种空间分组方式对空间位置信息学习是否都有促进作用呢？如果有，它们的促进作用是否一样大？为验证这一点，我们设计了实验 2。

二、实验

实验 1

（一）目的

探讨简化时间分组及分组提示是否有助于时间顺序信息的学习。

（二）方法

1. 被试

被试为 75 名华南师范大学本科二年级学生，其中 5 名被试没有遵循实验指导，其数据不参与分析。所有被试视力或矫正视力正常。

2. 实验材料和仪器

刺激材料由一个包含 12 个汉语双字词的词表构成。每个汉语双字词第一个汉字拼音的首字母都是不同的。刺激词语通过 15 寸液晶显示器呈现。

3. 实验设计与程序

正式实验前要先进行练习，练习程序与正式实验相同。练习结束后，被试按回车键，电脑屏幕上立即出现学习词表和 12 个垂直排列的方格（方格间没有空隙隔开）。学习词表包含 12 个词语，这些词语是按照它们第一个汉字拼音的首字母顺序排列的（例如，“安静”一词，“安”的拼音以字母 a 开头，排在第一位；“逼真”一词，“逼”的拼音以字母 b 开头，排在第二位，依此类推）。再次按下回车键，学习词表上的词语会陆续呈现在其右边的方格内，每次出现一个，每个词语出现在一个单一位置，持续呈现 2 s 后消失，间隔一定时间后再呈现下一个。当 12 个词语都呈现完毕后，屏幕中央会出现一个星号，接着再次出现与先前一样的学习词表和一张回忆卡片（12 个没有空隙隔开的垂直排列的方格）。这时，要求被试把词表内的词语按呈现的时间先后顺序重新排列，填写在回忆卡片上相应的方格内（即最先呈现的词语填在第一个方格，第二个呈现的词语填在第二个方格，依此类推）。从词语开始呈现到被试完成回忆卡片构成一轮学习。被试对系列词语呈现的时间先后顺序进行学习，直至连续三轮学习都成功才能结束实验。

实验1有三种实验条件，即时间上不分组、时间上分组无提示和时间上分组有提示。时间上不分组和分组的条件，除了刺激词语呈现的时间间隔不同外，其他实验程序基本相同。在时间不分组的条件下，词语之间呈现的时间间隔是545 ms；而在时间分组的条件下，每陆续呈现3个词语就停顿2 s，通过停顿把12个词语分成4组。每组内的3个词语呈现的时间间隔很小（接近0 s）。在时间上不分组条件下，以及接下来的空间信息学习实验中，词语间呈现的时间间隔都是545 ms。这一固定的时间间隔，是通过把添加到时间分组条件下的6 s平均分成11份（词语间的间隔数目）计算得到的。

（三）结果与分析

统计每个被试为达到标准进行的总学习轮数，对三种实验条件下被试的学习进行对比，结果如表5－9所示：

表5－9　被试对系列项目时间顺序信息进行学习的情况

实验条件	被试数目	学习轮数（*M*）	*SD*	最小值	最大值
不分组	25	8.08	2.63	4	15
分组（无提示）	26	7.27	2.15	4	12
分组（有提示）	19	7.47	1.68	5	11

方差分析结果表明，被试对时间顺序信息的学习没有显著性差异，$F(2, 67) = 0.898$，$p > 0.05$。这一结果表明，即使简化时间分组（不分层），或者在指导语中预先告知被试有关分组的信息，分组仍然对时间顺序信息的学习没有显著的促进作用。为了进一步验证这一结果是否由于被试在实验过程中没有意识到停顿分组，实验结束后对被试进行了一个调查。结果发现，在无提示的分组条件下，有74.6%的被试表示他们在实验过程中意识到了停顿分组；在有提示的分组条件下，这一百分比更上升到了87.4%。可见，在指导语中加入分组提示，成功地使更多被试意识到了分组。以上结果并不是由被试能否意识到分组决定的。

为了验证系列位置效应的存在，我们统计了每个被试在前三轮学习中对回忆卡片上12个方格的每个方格正确回答的比例，从而描绘出两条系列位置曲线，如图5－5所示：

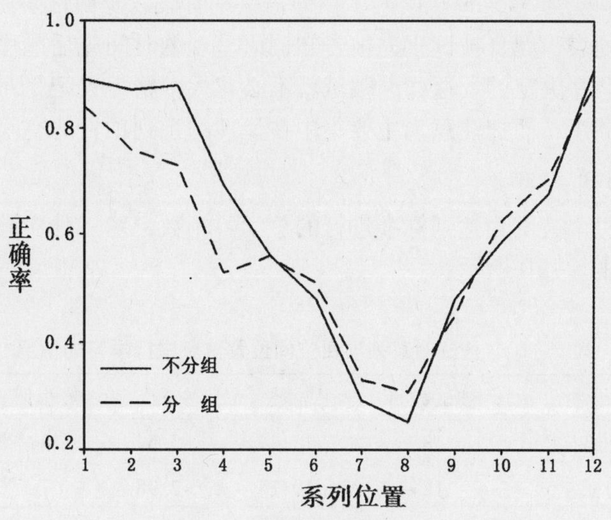

图5-5 系列位置曲线

由图5-5可以看出，在分组和不分组条件下，被试对时间顺序信息的学习都呈现出明显的首因效应与近因效应。与不分组条件相比，分组在一定程度上抑制了最初呈现的几个项目顺序信息的回忆，而稍微有助于中间和末尾呈现的项目顺序信息的回忆。这与以往有关长时记忆的研究发现基本一致。

实验2

(一) 目的

进一步验证垂直维度上不同形式的分组对空间位置信息学习的影响。

(二) 方法

1. 被试

被试为62名华南师范大学本科二年级学生，其中9名被试没有遵循实验指导，其数据不参与分析。所有被试视力或矫正视力正常。

2. 实验材料和仪器

学习词表、练习词表以及实验仪器都与实验1相同。

3. 实验设计与程序

除了以下四个不同点，实验2的实验程序与实验1基本相同：第一，在空间分组条件下，用于呈现词语的系列方格被分组。有两种分组方式，第一种分法是组数多，组内项目数少。在本实验中，具体操作是把12个方格平均分成6组，组与组之间通过1个方格大小的空隙间隔开。这一分法下文简称为分组方式1。第二种分法是组数少，组内项目数多。具体操作是把12个方格平均分成3组，组与组之间通过1个方格大小的空隙间隔开。这一分法下文简称为分组方式2。第二，在实验中，空间不分组和分组条件下所用的回忆卡片是相同的，即都是12个没有间隙隔开的垂直排列的方格。第三，三种实验条件下词语间呈现的时间间隔固定为545 ms。第四，在词语呈现阶段以及回忆阶段，被试都可以在电脑屏幕上看到学习词表，而且被试事先被告知词语呈现的时间先后顺序，是由它们第一个汉字的拼音首字母顺序决定的。这样，被试就不必花太多精力去记忆系列项目本身以及它们呈现的时间先后顺序，而把注意力主要集中在呈现的系列项目的空间位置安排。

（三）结果与分析

实验2统计了每个被试为达到标准进行的总学习轮数，对三种实验条件下被试的学习进行对比，结果如表5-10所示：

表5-10　被试对系列项目空间位置信息进行学习的情况

实验条件	被试数目	学习轮数（*M*）	*SD*	最小值	最大值
不分组	18	10.44	3.54	5	18
分组方式1	18	10.17	2.98	7	16
分组方式2	17	7.71	2.54	4	13

单因素方差分析表明，被试对系列项目空间位置安排的学习存在显著性差异：$F(2, 50)=4.220$，$p<0.05$。平均数多重比较结果表明：不分组与第一种分组方式下，被试对空间位置信息的学习不存在显著性差异（$p=0.786$）；不分组与第二种分组方式下，被试对空间位置信息的学习存在显著性差异（$p=0.011$）；两种分组方式下，被试对空间位置信息的学习存在显著性差异（$p=0.021$）。

以上数据分析表明，在垂直维度上不同形式的分组对空间位置信息学习所起的作用是不同的。第一种分组方式对空间位置信息的学习几乎没有促进作用，而第二种分组方式的促进作用则是显著的。这就说明了空间分组并不是在任何情况下都有助于空间位置信息的学习，即空间分组对空间位置信息学习的促进作用不是绝对的。由此可见，分组方式是决定空间分组是否有助于空间位置信息学习的关键因素。

三、综合讨论

Bowles和Healy（2003）的研究发现，分组的空间信息与不分组的空间信息相比有学习的优势，即空间上的分组有助于空间位置信息的学习，而时间上的分组对于时间顺序信息学习的促进作用则不存在，反而在一定程度上阻碍了时间顺序信息的学习。分组操作对时间和空间两类顺序信息学习的影响截然不同，这一发现对没有区分时间和空间两类顺序信息学习的单一理论模型，如Estes（1997）提出的扩展的干扰模型（perturbation model）提出了挑战。Bowles和Healy（2003）进而提出，分组只有助于空间位置信息的学习；时间和空间两类顺序信息学习的内在过程是不同的，不应该用同一种理论机制进行解释。本研究是在Bowles和Healy研究的基础上进行的，一方面试图通过改变某些操作，探讨分组对时间顺序信息学习的作用；另一方面又试图找出依据，证明分组不是在任何情况下都对空间位置信息的学习有显著的促进作用。

与先前的研究相比，实验1在分组操作上进行了两点改变。首先是简化了时间分组，而且在第三种实验条件下，还在指导语中事先告知被试有关分组的信息。结果发现，在这两种实验条件下，分组仍然对时间顺序信息的学习没有显著的促进作用。从实验结束后对被试进行的调查发现，绝大多数被试在两种分组条件下都意识到了分组操作，从而进一步证实了分组对时间顺序信息学习没有显著促进作用不是由于被试没有意识到分组操作造成的。实验 1 支持了分组对时间顺序信息的学习没有显著促进作用的观点。

纵观以往有关空间分组的研究可以发现，研究者们都是在多维度或单一维度上对空间位置进行一种方式的分组。实验 2 则对 12 个空间位置在垂直维度上进行两种方式的分组，一种是组数多、组内项目数少（分 6 组，每组 2 个），另一种是组数少、组内项目数多（分 3 组，每组 4 个）。结果发现，前者对空间位置信息的学习几乎没有促进作用，后者的促进作用则非常显著。这一结果说明分组对空间位置信息学习的促进作用不是绝对的，还要取决于空间位置如何被分组。总的来说，本实验支持了分组有助于空间位置信息学习的观点，这与先前的研究一致。但空间分组并不是在任何情况下都对空间位置信息的学习有显著的促进作用，这是本实验的一个重要发现。分组对时间顺序和空间位置信息学习的整体影响不同，说明这两类顺序信息学习的内在过程是不同的，因而不能用同一种理论机制进行解释。未来的研究可采用新的实验范式，如判断任务，可更加方便地对长系列项目时间和空间顺序信息的学习进行考察。

四、结论

根据本研究结果，我们可以得出以下结论：

（1）在简化时间分组操作，以及事先告知被试分组规则的情况下，分组仍然对时间顺序信息的学习没有显著的促进作用。

（2）垂直维度上不同形式的分组对空间位置信息学习所起的作用不同。分组对空间位置信息学习的显著促进作用不是绝对的，要依分组方式而定。

（3）分组对系列项目时间和空间顺序信息学习的整体影响不同，从而支持了时间和空间两类顺序信息学习的内在过程不同，不应该用同一种理论机制进行解释的观点。

参考文献

1. 陈栩茜，张积家．时间隐喻在汉语时间量词语义加工中的作用．心理学报，2011，43（8）：863～877.

2. 陈幼贞，陈莹，张志杰．时间隐喻表征研究现状及展望．心理科学，2006，29（3）：761～762.

3. 蓝纯．从认知角度看汉语的空间隐喻．外语教学与研究，1999，5（4）：7～16.

4. 刘丽虹，张积家．空间—时间隐喻的心理机制研究．心理学探新，2009，29（3）：32～36.

5. 赛晓光，周晓林，孟祥芝．听觉、时间加工能力与发展性阅读障碍．应用心理学，2002，8（2）：53～57.

6. 王寅．语言的体验性：从体验哲学和认知语言学看语言体验观．外语教学与研究，2005，37（1）：37～43.

7. 吴念阳，徐凝婷，张琰．空间图式加工促进方向性时间表述的理解．心理科学，2007，30（4）：853～856.

8. 杨志新．系列范畴词表时序记忆和项目记忆研究．心理学报，1998，30（1）：35～42.

9. 叶浩生．具身认知：认知心理学的新取向．心理科学进展，2010，18（5）：705～710.

10. 张满清．论 0～3 岁早教实践之教养相融．教育与教学研究，2010，24（5）：103～105.

11. 赵宏伟，张海龙，臧雪柏．表象式语义网络研究．北京工业大学学报，2009，35（8）：1102～1107.

12. 周榕．隐喻认知基础的心理现实性：时间的空间隐喻表征的实验证据．外语教学与研究，2001，33（2）：88～93.

13. 周榕，黄希庭．时间隐喻的语义层次网络模型研究．心理科学，2001，24（2）：163～254.

14. Bachtold, D., Baumuller, M., & Brugger, P. (1998). Stimulus – response compatibility in representational space. *Neuropsychologia*, 36(8): pp. 731 – 735.

15. Boroditsky, L. (2000). Metaphoric structuring: Understanding time through spatial metaphors. *Cognition*, 75: pp. 1 – 28.

16. Boroditsky, L. (2001). Does language shape thought? Mandarin and English speakers' conceptions of time. *Cognitive Psychology*, 43(1): pp. 1 – 22.

17. Bowles, A. R., & Healy, A. F. (2003). The effects of grouping on the learning and long – term retention of spatial and temporal information. *Journal of Memory and Language*,

48:pp. 92 - 102.

18. Casasanto, D. & Boroditsky, L. (2008). Time in the mind: Using space to think about time. *Cognition*, 106: pp. 579 - 593.

19. Casasanto, D., Boroditsky, L., Phillips, W., Greene, J., Goswami, S., & Bocanegra - Thiel, S. (2004). *How Deep are Effects of Language on Thought? Time Estimation in Speakers of English, Indonesian, Greek, and Spanish.* 26th Annual Meeting of the Cognitive Science Society.

20. Chen, J. Y. (2007). Do Chinese and English speakers think about time differently? Failure of replicating Boroditsky (2001). *Cognition*, 104(2): pp. 427 - 436.

21. Clark, H. H. (1973). Space, time, semantics and the child. In T. E. Moore. (Ed.) *Cognitive Development and the Acquisition of Language.* New York: Academic Press.

22. Cowan, N., Saults, J. S., Elliott, E. M., & Moreno, M. V. (2002). Deconfounding serial recall. *Journal of Memory and Language*, 46: pp. 153 - 177.

23. Frankel, F., Ames, S. G. (1976). Effects of temporal grouping on multi - trial free recall. *Psychological Reports*, 39: pp. 827 - 833.

24. Fuhrman, O., & Boroditsky, L. (2007). Mental time - lines follow writing direction: Comparing English and Hebrew speaker. In D. S. McNamara & J. G. Trafton (Eds.). *Proceedings of the 29th Annual Conference of the Cognitive Science Society.* Austin, TX: Cognitive Science Society, pp. 1001 - 1007.

25. Hung, Y. H., Hung, D. L., Tzeng, O. J. L., & Wu, D. H. (2008). Flexible spatial mapping of different notations of numbers in Chinese readers. *Cognition*, 106 (3): pp. 1441 - 1450.

26. Ishihara, M., Keller, P. E., Rossetti, Y., & Prinz, W. (2008). Horizontal spatial representations of time: Evidence for the STEARC Effect. *Cortex*, 44: pp. 451 - 461.

27. Kemmerer, D. (2005). The spatial and temporal meanings of English prepositions can be independently impaired. *Neuropsychologia*, 43(5): pp. 797 - 806.

28. Lakoff, G. (1987). *Women, Fire, and Dangerous Things.* Chicago: The University of Chicago.

29. Merritt, D. J., Casasanto, D., & Brannon, E. M. (2010). Do monkeys think in metaphors? Representations of space and time in monkeys and humans. *Cognition*, 11: pp. 7191 - 7202.

30. Murphy, G. L. (1996). On metaphoric representation. *Cognition*, 60(2): pp. 173 - 204.

31. Nishimura, A., & Yokosawa, K. (2004). Stimulus representation underlying orthogonal stimulus - response compatibility effect. *Technical Report on Attention and Cognition*, (27): pp. 45 - 73.

32. Ouellet, M., Santiago, J., Funes, M. J., & Lupáñez, J. (2010). Thinking about the future moves attention to the right. *Journal of Experimental Psychology: Human Perception and Performance*, 36(1): pp. 17 - 24.

33. Ouellet, M., Santiago, J., Israeli, Z., & Gabay, S. (2009). Multimodal influences of or-

thographic directionality on the "Time is Space" conceptual metaphor. In N. Taatgen, & H. van Rijn (Eds.). *Proceedings of* 31th *Annual Conference of the Cognitive Science Society*. Amsterdam, Netherlands: Cognitive Science Society, Inc, pp. 1840 – 1845.

34. Paivio, A., & Walsh, M. (1993). Psychological processes in metaphor comprehension and memory. In A. Ortony (Ed.). *Metaphor and Though*, 2: pp. 307 – 328.

35. Posner, M. I. (1980). Orienting of attention. *Quarterly Journal of Experimental Psychology*, 32(1): pp. 3 – 25.

36. Posner, M. I., & Cohen, Y. (1984). Components of visual orienting. In H. Bouma & D. Bowhuis (Eds.). *Attention and Performance X: Control of Language Processes*. Hillsdale, NJ, Erlbaum, pp. 531 – 556.

37. Posner, M. I., Nissen, M. J., & Ogden, W. C. (1978). Attended and unattended processing modes: The role of set for spatial location. In H. L. Pick & E. Saltzman (Eds.). *Modes of Perceiving and Processing Information*. Hillsdale, NJ, Erlbaum, pp. 128 – 181.

38. Ryan, J. (1969). Grouping and short – term memory: Different means and patterns of grouping. *Quarterly Journal of Experimental Psychology*, 21: pp. 137 – 147.

39. Saito, S. (1998). Effects of articulatory suppression on immediate serial recall of temporarily grouped and intonated lists. *Psychologica*, 41: pp. 95 – 101.

40. Santiago, J., Lupáñez, J., Pérez, E., & Funes, M. J. (2007). Time (also) flies from left to right. *Psychonomic Bulletin & Review*, 14: pp. 512 – 516.

41. Sinclair, G. P., Healy. A. F., & Bourne, L. E. (1997). The acquisition and long – term retention of temporal, spatial, and item information. *Journal of Memory and Language*, 36: pp. 530 – 549.

42. Torralbo, A., Santiago, J., & Lupiáez, J. (2006). Flexible conceptual projection of time onto spatial frames of reference. *Cognitive Science*, 30: pp. 745 – 757.

43. Traugott, E. C. (1978). On the expression of spatial – temporal relations in language. In J. H. Greenberg (Ed.). *Universals of Human Language* (*Vol.* 3): *Word Structure*. Stanford, CA: Stanford University Press.

44. Yu, N. (1998). *The Contemporary Theory of Metaphor: A Perspective from Chinese*. Amsterdam: John Benjamin's Publishing Company.

45. Yu, N. (2012). The metaphorical orientation of time in Chinese. *Journal of Pragmatics*, 44: pp. 1335 – 1354.

46. Zäch, P., & Brugger, P. (2008). Subjective time in near and far representational space. *Cognitive and Behavior Neurology*, 21: pp. 8 – 13.

第六章 总结与展望

第一节 文本阅读中时间信息加工研究总结

关于文本理解与加工的本质问题，当下研究者基本同意这样一个观点，即文本内容的理解实质上就是读者将文本信息与其他信息（包括读者自身的已有经历、关于世界方面的知识和关于阅读文本的背景知识等）进行整合并建构连贯的心理表征的过程。因此，文本的理解远远超出其语义信息本身。一些研究者尝试探讨这种内在的语言信息表征过程，其中最有影响力的是情境模型（situation model）。该模型认为，读者对情境模型的建构主要来源于对文本自身的语言加工（如语言通达、句法处理等）和一些非语言认知加工的交互作用，这是文本理解的最高水平。

Zwaan 和 Radvansky（1998）进一步提出，这种高水平的表征形态包括空间、时间、因果、主人公目标和情感五个维度。其中，时间信息维度最为特别，这是由于文本中的每个句子均包含了关于该句子所描述事件发生的确切或隐含、绝对或相对的时间信息，读者对于每个句子中的时间信息都需要进行编码，并且只有在充分运用相关时间信息的前提下，才能建构与整合出系统的情境模型，达到对文本内容的理解，因而时间信息在文本理解中具有重要作用（何先友，李英迪，2009）。当代认知心理学、阅读心理学对文本阅读中的时间信息加工进行了大量的研究，在这些研究中，研究者讨论的焦点集中在时间信息对文本理解的影响及其内部机制上。

一、关于时间信息对文本理解的影响问题

Haberland 等（1980，1985）在其记叙文阅读研究中发现，读者对文本某个事件的第一句阅读时间明显长于该事件其他句子的阅读时间，由此提出了文本阅读的边界效应（boundary effect）概念。之后，Lorch 等（1985）在说明文阅读过程中同样发现了类似结果。这表明，读者在进行文本理解时所采用的方式很可能是将新阅读信息与先前阅读信息进行整合并建立这一事件的心理模型，当文本主题或事件发生改变时，已有的心理模型不能整合新主题或事件的信息，因而需要运用认知资源进行新主题心理模型的建构，导致阅读时间的增加和边界效应的出现。Magliano，Miller 和 Zwaan（2001）认为，读者判断文本主题或事件是否发生改变与转换的一个重要依据是文本事件的时间与空间信息，而这种判

断也容易受到读者对事件结构相关知识经验的影响，并表现为内在的对文本事件进行系列分解和外在的对文本事件边界的明显觉知。

李英迪和何先友（2009）从时间信息的角度，重点考察了读者是否会基于文本的时间信息对事件进行分解与切割，并表现出基于时间信息的事件边界效应。研究结果发现，读者更倾向于在时间转换句之前的位置点作出按键反应，标记已有事件的结束和新事件的开始；进一步的对比分析发现，长时间跨度（1 小时后）比短时间跨度（一会儿后）更容易引发读者对事件边界进行切割，且差异达到显著性水平。

为了尝试消除文本阅读的边界效应，Bestgen 等（2000）在文本材料中增加了时间切分标记（temporal segmentation markers），结果显示，在有时间切分标记条件下，读者阅读主题转换句的速度明显加快，主题转换所产生的边界效应消失。何先友和林崇德（2008）采用中文阅读材料进一步对切分标记前事件时间跨度的大小进行区分，结果发现边界效应的消除只有在时间切分标记位于前一事件的时间跨度之外才会出现。这一发现表明，读者往往会利用文本内的时间信息来对文本事件进行切分，进而理解与通达文本内容。何先友、梁丽媚和曾祥炎（2005）的另一项研究为这个观点提供了实证依据，他们考察了时间顺序和时间间隔对短语理解的影响，结果发现在无明确时间连词但有充足阅读时间（1 000 ms）的条件下，读者仍对具有时间顺序关系的文本（上车和下车）比不具有时间顺序关系的文本（上车和发芽）的加工时间更长，说明被试能运用认知资源对文本中隐含的时间信息进行加工并以此辅助对文本的理解。

上述研究普遍采用的文本为顺叙描述文本，然而在记叙文写作中也经常运用倒叙手法对文本事件进行描述，因而也有研究者关注倒叙文本阅读中的时间表征实质并提出时间顺序假设和背景信息假设两种主要的理论假设（Kelter & Claus，2006）。两者的最大争议在于读者在理解文本时究竟将倒叙事件整合到其所建构的时间情境模型中的哪个位置。时间顺序假设认为，读者会依据事件发生的先后顺序，将倒叙事件整合到其最初发生的位置，因而对倒叙事件的通达容易受到前面事件的影响。而背景信息假设则认为倒叙事件是为读者对前面事件的理解提供相关背景信息，虽然其发生在前，但读者在进行时间信息情境模型建构时仍将其按出现顺序进行整合。

Kelter 和 Claus（2006）曾运用含有倒叙事件的文本作为材料对这两种假设进行验证，以是否出现时间距离效应为指标（即对倒叙事件的信息通达是否受到前面事件持续时间的影响），结果支持时间顺序假设。何先友和刘地秀（2009）认为，对倒叙事件的时间信息表征还需关注倒叙事件与先前事件的联系是否明确与密切，特别是对于背景信息假设的验证更是如此，因为倒叙事件与先前事件的背景关系是其理论假设的核心。为验证这一设想，何先友和刘地秀（2009）在 Kelter 等研究的基础上，进一步把倒叙事件与先前事件的背景关系区分为关系突出和关系模糊。结果发现，读者在阅读背景关系模糊的文本时，对倒叙事件的通达受到先前事件持续时间的影响，出现时间距离效应，结果支持时间顺序假设，即读者会根据事件发生的时间先后顺序对事件进行重新排序。而读者在阅读背景关系突出文本时，则没有表现出时间距离效应，结果支持背景信息假设，即读者直接根据事件出现的顺序通达信息、理解文本。

总之，文本阅读边界效应的出现及其消除、事件时间顺序对短语理解的作用、倒叙事件的时间表征等一系列研究为时间信息在文本理解中的作用提供了实证依据，并表明文本中明确的或隐含的时间信息均能被读者在进行文本理解时所运用。

二、关于时间信息加工内部机制的争论

以上关于时间信息的研究主要从其如何影响文本理解方面着手，另一些研究者则关注读者如何根据时间信息建构内在的情境模型，讨论的焦点是情境模型的转换是基于事件的场景转变还是基于时间顺序或间断性时间信息等时间标记的出现（Anderson，et al.，1983；Zwaan，1996；何先友等，2011、2012）。以下是三种比较有影响力的理论假说：

（一）支持场景的转变引发情境模型转换的理论及其实证依据

场景理论由 Anderson，Garrod 和 Sanford 于 1983 年提出。其基本观点是文本的时间信息是场景的基本线索，一旦场景发生了转换，读者在理解文本内容的过程中就需要转换情境模型。具体而言，Anderson 等（1983）认为，读者在进行情境模型建构时主要是采用分离式的信息组块（discrete chunks）来表征文本内容，这些信息组块又可称为场景。每个场景都有一个时间跨度，场景时间跨度的设定主要受读者过往关于该场景的典型时间长度经验的影响。当文本内容所包含的时间信息位于该场景的时间跨度内时，读者对这些事件内容的理解和表征不会受到干扰；相反，如果这些时间信息超越了该场景的时间跨度，就会引发阅读时间的延长。

有实证研究的结果支持这一假设。Anderson 等（1983）要求读者对含有时间转换词的故事进行阅读，时间转换词有两种：一种被认为是同属于一个场景中的短时间转换，如“观看电影 10 分钟后”；另一种被认为是超越该场景的时间转换，如“观看电影 7 小时后”。结果显示，无论是要求读者回答关于故事问题的反应时还是其阅读关键句的时间，都发现长时间转换条件下比短时间转换条件下的反应时或阅读时间更长。这表明，短时间转换条件下读者对不同事件仍然是基于同一个情境模型进行表征，并没有发生场景的转换。

冷英、莫雷、韩迎春和黄浩（2004）通过设计如下两个实验来探讨读者在关键句阅读时间上的变化。实验 1 控制短时、中时和长时三种时间间隔水平，将三种时间间隔水平分别设置为“就在此时（短时条件）”、“几分钟后（中时条件）”和“1 天之后（长时条件）”。结果发现，短时和中时条件均没有观察到时间转换的发生，具体变化模式是“短时条件 = 中时条件 < 长时条件”；实验 2 将中时条件“几分钟后”改变为“1 天之后”，但增大文本场景的时间跨度并将长时条件相应改为“1 年之后”，同样出现类似的阅读时间变化模式：短时条件 = 中时条件 < 长时条件。两个实验的结果均符合场景理论。何先友和林崇德（2008）在其时间距离对复句句子理解影响的研究中，将复句中从句子事件到探测事件的时间距离分为近、中、远三种。结果发现，近距离和中距离事件的反应时比远距离事件的更快，但近距离和中距离之间没有显著差异，结果为场景理论提供了新的证据。

（二）支持时间标记的出现引发情境模型转换的理论及其实证依据

Hopper（1979）和 Fleischman（1990）提出了印象假设，该假设认为，读者在进行文本阅读时往往会自发地形成一种关于文本中所描述事件发生顺序的假设，即现实事件发生

的时间顺序与这些事件在文本中出现的顺序是相对应的。根据这一假设，当两者一致时，读者应该更容易理解文本内容；反之，则会出现一定程度的困难。Mandler（1986）以及Ohtuka和Brewer（1992）的研究结果均表明，当事件发生的时间顺序与其在文本中的表述顺序一致时，读者的平均阅读时间比不一致的更短。何先友、梁丽媚和曾祥炎（2005）也同样发现，在有明确时间连词出现的情况下，读者对顺时序短语项目比对逆时序短语项目有着更低的错误率和更短的反应时。研究者进一步采用简单句和复句作为材料进行考察，得到类似的结果，即无论是简单句还是复句均表现出顺时序句子的加工明显比逆时序句子的加工更快（何先友，林崇德，2008）。

Zwaan（1996）基于印象假设进一步探讨了读者如何根据时间信息的变化对已建构的情境模型进行更新或转换，并将这种假设称为强印象假设。该假设认为，只要文本中存在着时间信息的转换，读者就会认为这两个事件分属不同的情境模型。尽管如此，读者对短时间间隔与长时间间隔两个事件在情境模型的建构上仍存在不同：对于短时间间隔的两个事件，读者认为两个事件所属的情境模型具有功能上的相似性，因而对两者的表征并不需要重新创设新的情境模型，通过更新情境模型信息就能实现文本内容的通达；而长时间间隔的两个事件则需要读者重新建构新的情境模型来通达信息。Zwaan（1996）曾以短时条件（one moment later）、中时条件（one hour later）和长时条件（one day later）三种时间间隔下的关键句阅读时间来验证强印象假设，结果发现，读者对关键句阅读时间的变化模式是“短时条件 < 中时条件 = 长时条件”，符合强印象假设。

Radvansky，Zwaan，Federico和Franklin（1998）通过采用提取干扰范式考察读者对发生在一次晚会上的18个句子进行理解与提取的扇效应进而探讨读者是否可以建构基于时间的情境模型。结果发现，读者在提取那些发生在同一时间但事件不相同的句子时，扇效应明显降低甚至消失，这表明读者能对同一时间发生的不同事件建立时间情境模型。何先友和曾祥炎（2002）同样采用提取干扰范式，考察读者在有无明确空间信息条件与绝对和相对时间信息条件下的情境模型建构情况。结果发现，无论是否出现明确的空间信息，无论是基于绝对时间还是相对时间，读者都能将发生在同一时间的相关事件整合到情境模型中并表现为扇效应的不显著。相反，如果几个事件发生的时间不同，读者则出现明显的扇效应，表明其不能将事件整合到同一情境模型，需要根据不同事件建构与激活多个情境模型。

扇效应的出现意味着读者在进行时间信息情境模型的提取过程中出现了多个情境模型的竞争和干扰。因而，也有研究者将研究焦点集中在探讨情境模型提取过程中与目标情境模型相关的其他情境模型的加工状态，这些相关情境模型是一直处于激活状态还是在激活的基础上存在着抑制？何先友和晏赛君（2010）采用负启动实验范式，通过“学习—再认”任务记录读者对18个关于“某人某时做某事”句子的再认错误率和反应时。同时设置了两种条件：实验条件是启动项目为首先被提取的情境模型，目标项目为与其产生竞争的干扰情境模型；控制条件是启动项目为与目标项目无关，但与实验条件下启动项目有相同的扇水平，目标项目与实验条件下的相同。结果发现，两种条件下启动句的平均反应时无明显差异，但实验条件下读者对目标项目的平均反应时明显长于控制条件下，表现出明显的负启动效应。这说明读者在提取情境模型时，既激活了与之相关的其他模型，同时又对这些干扰的情境模型进行了抑制。

（三）时间信息加工的二阶段模型及其实证依据

综合已有关于文本时间信息加工的研究可以发现，其重点解决的问题集中在以下两个方面：一是读者在其情境模型转换中，依据的是场景的时间跨度还是文本本身的内容与读者对该文本事件发生的时间顺序与连续性假设的匹配性。二是读者在基于时间信息的文本阅读中出现阅读时间延长的内部机制是什么？

对于这两个问题的解答也是场景理论和强印象假设的争议所在。场景理论认为在文本阅读中存在着具有时间跨度的场景，读者在时间跨度内的情境模型建构与更新不会出现困难；反之，由于对先前建构的情境模型信息进行整合和通达产生困难，最终导致阅读时间的延长。强印象假设则认为读者在文本阅读中并不存在场景，而是自发性地存在着一种关于该文本事件发生的时间顺序与连续性假设，当文本事件发生时间转换并且其时间间隔和顺序超过假设时，读者就需要把认知资源重点放在时间转换信息的加工和更新情境模型上，因而导致阅读时间的延长。

何先友等（2011）指出，场景理论与强印象假设在实验方法及其考察的变量指标上的差异是造成两者相互矛盾的关键原因。具体而言，Anderson 等（1983）采用的是 off－line 实验范式，重点以读者在阅读文本后对相关问题的反应时作为指标。而 Zwaan（1996）采用逐词呈现的方法，着重考察读者对目标句中探测词的反应时和包含了时间词的关键句的阅读时间。何先友等（2011，2012）认为，Zwaan 采用的探测词反应时和关键句阅读时间反映的是对时间词进行认知加工并对情境模型进行低水平的更新；而 Anderson 等采用对文本问题的反应时则反映的是对先前文本信息进行整合和通达。Ditman 等（2008）进行的时间信息加工的 ERP 研究为这个设想提供了一定的事实依据。Ditman 等通过分别记录读者在文本阅读过程中的时间词和回指词（repeat noun-phrase，NP anaphor）所引发的电生理指标，尝试以此区分读者更新情境模型和整合通达已有信息两个阶段。结果发现，时间词诱发的 N400 波幅呈现出“短时条件 < 中时条件 < 长时条件”的强印象假设数据模式；而回指词的 N400 波幅则呈现出“短时条件 = 中时条件 < 长时条件”的场景理论数据模式。

基于以上分析，何先友等（2011）进一步假设，读者在文本理解的过程中，对时间转换的信息加工应该包含两个阶段：第一个阶段为对时间词的加工和先前文本信息的通达，Zwaan 实验中对于探测词的反应时和关键句中对时间词的阅读时间可以作为这个阶段的因变量指标；第二个阶段为对文本信息的整合，Anderson 等实验中回答文本问题和对关键事件的反应时可以作为此阶段的参考指标。

为了验证这个假设，何先友等（2011）设计了三个实验进行探讨。实验 1 参考 Zwaan（1996）编制实验材料的方法自编实验材料，同样设置三种时间距离并控制描述时间距离的汉字数：短时条件（一会儿之后）、中时条件（1 小时后）和长时条件（1 天之后）。读者的任务为以正常速度进行文本阅读，并分别在阅读过程中对探测词和在阅读结束后对关于该文本理解的问题进行按键反应，实验记录三类指标：关键句的阅读时间、探测词和最后问题的反应时。实验1的结果显示：①读者对探测词的反应为早期加工阶段，符合强印象假设，表现为短时条件和中时条件下的探测词反应时差异显著，短时条件与长时条件下差异显著，但中时条件与长时条件下没有表现出明显差异。②读者对于关键句的阅读时间和对最后问题的反应为后期的加工，表现出典型的场景理论数据变化模式。结果显示，短时条件和中时条件没有表现出显著差异，而短时条件和长时条件、中时条件和长时条件分别有明显差异。

根据上述假设，何先友等将读者对关键句的阅读区分为对于关键句时间词和关键事件的阅读，并通过实验2分别记录两者的阅读时间再进行深入考察。实验2的结果显示，读者对时间词的阅读时间呈现出短时条件和中时条件、短时条件和长时条件均具有显著差异，但中时条件和长时条件则没有显著差异，符合强印象假设的数据变化模式；而读者对关键事件的阅读时间则表现为短时条件和中时条件无显著差异，短时条件和长时条件、中时条件和长时条件则呈现出显著差异，对于关键事件的反应时结果符合场景理论。

另外，读者在建构基于时间的情境模型过程中所涉及的两个加工阶段是否如假设所预期的那样呢？即第一阶段只是对时间信息进行初步加工，属于一种加工水平比较低的前期认知加工；第二阶段主要负责对时间信息进行整合，并以此建构完整的情境模型，属于一种较为复杂的后期深层次认知加工。针对这一问题，何先友等采用了眼动追踪技术进一步予以探讨。在实验3中，研究者们采用整篇文本阅读的方式，对目标句划分关键事件区和时间词区两个感兴趣区域，以反映前期认知加工的首遍阅读时间、首遍注视次数作为第一阶段的加工指标，以反映后期认知加工的回视路径时间、总阅读时间和总注视次数作为第二阶段的加工指标。结果显示：①在时间词区上的首遍阅读时间、首遍注视次数在三种时间间隔条件下无显著差异，而总阅读时间和总注视次数在三种条件下存在显著差异，并表现出符合场景理论的数据变化模式：短时条件与中时条件无显著差异，短时条件和中时条件分别与长时条件差异显著。②在关键事件区上的首遍阅读时间、首遍注视次数在三种时间间隔条件下无显著差异，但回视路径时间、总阅读时间和总注视次数在三种条件下存在显著差异，其数据变化模式同样符合场景理论。这些结果表明，采用整篇文本阅读的方式对于时间词和关键事件的阅读均存在着早期低水平的激活过程和后期深层次的整合建构过程，时间信息加工的二阶段模型得到初步证实。

根据以上结果，何先友等（2011）进一步推断阅读时间延长的原因，认为情境模型建构的初步加工阶段和信息整合阶段都是引发读者对文本关键句阅读时间延长的关键因素。具体而言，第一阶段虽然是一种低水平、最低限度的信息激活，但读者对时间信息变化的加工和更新已有的情境模型仍会占用一定的认知资源，造成认知负担，因而引发其阅读时间的增加；而第二阶段需要读者充分激活记忆中所保存的情境模型信息以便进行提取与整合，这种对先前信息的高度整合与通达更容易产生明显的认知负荷，最终同样导致阅读时间的延长。

综上所述，时间信息加工的二阶段模型能较好地解决场景理论与强印象假设的理论纷争，同时也对阅读时间的延长作出了解释，这为基于时间信息的情境模型研究提供了具有创新意义的研究方向和具有理论参考价值的实验结果与结论。另外，分别采用传统的实验认知心理学研究范式与现代眼动技术的方法对二阶段模型进行验证并针对文本理解的其他内部机制问题进行探讨，这对未来的研究具有一定的方法论意义。

三、关于时间情境模型的左右侧大脑优势化及其整合加工问题

虽然研究者对文本理解及情境模型建构进行了大量的行为研究，形成了一些系统的理论假设，但行为研究主要针对个体执行认知操作后的行为结果进行分析，对其内部的认知操作过程缺少直观的测量指标。Mason 和 Just（2006）认为，早期关于文本理解的认知神经研究相对缺乏有其客观原因：①文本理解是一个非常广泛的研究领域，其中包含了多种复杂的认知加工过程，而早期关于文本理解的各个加工水平在其认知神经研究方面仍属于一个比较新的领域范畴，缺少传统的神经机制依据。②早期关于文本理解的一些常用研究范式，如出声报告和命名任务并不适用于认知神经研究的扫描环境，在技术上存在着许多关键问题，不容易通过认知神经的研究方法进行。然而，随着认知神经科学技术与实验范式的日渐成熟，特别是功能磁共振成像技术（fMRI）与认知心理学的结合运用，使得对个体认知操作过程的直接监控与测量成为可能。

fMRI 的一个基本假设是当个体进行认知加工时，相应的某些区域的大脑神经活动水平就会提高，使得局部区域的血液流量和体积增加，从而提高该区域血液中的氧含量并由此产生增强的 MR 信号。早期关于文本阅读的脑成像研究发现双侧的楔前叶（precuneus）、扣带回后部（posterior cingulate）和顶叶皮层中部（medial parietal cortex）在读者阅读文本信息时被显著激活（Partiot，et al.，1996）。Maguire 等（1999）采用了有无标题的文本阅读方式，尝试考察读者关于文本的先验知识与文本信息加工的大脑机制，结果同样发现类似区域的激活。由于在文本阅读过程中建构情境模型同样需要根据读者自身的背景知识对文本信息进行整合，因而这些脑区的发现也被认为与阅读过程中建立情境模型表征有关。

Ferstl 等（2005）采用要求读者阅读情绪信息或时间信息不一致段落的方式，尝试进一步探讨文本阅读中情境模型建构的内部机制。他们假定，读者通过对一致信息与不一致信息的比较能使其对段落内容的理解达到情境模型的表征水平，并能以此研究与情境模型表征相关的专门化大脑皮层加工网络。实验结果发现，中额皮层（fronto－medial cortex）的激活是随着加工信息的类型和读者是否注意到或分辨出不一致信息而变化的。具体表现在：额叶皮层中央的腹侧部分（ventral portion of medial frontal cortex）主要与监察不一致情绪信息有关；而时序不一致信息则主要激活额下回的眶额部分（orbital portion of inferior frontal gyrus）和额极区域（frontopolar），表明额叶皮层（frontal cortex）可能与情境模型的建构和保存有关。

另外，也有研究者基于对词汇的通达和语法的分析主要由左侧大脑负责的传统观点，通过实验发现个体在文本阅读过程中的情境模型建构明显激活左侧额下回（inferior frontal gyrus）和左侧颞上沟前部（anterior superior temporal sulcus）延伸至颞极（temporal pole）区域。事件相关电位的研究为其提供了依据：Münte，Schiltz 和 Kutas（1998）考察了被试在阅读两个不同时间顺序事件时的电生理指标，结果发现被试在阅读由“在—之前”连接的两个句子时诱发的位于左侧前额电极点的持续前部负波（Sustained Anterior Negativity，简称 SAN）较阅读由“在—之后”连接的两个句子所诱发的 SAN 更为明显。

但也有研究者对此持不同的观点：Schmalhofer（2003）认为右侧大脑是负责储存情境模型信息的主要脑区；而 Long 和 Baynes（2002）则认为大脑的两个半球都负责情境模型

的表征，大脑左半球主要进行信息的输入，右侧半球则对这些输入信息进行深入加工和保存。Long 和 Baynes（2002）这个观点在一些研究中也得到证实：Ditman，Holcomb 和 Kuperberg（2008）对比了读者在阅读含有三种时间转换词的场景句子时的 ERPs 效应，发现长时间转换（如“1 年之后”）与短时间转换（如“1 秒之后”）在左右侧电极点（如 P3 和 P4、T5 和 T6 等）均表现出 N400 波幅的明显差异。Ferstl 等（2005）发现右侧颞叶前部（anterior temporal lobe）在加工不一致文本信息时的激活更明显，表明文本信息的不一致使得个体在建构情境模型时变得更困难，由此引发其大脑功能区域向右侧大脑延伸。Xu 等（2005）也发现在文本理解过程中，大脑左半球会伴随着右半球的激活而出现额外的激活。

Mason 和 Just（2006）认为负责情境模型表征储存的大脑脑区应该是广泛的。性质和特征不同的情境模型信息会储存在不同的大脑皮层区域：如情境模型的空间信息可能储存在大脑右侧的顶部（parietal），关于文本的情绪情感信息可能储存在杏仁核（amygdala）或额叶皮层中部（medial frontal cortex），而文本中的时间信息则可能保存在额下回区域（inferior frontal gyrus）。当读者对文本内容进行理解和整合，即建构情境模型时，大脑左半球的区域首先会高度激活；然而，当文本内容的难度比较高或者读者的理解能力比较低时，左侧大脑的资源就不能应付读者对文本的理解与情境模型建构，此时则需要激活右侧大脑并主要由其负责整合与保存文本的情境模型信息。

可见，对情境模型的建构是一种需要运用高水平、复杂的认知操作才能完成的加工任务。虽然已有研究显示由大脑双侧半球共同协作来完成这种复杂的认知加工，并且大脑双侧半球也表现出各自参与了情境模型建构的不同方面，但仍需要针对左右侧半球在情境模型建构上的功能开展大量的研究。

第二节　未来研究展望

对时间信息的理解与加工一直是心理语言学研究的重要问题。最初，研究者们对时间理解的研究更多地采取哲学的思辨与推论方法，并为此提供了多样化的观点。自 Kintsch 和 van Dijk（1978）开创性地提出情境模型以来，其中的时间信息维度研究逐步深入。经过大量的实证探讨，研究者们普遍认同读者在文本理解时确实基于时间信息进行了情境模型的建构与转换。然而，读者如何组织时间信息进行情境模型的建构与转换这一问题却引发了研究者们的广泛讨论。部分研究者通过实验证明读者基于事件发生的时间是否处于同一场景中来建构或转换情境模型，而另一部分研究者则发现文本中的间断性时间标记是引发读者建构情境模型的关键依据，并据此发展出场景理论与强印象假设理论之间的争论。

20 世纪 90 年代后，随着认知神经科学技术的出现与发展，关于时间情境模型的研究也取得了新的进展，主要表现为探讨时间情境模型加工与储存的大脑激活区域及电生理指标，诸如情境模型加工的大脑功能定位、左右侧大脑在情境模型建构上的优势化等问题逐步明晰。一方面，这些实证结果揭示了时间信息加工的大脑生理机制，丰富了时间信息情境模型的相关研究成果；另一方面，这些研究所采用的新研究范式及其所表达的观点为时间信息情境模型研究带来了进一步的争论与分歧，并集中表现为时间情境模型建构的大脑左右半球偏侧化。

然而，这些从行为到认知神经方面的争论既有理论层面上的异同探讨，也有实证层面上的支持与反驳。这意味着，无论是行为研究上存在纷争的理论假设，还是认知神经科学中存在的不一致实验结果与结论，都应该有其合理之处，其矛盾与冲突可能源于建构理论的角度、研究范式与方法论上的差异；另外，也提示着研究者们在进行时间信息情境模型建构的研究时不能囿于单一的理论、方法，需要更深层次地探讨关于时间信息情境模型的本质问题。当前关于时间信息情境模型的研究已经表现出两大发展趋势：第一，从先前的为各自理论纷争提出实证依据逐渐转向理论的整合，表现为尝试针对已有结果与理论的矛盾与不一致进行分析，从一个更高的理论层面对存在争议的理论假设进行整合。“时间信息加工的二阶段模型”和“左右侧大脑共同负责情境模型加工的假设”都是基于已有理论或实验结果、结论在实验方法、材料性质和因变量设置等方面的差异分析，并通过设计系列实验进行验证而建构起来的。第二，从先前注重探讨单一的时间信息属性对文本理解的影响逐渐转向探讨时间信息的多元特征及作用，表现为有研究者关注时间信息与其他维度信息同步加工的易化或抑制问题（Rinck & Weber，2003；Copeland，2006），并据此提出时间和空间维度更新的捆绑—预期假设（何先友等，2013）；有研究者考察文本阅读中时间信息表征的动态性与静态性（Zwaan et al.，2004；李伟兰，何先友，2009）；也有研究者探讨时间信息提取过程的激活与抑制（Radvansky et al.，1998；McNamara & McDaniel，2004；何先友，晏赛君，2010）。可见，对以上问题的探讨丰富了当前关于时间信息情境模型建构的研究方法与成果。

时间信息在语言理解中具有十分重要的作用，已有研究从心理学、语言学、心理语言学、认知神经科学等不同角度对时间信息在语言理解与加工中的作用进行了大量理论探索与实验研究，取得了极为丰富的研究成果，这些研究不仅深化了语言理解中时间信息的作用，而且对于语言理解与认知领域的研究产生了重要影响，极大地推动了对复杂的语言现象和言语活动本质的了解。

然而，因为语言现象的复杂性以及“时间”概念的抽象性，要进一步从语篇加工角度对时间信息的作用及其影响机制进行研究，还面临着一系列重大问题需要探讨与解决，以下十个方面可能需要在未来的研究中予以关注：

第一，从综合的角度提出更具统整性的理论设想。对于文本阅读中时间信息加工机制的研究肇始于20世纪80年代，并吸引了大批学者对此进行专门的研究，这些研究者分别从不同的角度（如时间场景的转换、时间顺序的连续性等），采用不同的检验方法（如关键句的阅读时间、探测词的反应时、阅读后对问题的反应时等）对时间信息加工的认知机制进行探讨，形成了一些解释理论（如场景理论和强印象假设理论等）。然而，随着研究的不断深入和技术的不断革新，研究者们开始发现已有理论假设并不能全面解释个体在文本阅读过程中的时间信息理解，甚至已有理论假设之间也存在着矛盾与冲突。基于此，有研究者尝试重新审视已有的经典时间加工理论，从一个综合性的角度，提出具有一定理论高度的新的理论假设来整合已有理论，解释已有理论的争论，如Zwaan于1996年提出的混合理论和本书提出的时间信息加工二阶段模型等。可见，从对时间信息加工的单一方向、单一指标解释向具有综合性和统整性的理论建构与实证考察进行转变，将会成为时间信息认知加工研究的一个新趋势。

第二，探讨对不同时间表达方式的理解及其影响。人类对时间概念的表达是多样的。从其表达的形式上看，既有数字的形式，也有文字的形式；从其表达的性质上看，则可区分为相对的时间表达与绝对的时间表达；从其表达的明确性上看，则有明确的时间描述与隐含的时间隐喻等。时间表达的这些形式与性质上的差异都可能对个体感知、加工与理解时间产生影响，并由此反映出不同的认知加工机制，这都需要在未来的研究中进一步予以探析。

第三，对时间信息与其他维度组合的探讨。情境模型包含了空间、时间、因果、主人公目标和情感五个维度，当前研究主要针对时间和空间两个维度进行，对其他三个维度在情境模型建构中的作用和维度间相互关系的研究较少。如前所述，对情境模型的单一维度研究正在向多元结构这一考察方向转变，情境模型的跨维度建构及多元维度间的相互作用与关系的探讨必将成为情境模型研究的一个重要趋势。

第四，时间的书面语言理解和口语理解研究。当前心理语言学对书面语言理解和口语理解进行了大量的研究，并对一些问题达成了较为一致的结论。比如在书面语言信息表征和口语信息表征差异方面，无论是拼音文字还是形意文字，个体对书面语言的理解都是基于语音和语义的双重符号表征；对于形意文字而言，其口语与表征的文字符号之间则没有这种对应关系，语音上的一致并不意味着其字形与字义上的一致（孟祥芝，舒华，1999）。同时，两者在表征方面的差异往往导致了个体在进行准确的语言理解时所运用的内部认知机制存在明显不同。然而，这种差异又将如何影响个体对时间信息相关语言进行理解等一系列问题有待进一步的探讨。

第五，从语言理解到言语生成角度对时间信息加工的研究。已有关于语言认知的研究普遍认为，个体的语言认知可以区分为对语言的理解与言语的生成两个阶段（孟祥芝，舒华，1999）。语言理解所表征的是个体在获取外部的语义信息、语言形式和句法信息等刺激后，通过识别、编码、整合和通达等一系列认知加工后产生的认知成果；而言语的生成则是个体根据语言的环境和要求，通过调用、激活或抑制、提取相关语言信息，并对其进行概念形成和相应词目生成的过程。两个阶段既相互联系又相互影响，存在着既相互重叠、相互作用但又相互分离的加工过程。已有的时间信息加工研究主要集中于探讨个体对时间信息和时间语言的理解阶段，较少涉及关于时间语言生成的探讨。因而，通过语言理解与生成两个角度探讨时间信息加工，将成为未来研究的一个主要方向。

第六，关于时间信息加工的研究方法探讨。在当代的认知心理学研究中，对大脑、认知、行为三者关系的探讨是其核心问题。神经外科技术的发展，如事件相关电位（ERP）、功能磁共振成像（fMRI）和正电子发射断层扫描（PET）等技术使得研究者能直接“观察”认知操作任务下的大脑活动，成为认知科学发展的第三势力。个体对时间信息的加工既是一种人类日常社会经验，更是一种复杂的认知心理体验，其加工层次的多样、加工阶段的复杂等一系列差异都将反映在其大脑的功能脑区和加工时程上。因而，采用经典实验认知心理学研究范式，结合运用认知神经科学方法与技术，通过多种方法的证据汇集，将有助于深入探明时间信息加工的内部机制。

第七，具身认知对时间信息加工的作用研究。随着文本理解中的具身认知观（embodied cognition）的提出及相关研究的兴起，语言理解过程中能对文本人物、地点和事件等过往经验进行反映与提取的观点逐渐为研究者所接受。情境模型的建构作为文本理解的最高水平，同样也可能受到这种心理模拟与替代体验的影响。因而，从具身认知的心理模拟观出发对时间信息情境模型，甚至是多维度的情境模型建构进行考察，将是一个值得深入探讨的问题与研究领域。

第八，时间信息加工的跨文化比较。无论是基于文本语篇的时间转换加工还是基于口语过程中的时间觉知，个体对时间信息的加工都可以被看作是一种社会与生活经验的形成过程。可见，时间信息的加工既属于语言认知范畴又属于社会心理范畴，并容易受到社会的内外部环境、社会文化与习俗等因素的影响。因而从跨文化的角度进行考察，对时间信息的加工进行跨文化的差异比较，有助于进一步明晰社会文化背景下关于时间信息加工的群体差异，探明时间信息感知与理解的社会文化特性。

第九，影响时间信息加工的主客观因素探讨。读者对时间信息的加工是一个基于客体信息而进行的主观建构过程，因而容易受到外部客体环境和内部主观因素的影响（王瑞明，莫雷，冷英，2003），如文本中时间信息的呈现方式（外显的与隐含的，简明的与复杂的）、文本的体裁与类型（记叙文、议论文和说明文）等客观因素，以及读者在进行阅读时的先验知识、动机、情感、阅读方式与策略等主观因素均会对其文本阅读的时间信息加工产生影响。因而，未来的研究可以从这些主客观因素出发，对文本阅读的时间信息理解机制进行拓展，以全面探讨读者对时间信息的表征过程与实质。

第十，时间信息加工发展特征的研究。大量认知心理学的研究业已证明，个体的思维能力对其文本语篇的加工与理解具有重要的影响。因而，作为文本语篇中的重要组成部分，个体对时间信息的理解也应如此。个体思维的发展具有明显的阶段性特征，并表现为不同的认知技能与特点。这些阶段性的思维特征如何影响个体对时间信息的理解，不同年龄阶段的个体在时间信息与表达上存在哪些特点与差异，对这些问题的研究需要从发展心理学的角度出发，通过探讨时间信息加工的发展阶段与发展特征进行解答。

可以肯定的是，未来关于时间信息理解及其情境模型建构的研究将会继续在外部行为规律与内部神经生理机制两个领域全面展开，关于文本阅读中的时间洞察理论、研究方法与技术也将不断发展。文本阅读中时间信息加工的研究必将为解答数千年来一直困惑人类的“时间”问题提供新的视角与启示，我们期待着这一天的早日到来。

参考文献

1. 何先友，李惠娟，陈广耀，汪小伟．情境模型中时间和空间维度更新的相互影响．心理学报，2013，45（1）：23～34.

2. 何先友，李惠娟，魏玉兵．文本阅读中时间信息加工的二阶段模型．心理学报，2011，43（13）：1355～1369.

3. 何先友，李英迪．记叙文中时间信息加工的内部机制．华南师范大学学报（社会科学版），2009（1）：122～129.

4. 何先友，梁丽媚，曾祥炎．时间顺序关系对语言理解的影响．心理科学，2005，28（1）：80～84.

5. 何先友，林崇德．中文阅读中的边界效应及其消除：事件持续效应．心理学报，2008，40（6）：654～661.

6. 何先友，林崇德．时间顺序与时间距离对语言理解的影响：进一步的证据．心理科学，2008，31（1）：20～25.

7. 何先友，刘地秀．记叙文中倒叙事件的时间表征．心理学报，2009，41（8）：684～693.

8. 何先友，晏赛君．时间情境模型提取过程的实质初探：激活与抑制．心理学报，2010，42（4）：467～473.

9. 何先友，杨惠，邓玉梅，吴爽．文本阅读中时间信息加工特点及二阶段模型的建构．心理科学进展，2012，20（7）：963～970.

10. 何先友，曾祥炎．时间信息在情境模型建构中的作用．心理学报，2002，34（6）：589～595.

11. 冷英，莫雷，韩迎春，黄浩．记叙文时间转换机制．心理学报，2004，36（1）：9～14.

12. 李伟兰，何先友．记叙文阅读中时间心理表征的建构：动态观还是静态观．心理学探新，2009，29（1）：37～44.

13. 李英迪，何先友．记叙文中时间信息的事件边界效应．心理与行为研究，2009，7（2）：109～113.

14. 孟祥芝，舒华．汉语儿童阅读障碍研究．心理发展与教育，1999，15（4）：54～57.

15. 王瑞明，莫雷，冷英．情景模型中的时间信息表征研究．应用心理学，2003，9（1）：47～53.

16. Anderson, A., Garrod, S. C., & Sanford, A. J. (1983). The accessibility of pronominal antecedents as a function of episode shifts in narrative text. *Quarter Journal of Experimental Psychology*, 35(A): pp. 427 – 440.

17. Bestgen, Y. , & Vonk, W. (2000). Temporal adverbial as segmentation markers in discourse comprehension. *Journal of Memory and Language*, 42: pp. 74 – 78.

18. Copeland, A. (2006). *The Interaction of Goal and Temporal Shifts in Situation Models.* Unpublished doctoral dissertation, University of Notre Dame.

19. Ditman, T. , Holcomb, P. J. , & Kuperberg, G. R. (2008). Time travel through language: Temporal shifts rapidly decrease information accessibility during reading. *Psychonomic Bulletin & Review*, 15: pp. 750 – 756.

20. Ferstl, E. C. , Rinck, M. , & von Cramon, D. Y. (2005). Emotional and temporal aspects of situation model processing during text comprehension: An event – related fMRI study. *Journal of Cognitive Neuroscience*, 17: pp. 724 – 729.

21. Fleischman, S. (1990). *Tense and Narrativity: From Medieval Performance to Modern Fiction.* Austin T X: University of Texas Press.

22. Haberland, K. F. , Berian, C. , & Sandson, J. (1980). The episode schema in story processing. *Journal of Verbal Learning and Verbal Behabior*, 17: pp. 419 – 425.

23. Haberland, K. F. , & Grasser, A. C. (1985). Component processes in text comprehension and some of interactions. *Journal of Experimental Psychology: General*, 114: pp. 357 – 374.

24. Hopper, P. J. (1979). Aspect and foregrounding in discourse. In T. Givón (Ed.). *Syntax and Semantics* (*Vol.* 12): *Discourse and Syntax.* New York: Academic Press.

25. Kelter, S. , & Claus, B. (2006). Comprehending narratives containing flashbacks: Evidence for temporally organized representations. *Journal of Experimental Psychology: Learning, Memory, and Cognition*, 32: pp. 1031 – 1044.

26. Kintsch, W. , & van Dijk, T. A. (1978). Toward a model of text comprehension and production. *Psychological Review*, 85(5): pp. 363 – 394.

27. Lorch, R. F. , Lorch, E. P. , & Matthew, P. D. (1985). On – line processing of the topic structure of a text. *Journal of Memory and Language*, 24: pp. 350 – 362.

28. Long, D. L. , & Baynes, K. (2002). Discourse representation in the two cerebral hemispheres. *Journal of Cognitive Neuroscience*, 14(2): pp. 228 – 242.

29. Magliano, J. P. , Miller, J. , & Zwaan, R. A. (2001). Indexing space and time in filmunderstanding. *Applied Cognitive Psychology*, 15: pp. 533 – 545.

30. Maguire, E. A. , Frith, C. D. , & Morris, R. G. M. (1999). The functional neuroanatomy of comprehension and memory: The importance of prior knowledge. *Brain*, 122: pp. 1839 – 1850.

31. Mandler, J. M. (1986). On the comprehension of temporal order. *Language and Cognitive Processes*, 1: pp. 309 – 320.

32. Mason, R. A. , & Just, M. A. (2006). Neuroimaging contributions to the understanding of discourse processes. In M. Traxler & M. A. Gernsbacher (Eds.). *Handbook of Psycholinguistics.* Amsterdam: Elsevier, pp. 765 – 799.

33. McNamara, D. S. , & McDaniel, M. A. (2004). Suppressing irrelevant information:

Knowledge activation or inhibition? *Journal of Experimental Psychology: Learning, Memory, and Cognition*, 30(2): pp. 465 – 482.

34. Münte, T. F., Schiltz, K., & Kutas, M. (1998). When temporal terms belie conceptual order. *Nature*, 395(6697): pp. 71 – 73.

35. Ohtsuka, K., & Brewer, W. F. (1992). Discourse organization in the comprehension of temporal order in narrative texts. *Discourse Processes*, 15: pp. 317 – 336.

36. Partiot, A., Grafman, J., Sadato, N., Fitman, S., & Wild, K. (1996). Brain activation during script event processing. *Neuro Report*, 7: pp. 761 – 766.

37. Radvansky, G. A., Zwaan, R. A., Federico, T., & Franklin, N. (1998). Retrieval from temporally organized situation models. *Journal of Experimental Psychology: Learning, Memory, and Cognition*, 24(5): pp. 1224 – 1237.

38. Rinck, M., & Weber, U. (2003). Who when where: An experimental test of the event – indexing model. *Memory & Cognition*, 31: pp. 1284 – 1292.

39. Schmalhofer, F. (2003). *Construction and Integration Processes in Inference Generation, Storage and Retrieval.* International Hanse – Conference on Higher Level Language Processes in the Brain: Inference and Comprehension Processes, Hanse – Advanced Study Institute, Delmenhorst, Germany.

40. Xu, J., Kemeny, S., Park, G., Frattali, C., & Braun, A. (2005). Language in cortex: Emergent features of word, sentence, and narrative comprehension. *Neuro Image*, 25: pp. 1002 – 1015.

41. Zwaan, R. A. (1996). Processing narrative time shifts. *Journal of Experimental Psychology: Learning, Memory, and Cognition*, 22: pp. 1196 – 1207.

42. Zwaan, R. A., Madden, C. J., Yaxley, R. H., & Aveyard, M. E. (2004). Moving words: Dynamic representations in language comprehension. *Cognitive Science*, 28(4): pp. 611 – 619.

43. Zwaan, R. A., & Radvansky, G. A. (1998). Situation models in language comprehension and memory. *Psychological Bulletin*, 123: pp. 162 – 185.